2021

中国化妆品蓝皮书

中国健康传媒集团
中国药品监督管理研究会　编写

中国健康传媒集团
中国医药科技出版社

图书在版编目（CIP）数据

2021 中国化妆品蓝皮书 / 中国健康传媒集团，中国药品监督管理研究会编写 . —
北京：中国医药科技出版社，2022.6

ISBN 978-7-5214-3143-8

Ⅰ . ① 2… Ⅱ . ①中… ②中… Ⅲ . ①化妆品—产业发展—研究报告—中国—
2021 Ⅳ . ① F426.7

中国版本图书馆 CIP 数据核字（2022）第 071030 号

美术编辑　陈君杞
版式设计　也　在

出版　**中国健康传媒集团** ｜ 中国医药科技出版社

地址　北京市海淀区文慧园北路甲 22 号

邮编　100082

电话　发行：010-62227427　邮购：010-62236938

网址　www.cmstp.com

规格　710 × 1000 mm $^1/_{16}$

印张　21 $^1/_2$

字数　338 千字

版次　2022 年 6 月第 1 版

印次　2022 年 10 月第 2 次印刷

印刷　三河市万龙印装有限公司

经销　全国各地新华书店

书号　ISBN 978-7-5214-3143-8

定价　**128.00 元**

获取新书信息、投稿、
为图书纠错，请扫码
联系我们。

编委会

序

2021年是我国化妆品行业急剧变革的一年，以《化妆品监督管理条例》为统领，化妆品监管法规体系的"四梁八柱"初步建成；化妆品产业在新型冠状病毒感染性肺炎疫情（以下简称新冠肺炎疫情）防控的大环境下逆势增长，向着高质量发展迈进。为见证行业变革、记录行业发展，中国健康传媒集团、中国药品监督管理研究会集众智、汇众力，组织编写了《2021中国化妆品蓝皮书》。

过去一年，我国化妆品行业在诸多方面都取得了新的发展成就，产业在法规变革、新冠肺炎疫情防控的双重影响下，仍然呈现出良好的发展势头：我国依然保持全球第二大化妆品消费市场地位，全年化妆品类零售总额达4026亿元，同比增长14%；截至2021年12月底，全国持证的化妆品生产企业已达5594家，化妆品企业数量不断攀升；多个化妆品新原料完成历史首次备案，为行业创新发展注入了源头活水。

过去一年，我国进一步加强化妆品监管法规体系建设，制定并发布了一系列法规，层次分明、体系完善、有机统一的化妆品全链条监管法规体系基本形成；持续深化化妆品审评审批制度改革，审评流程进一步优化，审评效率明显提升；加快推进化妆品监管技术支撑体系，标准体系、安全性评价体系、智慧监管体系不断完善，技术支撑能力稳定提升；全面加强化妆品事前事中事后监管，综合运用注册备案、抽检、检查、不良反应监测、风险监测等监管手段，风险防控体系持续完善；创新开展化妆品科普知识、政策法规宣传，公众安全用妆意识明显增强。

总结过去，开创未来，助力化妆品行业在新时代实现高质量发展，是编写出版《2021中国化妆品蓝皮书》的初衷。全书内容结构包括五个部分，分别是总论、法规制度篇、监管科学篇、行业发展篇及附录。总论以"法治保障"为主题，对 2021 年我国化妆品研制、生产、经营、使用及其监督管理等全产业链相关活动进行深度调查研究和趋势分析，为规范我国化妆品生产经营活动、加强化妆品监督管理、保证化妆品质量安全、保障消费者健康、促进化妆品产业高质量发展提出相关政策建议与应对策略；法规制度篇对《化妆品生产经营监督管理办法》《儿童化妆品监督管理规定》等《化妆品监督管理条例》配套规章和规范性文件进行权威解读，为新规的落地实施解疑释惑；监管科学篇对 2021 年我国在化妆品安全性评价、标准建设、不良反应、风险监测、监管科学等方面取得的成果和进展进行了介绍，并针对监管实践中存在的问题提出了建设性意见；行业发展篇对 2021 年化妆品行业生态、生产现状、技术创新、进出口形势等情况进行了剖析，力求全景展示我国化妆品行业发展现状及未来新动向；附录对 2021 年我国化妆品行业发展大事记进行了系统梳理，并对 2021 年我国化妆品领域热点事件进行了点评分析。

由于本书的作者来自不同单位和部门，每篇报告中所用的数据、资料来源不尽相同，为充分尊重每位作者的意见，我们并没有对每篇报告强求一致，望广大读者理解。

《2021 中国化妆品蓝皮书》的编写得到了国家药品监督管理局颜江瑛副局长的悉心指导，得到了国家药品监督管理局化妆品监管司、中国食品药品检定研究院、国家药品监督管理局食品药品审核查验中心、国家药品监督管理局药品不良反应监测中心、北京工商大学、江南大学等单位有关领导和专家的大力支持。本书的所有参与编写者也都付出了辛勤劳动，在此对大家一并表示感谢。

随着国家鼓励政策和化妆品法规体系的不断完善，"美丽经济"发展的新时代已经到来。希望本书能成为化妆品行业的真实记录者，为化妆品行业监管、产业高质量发展提供参考和指导。

中国健康传媒集团

中国药品监督管理研究会

2022 年 3 月

| 目 录 |

总 论

法规制度篇

监管科学篇

行业发展篇

附 录

总 论

◎ 中国化妆品行业发展迈上法治保障的全新轨道
——2021 年中国化妆品行业发展概况

中国化妆品行业发展迈上法治保障的全新轨道

——2021 年中国化妆品行业发展概况

中国药品监督管理研究会

习近平总书记指出,"人民对美好生活的向往就是我们的奋斗目标"。我国已进入中等收入国家行列,人民群众化妆品消费潜力快速释放,发展化妆品行业不仅是人民群众的美好生活需要,也是促进我国经济转型升级的重要抓手。2021 年是我国化妆品行业历史上具有里程碑意义的一年,面对复杂严峻的国内外形势和诸多风险挑战,化妆品行业与全国各行各业一样,深入贯彻以习近平同志为核心的党中央决策部署,落实"四个最严"要求,统筹新型冠状病毒感染性肺炎疫情(以下简称新冠肺炎疫情)防控和行业发展,以建设制妆强国为目标,全面实施《化妆品监督管理条例》,在法治保障的全新轨道上迈出了高质量发展的坚实步伐,为人民群众安全用妆作出了新贡献,实现了"十四五"良好开局。

本文以"法治保障"为主题,从行业政策、法规制度、监管科学、科学监管、消费需求、行业规模、销售渠道、行业治理、全球视野等维度,对2021 年我国化妆品全产业链进行深度的现状扫描、问题分析、趋势研究,从宏观的政府决策层面、中观的产业发展层面、微观的组织对策层面,为促进我国化妆品行业高质量发展提出意见建议。综合本书各项研究表明,2021 年我国化妆品行业总体呈现出"在规范中科学发展"的良好势头,但同时也面临着"在发展中创新不足"的严峻挑战;2022 年乃至"十四五"期间,我国化妆品行业将延续持续增长的势头,在消费需求升级推动、高端品牌培育引领、科技创新全力支撑和法规制度全新保障下高歌猛进、快速发展,向化妆品制造强国的目标奋勇前进。

一、化妆品行业政策重磅出台

按照国家标准《国民经济行业分类》（GB/T4754—2017）的定义，"行业（或产业）是指从事相同性质的经济活动的所有单位的集合"。行业政策是政府为了实现一定的经济和社会目标而对行业的形成和发展进行干预的各种政策的总和。化妆品行业（或产业）是指从事化妆品经济活动的所有单位的集合。化妆品行业政策是政府及其部门制定实施的有关化妆品行业的目标方向、发展要求、结构升级、可持续发展的系列政策措施的总和。

国家统计局数据显示，2021年我国化妆品零售增长势头依旧强劲，限额以上零售额达4026亿元，同比增长14%，接近社会消费品零售总额的1%。化妆品既是美化人们生活的健康产品，也是促进国民经济发展的重要商品。保障和促进公众用妆健康、规范和引领化妆品行业健康发展已经成为社会共识。2018年我国首次在国家机关中设立了专门从事化妆品监管的内设机构——国家药品监督管理局化妆品监管司，并赋予其"守安全保底线、促发展追高线"的神圣职责。2020年颁布的《化妆品监督管理条例》又将"促进化妆品产业健康发展"写入其中。

业界认为，随着新机构的设立和条例的颁布，我国化妆品行业结束了"在发展中规范"的1.0时代，走上了"在规范中发展"的2.0时代。2021年，借助《化妆品监督管理条例》于1月1日正式实施的契机，从中央到地方，从政府综合部门到监管部门，从制定发展规划到推出政策措施，全国上上下下掀起了新一轮的促进化妆品行业高质量发展的热潮，各级各类重磅政策不断出台，实招硬招高招多，含金量含新量含绿量高，形成了促进化妆品产业健康发展的良好氛围。

（一）国家推出系列重大行业政策

1. 中央要求化妆品向制妆强国跨越

2021年2月19日，中央全面深化改革委员会第十八次会议审议通过了《关于全面加强药品监管能力建设的实施意见》；2021年4月27日，国务院办公厅印发了《关于全面加强药品监管能力建设的实施意见》。实施意见要求：坚持人民至上、生命至上，落实"四个最严"要求，强基础、补短板、破瓶颈、促提升，对标国际通行规则，深化审评审批制度改革，持续推进监管创新，加强监管队伍建设，按照高质量发展要求，加快建立健全科学、高效、权威的药品监管体系，坚决守住药品安全底线，进一步提升药品监管工作科学化、法治化、国际化、现代化水平，推动我国从制药大国向制药强国跨越，更好地满足人民群众对药品安全的需求。实施意见对包括药品、医疗器械、化妆品在内的三类产品提出了加强监管能力建设的十八项重点任务，并要求推动我国从制药大国向制药强国跨越。就化妆品而言，这是中央第一次在正式文件中间接要求化妆品行业要从制造大国向制造强国也就是制妆强国的目标跨越。

2. 国家规划打造化妆品高端品牌

2021 年 3 月 11 日，十三届全国人大四次会议表决通过了《中华人民共和国国民经济和社会发展第十四个五年规划和 2035 年远景目标纲要》。在规划纲要第四篇"形成强大国内市场构建新发展格局"之第十二章"畅通国内大循环"之第一节"提升供给体系适配性"中指出：开展中国品牌创建行动，保护发展中华老字号，提升自主品牌影响力和竞争力，率先在化妆品、服装、家纺、电子产品等消费品领域培育一批高端品牌。这是我国第一次在国民经济和社会发展规划纲要中写入"化妆品"，第一次在国家最高级别规划中要求化妆品培育"高端品牌"，第一次在中国品牌创建行动中要求化妆品"率先"培育。化妆品及化妆品行业已经成为构建新发展格局、培育内需体系、畅通国内循环的重要商品，在贯通生产、分配、流通、消费各环节，形成需求牵引供给、供给创造需求、促进国民经济良性循环等方面具有重要价值。我们有理由相信，随着国家规划的实施，化妆品领域会成为未来五年非常明确的增长赛道，会孵化培育出一批独角兽企业，目前高端化妆品市场被国外品牌垄断的格局将会改变。

3. 部委联合推进化妆品高质量发展

2021 年 10 月 20 日，国家药品监督管理局、国家发展和改革委员会（简称国家发改委）、科技部、工业和信息化部（简称工信部）、国家卫生健康委员会（简称国家卫健委）、国家市场监督管理总局（简称国家市场监管总局）、国家医疗保障局（简称国家医保局）、国家中医药管理局（简称国家中医药局）

等八部委联合印发了《"十四五"国家药品安全及促进高质量发展规划》，这是国家部委首次将药品（含医疗器械、化妆品，下同）安全与高质量发展两大主题进行联合规划。该规划明确了我国"十四五"期间药品安全及促进高质量发展的指导思想、总体原则和发展目标，要求坚持科学化、法治化、国际化、现代化方向，坚定不移保安全守底线、促发展追高线，持续深化监管改革，强化检查执法，创新监管方式，提升监管能力，加快推动我国从制药大国向制药强国跨越，更好地满足人民群众的健康需求。在化妆品方面，提出要开展化妆品安全风险排查、化妆品标准提高行动计划，鼓励化妆品生产经营者采用先进技术和先进管理规范，提升化妆品风险监测能力，健全化妆品基础数据库，实现化妆品审评独立内审，加强与国际化妆品监管联盟交流合作，提高化妆品质量安全水平。

4. 地方不断推出化妆品产业新政策

继 2020 年浙江省经济和信息化厅、浙江省药监局联合印发《浙江省化妆品产业高质量发展实施方案（2020—2025 年）》、广东省人民政府办公厅印发《广东省推动化妆品产业高质量发展实施方案》之后，各地推进化妆品产业创新发展的政策高潮迭起。省级层面：2021 年 7 月 30 日上海市经济和信息化委员会、上海市药监局联合印发《上海市化妆品产业高质量发展行动计划（2021—2023 年）》，2022 年 1 月 28 日山东省工业和信息化厅、山东省药监局联合印发《山东省促进化妆品产业高质量发展实施意见》；地市县级层面：2021 年广东省的清远市、汕尾市、云浮市、肇庆市、中山市等出台了"推动化妆品产业高质量发展实施方案"，广州市黄埔区印发《广州市黄埔区、广州开发区促进美妆产业高质量发展办法》等。推进化妆品产业健康发展，优化美妆市场供给，提升人民生活品质，激活"美丽经济"已经成为地方政府的共识。

（二）行业政策聚焦解决短板痛点

政府最重要的职能之一是建立产业发展所必需的制度和政策。当前，在制度方面，《化妆品监督管理条例》的颁布实施已经为化妆品行业的健康发展提供了良好的法治保障。在政策方面，中央和国家在顶层设计上也明确了化妆品行业的发展目标、发展方向，一些地方政府也出台了具体的产业政策。

但是，从整体上看，产业政策推动明显滞后于法治保障，我国化妆品行业起步晚、基础差、底子薄，要与发达国家的成熟市场展开竞争，在较短的时间内实现从制妆大国向制妆强国的跨越，面临许多短板和痛点，需要产业政策的扶持推动和引领发展。

1. 关键原料差距大

影响化妆品安全与品质的关键是原料。目前，化妆品核心原料主要依赖进口，存在"卡脖子"问题。应当出台鼓励化工企业大力发展化妆品原料基础研究和生产制造的产业政策，努力缩小与国际原料企业的技术和工艺差距，实现化妆品原料内循环，解决化妆品原料产业链过度依赖进口、缺乏议价权等方面的共性问题。

2. 产业资源共享难

化妆品产业链未形成资源共享局面。应当完善顶层设计，出台统筹推进化妆品产业园区规范建设的产业政策，协同招商引资、研发创新、设计制造、品牌打造、展贸展会、知识产权、人才培养等方面扶持政策在园区落地生效，打造化妆品产业链资源共享的美妆集群，避免各地重复布局和重复建设。

3. 科技支撑力度小

化妆品科技创新主要依靠企业，很少得到国家或地方科技项目的支持。应当出台在国家和地方科技计划项目中布局化妆品相关研究项目的科技政策，建立完善的产业技术创新平台或扩散相关的公共服务体系，如技术转移平台、基础研究与通用技术研究平台。

4. 财税金融支持少

化妆品是完全充分自由竞争的产业，长期以来很少有专门的财税金融政策支持发展。应当出台充分利用现有政策给予企业专门的财税支持，同时，要引导社会资本投向符合高质量发展的创新型企业及本土成长型企业，引导各类股权投资机构、私募股权投资基金和创业投资基金投向化妆品产业，助力企业做大做强。

中国化妆品行业要在二三十年的时间内成为制妆强国甚至要引领全球发展，靠追踪引进、模仿借鉴的"拿来主义"是不可能的，必须走中国特色的创新创造之路，利用中国市场规模，因地制宜，在关键核心技术领域、重点环节加强规划指导和政策支持，这样方能走出一条具有中国特色的制妆强国之道。

（三）产业发展呈现园区聚集趋势

1. 国家鼓励产业集群发展

我国要成为制妆强国，需要有强大的基础设施，才能为全产业链全生命周期的创新发展提供公共服务，包括产业用地与孵化服务、原料生产与供应服务、科技创新与研发服务、商业渠道与物流服务、质量管理与质量服务、品牌文化与创意服务、信息科技和数字服务等。基础设施建设时间跨度长、投资量大，通过区域性产业集群集聚，共建共享基础设施来引领高质量发展，这既是国家的产业政策也是化妆品行业的发展趋势。

2. 地方产业园区百花齐放

据广东医药合规促进会研究报告，目前，我国化妆品产业园区建设呈现百花齐放之势：2015年开始，上海市倾力打造"东方美谷"；浙江省湖州市构建"美妆小镇"；广州市分别于2018年、2019年和2020年宣布建设"白云美湾""中国美都"和"南方美谷"三个产业园区；2020年重庆市"西部美谷"正式落地；2021年北京正式发布"未来美城"的发展规划。2021年，广东省中山市宣布建设"中山美妆"、清远市要打造"美妆硅谷"。从地理位置上看，中国东南西北四大方位均已布局化妆品产业集群，这意味着中国化妆品产业进入产业集群式高速发展期。

（四）政府市场双轮驱动引领发展

中国化妆品的制造强国之路应当通过政府、市场的双轮驱动，政府主导、政策引领、法治保障、市场主体、科技支撑、创新引领、品牌领航。2022年乃至今后一段时间，我们建议率先完善或出台以下产业政策。

1. 调整化妆品产业门类归属

按照《化妆品监督管理条例》的规定，化妆品属于"日用化学工业产品"。按照国家标准《国民经济行业分类》（GB/T4754—2017）的规定，"化妆品制造"属于小类代码2682，归属于门类C"制造业"、大类26"化学原料和化学制品制造业"、中类268"日用化学产品制造"之下，是最低的第四层级的小类。但是与之相似的食品制造业、医药制造业等却在门类C中是独立大类，代码为第二级大类的 14 和 27。化妆品与食品、药品一样是日常消费必需品，三者内在属性是一致的。将化妆品归属于"日用化学工业产品"，很容易造成公众不必要的误读误解；将化妆品制造归类于"日用化学产品制造""化学原料和化学制品制造业"，其面临着化学工业类企业的发展限制。

建议在条件成熟时进行调整，参考食品、药品和发达国家的化妆品定义，将化妆品归属于"物质"或"产品"或"物品"；同样，将化妆品制造从"化学原料和化学制品制造业"这一大类中独立出来，与食品、药品等大类并列。在化妆品制造企业立项方面，发展改革部门相应调整立项审批政策，与化学工业类企业区别开来，降低污染风险等级，更合理进行环境影响审评，降低污染小的化妆品制造的评价类别。在化妆品制造企业的环评方面，将化妆品细分出原料类、护理类、清洁类、彩妆类、香水类等产品类别，各类产品根据原料使用和污染物排放执行相应的清洁生产标准，让化妆品生产过程更环保，并避免一刀切。

2. 出台国家化妆品专项产业政策

国家已经明确建设制妆强国目标，也规划要在化妆品领域打造一批高端品牌，《化妆品监督管理条例》也为化妆品产业的健康发展提供了很好的法治保障，相关省市特别是一些地市级都出台了化妆品产业发展规划或实施意见，但是，在国家层面还缺少化妆品行业发展战略的专题规划，缺少对化妆品产业的明确定位，未制定化妆品产业系统性的发展目标与实施路径，不利于发挥现有产业要素效用最大化及构建产业发展政策保障体系。化妆品行业已经是一个完全竞争的行业，发展前景无限。但是，目前本土品牌相对弱小，如何打造本土高端品牌，形成国内国外品牌平等良性竞争发展的格局，需要发挥政府政策、资金的引导带动作用，建立相关基金，建设相关基础设施，支持化妆品标准体系建设，为化妆品产业高质量发展增添新引擎、提供新支撑、带来新保障，这样制妆强国的目标才能尽早实现。

3. 对接国家战略发展化妆品产业

化妆品产业高质量发展必须与实实在在的发展载体和平台相结合。载体和平台相当于给产业高质量发展打造了一个专属的"孵化器"。健康中国建设、质量强国建设、数字中国、进口博览会、消费博览会、区域协调发展以及共建"一带一路"等，都应该为化妆品产业高质量发展提供"接口"。比如，在中国国际进口博览会期间召开药品医疗器械化妆品政策交流论坛,拓展了化妆品行业的辐射半径;支持化妆品企业参与以"一带一路"沿线国家为重点的活动,为产业纵深发展提供了国际舞台;以京津冀、长三角、粤港澳大湾区、海南等区域为重点发展化妆品产业,培育一批具有较大影响力的化妆品时尚之都,增强示范带动效应。更重要的是,促进化妆品产业高质量发展的这些政策本身属于产业政策的范畴,将一个领域的产业政策与国家战略对接,事实上达到了良性互动的效果,这种互动关系对于政策的落地落实也将起到重要的作用。

二、化妆品法规体系基本成形

加强法规建设是化妆品监管和高质量发展的长远之策、根本之策,是推进化妆品治理体系和治理能力现代化的法治保障。自 2018 年机构改革以来,国家药品监督管理局以科学化、法治化、国际化、现代化为目标,鼎故革新、开基立业、承前启后、继往开来,出台了《化妆品监督管理条例》,开启了法治保障规范领航的新时代。特别是 2021 年,是化妆品的"法规建设年",国家药品监督管理局组织全行业开展史无前例的制度建设,与《化妆品监督管理条例》相配套的、具有中国特色的化妆品法规制度体系的"四梁八柱"基本成形,制度创新红利开始持续释放。

(一)法规体系架构基本形成

2021 年,国家市场监管总局、国家药品监督管理局在及时清理化妆品相关制度文件的基础上,共制定发布部门规章 2 部、规范性文件 22 个、指导性文件 2 个、标准性规定 4 个,基本形成了以《化妆品监督管理条例》为核心的结构层次分明、内容有机统一、衔接全产业链条、覆盖全生命周期、具有鲜明中国特色的化妆品法规制度体系,见图 1、表 1。

化妆品监督管理条例

- 化妆品注册备案管理办法
  - 《化妆品新原料注册备案资料管理规定》(2021 年第 31 号公告)
  - 《化妆品注册备案资料管理规定》(2021 年第 32 号公告)——《化妆品注册备案资料提交技术指南(试行)》(2021 年第 26 号通告)
  - 《化妆品补充检验方法管理工作规程》和《化妆品补充检验方法研究起草技术指南》(2021 年第 28 号通告)
  - 国家药品监督管理局关于实施《化妆品注册备案资料管理规定》有关事项的公告(2021 年第 35 号)
  - 《化妆品分类规则和分类目录》(2021 年第 49 号公告)
  - 《化妆品功效宣称评价规范》(2021 年第 50 号公告)
  - 《化妆品安全评估技术导则(2021 年版)》(2021 年第 51 号公告)
  - 国家药品监督管理局关于做好新旧化妆品注册备案信息管理平台衔接有关工作事项的通知(药监综函〔2021〕264 号)
  - 国家药品监督管理局关于发布实施《化妆品标签管理办法》的公告(2021 年第 77 号)
  - 国家药品监督管理局关于进一步明确普通化妆品备案管理工作有关事项的通知(药监妆函〔2021〕147 号)
  - 国家药品监督管理局关于进一步明确原特殊用途化妆品过渡期管理等有关事宜的公告(2021 年 150 号)
  - 国家药品监督管理局关于试行化妆品电子注册证的公告(2021 年第 156 号)
- 化妆品生产经营监督管理办法
  - 国家药品监督管理局关于公布首批化妆品抽样检验复检机构名录的公告(2021 年第 68 号)
  - 国家药品监督管理局关于公布第二批化妆品风险监测工作组成员单位的通知(国药监校〔2021〕35 号)
  - 国家药品监督管理局综合司关于公布第二批国家化妆品检查员名单的通知(药监综妆〔2021〕59 号)
  - 国家药品监督管理局关于开展化妆品"线上净网线下清源"专项行动的通知(国药监妆〔2021〕47 号)
  - 国家药品监督管理局综合司关于进一步做好国家化妆品监督抽检不合格产品核查处置工作的通知(药监综妆〔2021〕91 号)
  - 国家药品监督管理局关于发布《儿童化妆品监督管理规定》的公告(2021 年第 123 号)
  - 国家药品监督管理局关于贯彻执行《化妆品生产经营监督管理办法》有关事项的公告(2021 年第 140 号)
  - 国家药品监督管理局关于公布第二批国家化妆品不良反应监测评价基地的通知(国药监妆〔2021〕60 号)
  - 国家药品监督管理局关于发布儿童化妆品标志的公告(2021 年第 143 号)
- 国家化妆品标准体系
  - 国家药品监督管理局制定标准
    - 国家药品监督管理局关于更新化妆品禁用原料目录的公告(2021 年第 74 号)
    - 国家药品监督管理局关于将化妆品中防腐剂检验方法等 7 项检验方法纳入化妆品安全技术规范(2015 年版)的通告(2021 年第 17 号)
    - 国家药品监督管理局关于发布《化妆品中本维莫德的测定》化妆品补充检验方法的公告(2021 年第 106 号)
    - 国家药品监督管理局关于发布《化妆品中比马前列素等 5 种组分的测定》化妆品补充检验方法的公告(2021 年第 110 号)
  - 国家标准(22 项)
  - 行业标准(6 项)
  - 团体标准(60 项)

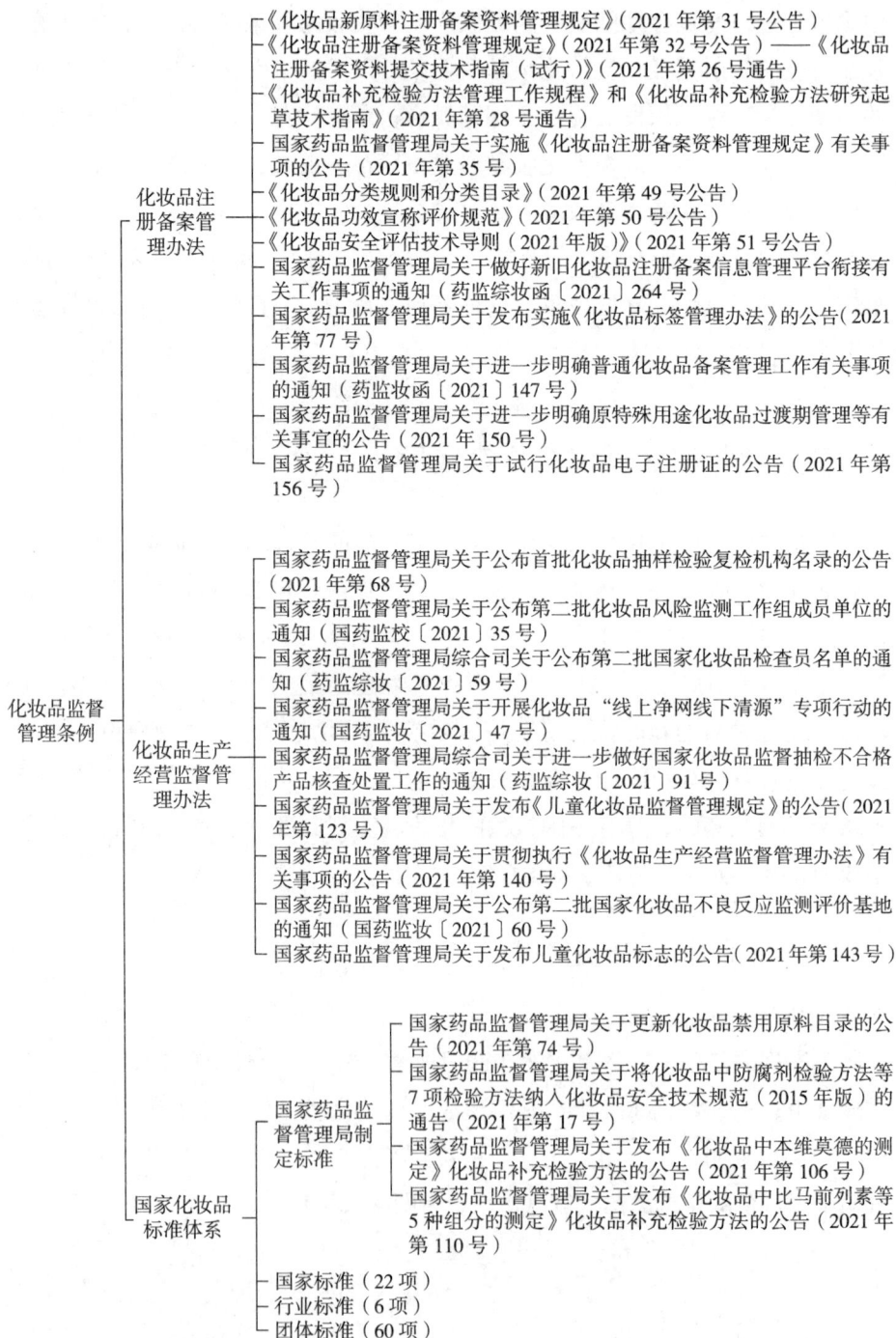

图 1　以《化妆品监督管理条例》为核心的化妆品法规制度体系

表 1　化妆品法规制度文件一览表（2021 年度）

序号	法规文件名称	文件类型
1	《化妆品监督管理条例》	行政法规
2	《化妆品注册备案管理办法》（国家市场监管总局令第 35 号）	部门规章
3	《化妆品生产经营监督管理办法》（国家市场监管总局令第 46 号）	部门规章
4	《化妆品新原料注册备案资料管理规定》（2021 年第 31 号公告）	规范性文件
5	《化妆品注册备案资料管理规定》（2021 年第 32 号公告）	规范性文件
6	《化妆品补充检验方法管理工作规程》（2021 年第 28 号通告）	规范性文件
7	国家药品监督管理局关于实施《化妆品注册备案资料管理规定》有关事项的公告（2021 年第 35 号）	规范性文件
8	《化妆品分类规则和分类目录》（2021 年第 49 号公告）	规范性文件
9	《化妆品功效宣称评价规范》（2021 年第 50 号公告）	规范性文件
10	《化妆品安全评估技术导则（2021 年版）》（2021 年第 51 号公告）	规范性文件
11	国家药品监督管理局关于做好新旧化妆品注册备案信息管理平台衔接有关工作事项的通知（药监综妆函〔2021〕264 号）	规范性文件
12	国家药品监督管理局关于公布首批化妆品抽样检验复检机构名录的公告（2021 年第 68 号）	规范性文件
13	《化妆品标签管理办法》（2021 年第 77 号公告）	规范性文件
14	国家药品监督管理局关于公布第二批化妆品风险监测工作组成员单位的通知（国药监妆〔2021〕35 号）	规范性文件
15	国家药品监督管理局关于进一步明确普通化妆品备案管理工作有关事项的通知（药监妆函〔2021〕147 号）	规范性文件
16	国家药品监督管理局综合司关于公布第二批国家化妆品检查员名单的通知（药监综妆〔2021〕59 号）	规范性文件
17	国家药品监督管理局关于开展化妆品"线上净网线下清源"专项行动的通知（国药监妆〔2021〕47 号）	规范性文件
18	国家药品监督管理局综合司关于进一步做好国家化妆品监督抽检不合格产品核查处置工作的通知（药监综妆〔2021〕91 号）	规范性文件
19	《儿童化妆品监督管理规定》（2021 年第 123 号公告）	规范性文件
20	国家药品监督管理局关于贯彻执行《化妆品生产经营监督管理办法》有关事项的公告（2021 年第 140 号）	规范性文件

序号	法规文件名称	文件类型
21	国家药品监督管理局关于公布第二批国家化妆品不良反应监测评价基地的通知（国药监妆〔2021〕60号）	规范性文件
22	《儿童化妆品标志》（2021年第143号公告）	规范性文件
23	国家药品监督管理局关于进一步明确原特殊用途化妆品过渡期管理等有关事宜的公告（2021年150号）	规范性文件
24	国家药品监督管理局关于试行化妆品电子注册证的公告（2021年第156号）	规范性文件
25	国家药品监督管理局发布《"十四五"国家药品安全及促进高质量发展规划》	规范性文件
26	《化妆品注册备案资料提交技术指南（试行）》（2021年第26号通告）	指导性文件
27	《化妆品补充检验方法研究起草技术指南》（2021年第28号通告）	指导性文件
28	国家药品监督管理局关于更新化妆品禁用原料目录的公告（2021年第74号）	标准性规定
29	国家药品监督管理局关于将化妆品中防腐剂检验方法等7项检验方法纳入化妆品安全技术规范（2015年版）的通告（2021年第17号）	标准性规定
30	国家药品监督管理局关于发布《化妆品中本维莫德的测定》化妆品补充检验方法的公告（2021年第106号）	标准性规定
31	国家药品监督管理局关于发布《化妆品中比马前列素等5种组分的测定》化妆品补充检验方法的公告（2021年第110号）	标准性规定

1. 配套部门规章已基本完成

（1）发布《化妆品注册备案管理办法》 2021年1月7日，国家市场监督管理总局令第35号发布《化妆品注册备案管理办法》，自2021年5月1日起施行。该办法根据《化妆品监督管理条例》关于注册人、备案人的相关规定要求，细化落实化妆品、化妆品新原料注册人、备案人的责任义务及准入条件，对新原料注册人、备案人和化妆品注册人、备案人应当履行的安全监测义务进行了细化规定，同时还优化了注册备案管理程序。

（2）发布《化妆品生产经营监督管理办法》 2021年8月2日，国家市场监督管理总局令第46号发布《化妆品生产经营监督管理办法》，自2022年1月1日起施行。该办法根据《化妆品监督管理条例》关于化妆品生产经营的相关规定要求，明确了化妆品生产经营主体责任，细化对化妆品生产经营的管理要求，充实丰富了监督管理手段。

（3）起草完成《牙膏监督管理办法（草案）》　2021年，国家药品监督管理局根据《化妆品监督管理条例》关于牙膏参照普通化妆品进行管理的规定，组织行业协会和监管部门，完成了《牙膏监督管理办法（草案）》的起草并按程序报送国家市场监管总局审查。同时，还启动了相关配套文件的起草工作，细化牙膏备案资料管理要求，并已向社会公开征求意见。

2. 配套规范性文件逐步制定

（1）出台《化妆品注册备案管理办法》配套文件　国家药品监督管理局在注册备案方面，制定了《化妆品注册备案资料管理规定》《化妆品新原料注册备案资料管理规定》《化妆品分类规则和分类目录》《化妆品安全评估技术导则（2021年版）》《化妆品功效宣称评价规范》《化妆品标签管理办法》等规范性文件。在审评方面，制定了《特殊化妆品技术审评工作程序（内审）》和配方、理化微生物、毒理和标签4个专业技术指导原则。在沟通交流方面，制定了《创新技术化妆品和化妆品新原料注册备案技术问题沟通交流工作程序（试行稿）》。在核查方面，制定了《化妆品注册备案现场核查工作机制（试行）》。

（2）出台《化妆品生产经营监督管理办法》配套文件　国家药品监督管理局在儿童化妆品监管方面，出台了《儿童化妆品监督管理规定》并发布儿童化妆品标志，进一步明确和完善儿童化妆品监管措施。在生产许可管理方面，发布了第140号公告，更新了生产许可证样式，进一步明确生产经营管理的相关要求。在稽查抽检管理方面，制定了《化妆品稽查检查手册》，公布了《化妆品补充检验方法管理工作规程》和首批18家化妆品抽样检验复检机构名录。此外还制定了《化妆品生产质量管理规范》《化妆品不良反应监测管理办法》征求意见稿并进行公开征求意见。

3. 相关技术标准有序制修订

（1）修订《已使用化妆品原料目录（2021年版）》　国家药品监督管理局在研究梳理10余万件已获批准化妆品中原料使用情况基础上，收录已使用化妆品原料8972个条目，提供7278个原料的最高历史使用量，为行业开展安全风险评估提供技术支撑。

（2）修订《化妆品禁用原料目录》 收录 1284 个禁用原料，较《化妆品禁用组分》原有的 1290 种禁用原料，减少了 6 种。大麻叶提取物等 4 种大麻相关原料被正式禁用。

（3）修订《化妆品禁用植（动）物原料目录》 收录 109 种禁用原料，较《化妆品禁用植（动）物组分》的 98 种，增加了 11 种。

（4）发布化妆品国家标准 根据全国标准信息公共服务平台提供的数据，2021 年，国家标准化委员会共发布化妆品国家标准 22 项，其中 6 个标准已于当年实施，16 个标准将于 2022 年之后陆续实施。

（5）发布化妆品行业标准 根据全国标准信息公共服务平台提供的数据，2021 年，全国共发布化妆品行业标准 6 项，其中全国供销社发布 5 项，工业和信息化部发布 1 项。

（6）发布化妆品团体标准 根据全国标准信息公共服务平台提供的数据，2021 年，全国共发布化妆品团体标准 60 项，其中中国香料香精化妆品工业协会等 5 家全国性社会组织发布 7 项，其他 19 个地方社会组织发布 53 项。

（二）法规制度亟需落地实施

中国化妆品法规制度体系的"四梁八柱"已经建立。当前，化妆品法规体系建设的最大挑战是如何把已经建立的制度进一步细化规定并能够全面的落地实施。按照轻重缓急，我们认为化妆品法规制度建设亟需优先解决的问题包括注册人备案人制度、网络销售监管制度、技术标准体系建设等落地实施。

1. 注册人备案人制度的落地实施

《化妆品监督管理条例》建立了化妆品注册人备案人制度，彻底改变了过去化妆品主体责任不清晰的状态。据国家药品监督管理局统计，2021 年全国有 8.7 万名化妆品注册人备案人。《化妆品监督管理条例》规定取得特殊化妆品注册证的注册人或通过普通化妆品备案的备案人，以自己的名义将产品投放市场，要对产品全生命周期质量安全和功效宣称负责。注册人备案人不仅要履行上市前注册备案管理的相关义务，而且还要履行上市后不良反应监测、评价及报告、产品风险控制及召回、产品及原料安全性再评估等相关义务，承担注册备案产品质量安全的主体责任。如何将这些主体责任落地实施是法规制度体系建设面临的重大挑战。

2. 网络销售监管制度的落地实施

随着互联网的发展，消费者通过网络购买化妆品已经成为最主要的消费方式，网络在提供便利的同时也给化妆品监管提出挑战。《化妆品监督管理条例》规定化妆品电子商务平台经营者对平台内化妆品经营者进行实名登记，承担平台内化妆品经营者管理责任，发现其存在违法行为应及时制止并报告监管部门；发现严重违法行为的，要立即停止提供平台服务。要求平台内化妆品经营者应当全面、真实、准确、及时披露所经营化妆品的信息，建立并执行进货查验记录制度，履行好化妆品经营者相关义务。采取什么监管方式方法去有效地监督市场主体责任的落地是法规制度体系建设面临的重大挑战。

3. 技术标准体系建设的落地实施

化妆品技术标准体系包括国家标准、行业标准、地方标准和团体标准、企业标准。国家鼓励企业、社会团体和教育、科研机构等开展或者参与标准化工作。《化妆品监督管理条例》规定化妆品应当符合强制性国家标准，鼓励企业制定严于强制性国家标准的企业标准。当前，我国化妆品标准化面临着两个体系建设的落地挑战，一是化妆品的国家标准体系，主要包括国家标准、技术规范，国家标准目前还有许多空白地带，但这是一项长期而严肃的任务；二是国家的化妆品标准体系，就是由国家标准和其他标准共同组成的标准体系，目前其他标准在填补国家标准空白和制定高于国家标准的高质量标准方面的作用还没有发挥出来。只有国家化妆品标准体系的健全完善，才能更好地引领化妆品行业健康发展。

（三）国际国内规则将融合发展

随着经济全球化向纵深发展，我们认为，我国化妆品法规制度建设的发展趋势是在对标国际通行规则中完善中国制度、在参与国际规则制定中贡献中国智慧，实现化妆品国际国内规则的大融合。

1. 在对标国际通行规则中完善中国制度

化妆品是百姓生活的通用日用产品，欧美日等发达国家无论是政府监管水平还是产业发展水平抑或是百姓消费水平都较我国先行一步、先进一步，许多经验做法早已成为国际通行规则，因此非常值得我们积极借鉴。我国现有的法规标准体系就是在学习借鉴欧美日等发达国家经验的基础上，并结合我国实际建立起来的。走向新时代，中国要推进化妆品从制造大国向制造强国跨越，中国化妆品要"出海"走向世界，首先就要通过对标对照跟踪国际通行规则来制定完善中国制度。

2. 在参与国际规则制定中贡献中国智慧

中国化妆品行业植根于中国，无论是国情、民俗、文化、生活还是原料、功效、消费、渠道等，中国特色早已经存在。中国化妆品行业要在传统赛道、传统规则中与发达国家或国际大牌同台竞技难有胜算，只有另建赛道、创新规则，才有可能实现赶超梦想。因此，主动监测和对标国际通行规则，以我为主深入开展中国化、本土化、数字化改造，形成中国特色的法规制度，在实践中保障制妆强国的实现，我们才能在参与国际规则制定中贡献中国智慧。

（四）法规制度要加速配套完善

2022 年是贯彻落实《化妆品监督管理条例》及配套法规的关键之年，我们建议要调动全行业力量共同做好法规制度配套建设，特别是在规划引领、指导指南、标准支撑上重点发力，加快形成中国特色的化妆品法规制度体系，为推进制妆强国建设提供良好的法治保障。

1. 规划引领法规制度体系建设

依据《化妆品监督管理条例》形成系列的、完善的、配套的制度体系是一项艰巨而长期的挑战，为避免陷入长时间处于"有法规要求、无实施办法、无时间预期"的困境，建议政府及其相关部门加强法规制度建设的顶层设计，通过法规制度建设工作规划的形式征集社会各界意见，工作规划内容要具体到制修订配套规章、规范性文件、安全规范、技术指南、技术标准等，这样使业界不仅有参与感，而且有良好的预期，更不会出现对新出台制度有"急转弯""急刹车"问题的担忧。

2. 加速配套法规制度实施指南

建立健全法规实施指南体系。新法规标准密集出台可以理解，但法规标准出台后的实操指南、释义指引应加速出台，一方面避免较长时间出现行业"无所适从"局面，另一方面避免理解执行方面的差异化，如《化妆品监督管理条例》中的注册人、备案人的规定要求很多，但具体如何实施详细的、配套的实施细则、操作指南却不够多、不够细等，在一定程度上影响了市场主体的法规实施。政府监管部门应当调动并积极支持事业单位、科研院所、高等院校特别是社会组织参与法规实施指南体系的建设。

3. 充分发展技术标准体系作用

技术标准体系由国家标准、行业标准、团体标准、企业标准共同组成，各类标准拥有各自的、独特的、不可替代的地位与作用。《化妆品监督管理条例》等法规规章颁布实施后，需要加速建立的是国家标准体系，包括国家标准、技术规范等。但是，化妆品标准的研制是一项技术性强且极其繁重的工作，仅靠政府资源是难以一步到位的，更重要的国家标准主要负责守底线、保基本的作用，也无法完全满足化妆品行业高质量发展的标准需求，因此，应借鉴发达国家先进做法，建立完善政府主导、企业主体、社会参与的相关标准形成机制，形成国家标准守底线保基本、其他标准填空白追高线有机结合的国家化妆品标准体系。

三、化妆品监管科学快速发展

监管科学是近 10 年发展形成的前沿学科，受到了各国药品监管部门的高度关注。监管科学研究旨在开发新的工具、标准和方法来评估受监管产品的安全性、有效性、质量和性能。2019 年 4 月，国家药品监督管理局启动"中国药品监管科学行动计划"，要求按照"四个最严"，围绕"创新、质量、效率、体系、能力"主题，推动监管理念制度机制创新，推进我国从制药大国向制药强国迈进。在化妆品方面，国家药品监督管理局在化妆品监管科学研究基地、重点实验室建设和重点项目研究推进上取得了一系列研究成果，在促进化妆品科学监管上正发挥着越来越重要的作用。

（一）监管科学研究取得新进展

2020 年、2021 年，化妆品监管科学研究主要取得以下新进展。

1. 国家药品监督管理局建立化妆品监管科学研究基地

2020 年，国家药品监督管理局以四川大学、中国中医科学院、北京中医药大学、山东大学、沈阳药科大学、华南理工大学、北京工商大学、中国药科大学、北京大学、中国医学科学院和江南大学为依托，建设了12个监管科学研究基地。其中，北京工商大学（2020年1月7日）、江南大学（2020年10月15日）为化妆品监管科学研究基地。国家药品监督管理局要求化妆品监管科学研究基地要围绕化妆品监管工作急需，发挥学校学科专业和人才优势，紧密结合化妆品新技术、新产品、新业态的发展趋势，加强化妆品监管新制度、新工具、新标准、新方法的研究，助力化妆品治理体系和治理能力现代化。

2. 国家药品监督管理局发布第二批监管科学行动计划项目

2021年6月24日，国家药品监督管理局发布中国药品监管科学行动计划第二批10个重点研究项目，其中，《化妆品新原料技术指南研究和化妆品安全监测与分析预警方法研究》列入其中，研究内容包括针对我国化妆品新原料质量标准不健全、安全性评价技术研究薄弱以及化妆品安全监测评估体系不完善等问题，开展化妆品新原料质量标准、创新技术化妆品新原料关键技术要点、安全性评价以及化妆品不良反应判断标准和安全风险分析预警方法等研究，形成我国化妆品新原料质量标准体系发展规划和相关质量标准、创新技术化妆品新原料技术指南和审评指导原则、化妆品风险物质在线筛查平台、化妆品不良反应判断标准等，提高我国化妆品监管的科学性和有效性。该项目由国家药品监督管理局化妆品监管司牵头，实施单位是中国食品药品检定研究院（以下简称中检院）、国家药品监督管理局药品评价中心、国家药品监督管理局食品药品审核查验中心，合作单位包括药检机构、高校、医院、省级监管部门等共16家，项目执行周期为2年。中国药品监管科学行动计划自2019年4月启动，当年发布了首批9个重点研究项目，其中化妆品项目1项，即化妆品安全性评价方法研究。

3. 化妆品安全性评价方法研究项目取得重要进展

化妆品安全性评价方法研究是中国药品监管科学行动计划首批项目之一。该项目由国家药品监督管理局化妆品监管司牵头、中检院组织实施，在国家药品监督管理局药品评价中心等12家合作单位的通力协作下，紧紧围绕化妆品安全监管的核心，落实《化妆品监督管理条例》新要求，从化妆品安全性评价和风险评估标准、注册备案管理、不良反应监测和中长期发展规划4个方面开展研究。目前，已经完成新工具4项、新方法1项、新标准9项、其他成果 5 项，其中已发布实施 2 项，形成草案 17 项。成果包括制修订《化妆品禁用组分目录》《已使用原料名称目录》。起草《化妆品安全评估技术导则（2021 年版）》，配套编写出版《化妆品安全性评价方法及实例》丛书。制定《化妆品替代方法验证及转移工作规划》等规范性文件；开展了致敏性和刺激性等 5 项替代方法的研究与验证工作；初步搭建了替代检测方法组合有害结局通路（AOP）的检测策略用于毒性预测和风险评估工作；探索开展计算毒理学方法研究，完成 360 个化妆品原料的致敏性预测分析。此外，项目组对具有中国特色的植物原料开展深入研究，建立了化妆品中人参和芦荟等常用植物原料的标志性成分检测方法；优先选择具有中国特色的牡丹籽油和沙棘籽油等特色原料制定技术要求。

4. 国家药品监督管理局公布第二批化妆品重点实验室

为加快推进国家药品监督管理局重点实验室建设，满足我国药品、医疗器械和化妆品创新发展和监管科学战略需求，国家药品监督管理局组织完成了第二批重点实验室的评审工作，并于 2021 年 2 月 7 日发布《国家药监局第二批重点实验室名单》，共 72 家。其中，化妆品重点实验室 6 家，分别是中检院的化妆品研究与评价重点实验室、山东省食品药品检验研究院的化妆品原料质量控制重点实验室、北京大学第一医院的化妆品质量控制与评价重点实验室、南方医科大学的化妆品安全评价重点实验室、江南大学的化妆品质量研究与评价重点实验室、四川大学的化妆品人体评价和大数据重点实验室。2019 年 7 月 11 日国家药品监督管理局发布了《关于认定首批重点实验室的通知》，共有 45 个单位被认定为重点实验室，其中化妆品重点实验室有 4 家：广东省药品检验所的化妆品风险评估重点实验室、上海市食品药品检验所的化妆品监测评价重点实验室、深圳市药品检验研究院的化妆品监测评价重点实验室、浙江省食品药品检验研究院的化妆品动物替代试验技术重点实验室。在国家药品监督管理局两批建立的 117 家重点实验室中，化妆品重点实验室共有 10 家。

5. 第一届化妆品监管科学大会在北京召开

2021 年 7 月 24 日，第一届化妆品监管科学大会在北京召开。大会是全国首个以化妆品监管科学为主题的大型行业活动，其成功举办将在规范行业发展、审评审批科学决策等方面起到积极作用，实现以化妆品监管科学为导向，为科学监管高效工作机制持续赋能，推动行业向着高水平高质量方向发展。

（二）监管科学研究面临新挑战

化妆品监管科学是一门新兴学科，是专门评估化妆品的安全性、有效性、质量及性能的科学。发展化妆品监管科学对科学监管化妆品具有重要意义。当前，化妆品科技日新月异，新原料、新技术、新功效、新业态层出不穷，科学监管遇到许多新挑战、新问题，亟需发展监管科学提供新工具、新标准、新方法。

1. 新原料的挑战

我国要成为制妆强国，必然要在化妆品的原料研究特别是新原料的研究上狠下功夫，建构基于中国人群的原料数据、评价方法、标准体系，特别是在植物类、生物类新原料上（本书监管科学篇中有两篇专门报告），要加快建立安全宣称、功效宣称评价指导原则，在发展特色新原料上走在世界前列。

2. 新技术的挑战

据本书《2021 年化妆品行业技术研发趋势分析及展望》报告，化妆品新技术特别是新型制剂工艺在快速发展，如通过膜分离、分子印迹等技术对活性成分进行富集，用生物蛋白质芯片、3D 全层皮肤模型等生物手段阐明作用靶点，利用水凝胶载体、原位包裹、超分子结构等加工技术提升活性成分渗透驻留能力等，这些新技术的应用必须构建新工具、新标准、新方法，加以评价。

3. 新功效的挑战

据有关数据显示，在我国有超过 72.3% 的消费者把对产品功能作为重要的购买考虑因素。有学者声称中国化妆品逐渐进入功效化或功效评价的时代。新原料、新技术、新工艺创新必然会带来各式各样的细分新功效，如何界定新功效、如何评价新功效，从技术到方法再到标准，这是化妆品监管科学必须作出严肃、严谨回答的重大课题。

4. 新业态的挑战

随着化妆品行业新原料、新技术、新功效的深入发展，加上大数据、云计算、物联网等信息技术的广泛应用，必然会催生更多的新产品、新业态。网络销售的快速普及，传统的监管政策、手段已不适应化妆品行业发展，如何应用人工智能、大数据、区块链等技术，实现化妆品全生命周期的数字化监管成为全新挑战。

（三）监管科学研究的关注焦点

化妆品的基础在安全、作用在功效。安全与功效是化妆品的两大主题，也是化妆品监管科学研究的重心与重点。

在《2020 中国化妆品蓝皮书》中，何一凡、王巧娥、董银卯在《化妆品监管科学重点研究领域分析及展望》一文中建议我国化妆品监管科学研究聚焦八大突破口：①化妆品原料及产品质量安全性评价技术和标准体系；②化妆品安全与质量控制技术体系与标准体系；③化妆品功效评价方法与技术体系；④化妆品注册备案管理体系研究；⑤化妆品安全风险识别、监测与评估体系研究；⑥化妆品监管政策与管理体系；⑦化妆品监管法规动态与技术前沿追踪；⑧化妆品安全大数据分析预警技术体系。

本书《2021 年化妆品行业技术研发趋势分析及展望》认为，2020—2021年间，受到新法规实施和新冠肺炎疫情双重影响，我国化妆品正式从"概念性"向"功效性"转变，国内化妆品逐渐进入功效化的时代。2022 年乃至今后一段时期，监管科学研究的趋势主要体现在以下三个方面。

1. 关注提高功效技术

科技驱动行业增长。提高功效的关键在于不断加大在配方技术、制剂技术、活性成分等多方面的研究投入。当前化妆品监管科学应当重点关注的提高功效的热门技术包括中国传统护肤成分和现代皮肤科学技术的结合、皮肤益生元和后生元的应用、极简护肤和低敏护肤方式、新型制剂工艺等。

2. 关注长期的安全性

监管科学保障安全。产品的功效与毒性、产品的有效与安全是一枚硬币的两面。功效时代下的化妆品监管科学将更加关注功效宣称的科学性、合理性和安全性问题，引入药代动力学及相关表征手段考察化妆品长期的安全性，特别是植物原料风险成分的安全性把控将成为重点。

3. 关注热点研究方向

科技创造行业热点。技术报告显示，全球化妆品具有潜力的研发方向，横跨胶体与界面化学、皮肤医学、生物化学、植物学、计算机科学等多个领域，化妆品监管科学应关注技术热点研究方向，特别是在实现健康肤色调控、人群精准护肤和基于网络药理学的精准护肤等方面。

敏锐地洞察技术趋势，提升技术研发实力，将是化妆品企业保持长久发展动力的重要因素之一。而通过科学来驱动行业、监管行业、引领行业，将是中国化妆品从"中国制造"走向"中国智造"的重要一步。

（四）推进产业与监管的新融合

化妆品监管科学不仅是管理科学，也是技术科学，其使命就是为了更好地支持化妆品产业的创新发展。化妆品监管科学的研究不仅是监管部门的事，而是全行业的事，包括政府部门、学术界和产业界，各方应在整个研究开发过程中相互合作协作。展望未来，我们建议，化妆品监管科学的发展要与化妆品产业的发展融合起来，一起围绕建设制妆强国目标共同奋斗。监管科学博大精深，研究任务十分繁重，2022 年我们建议重点办好以下四件事情。

1. 办好第二届化妆品监管科学大会

发展化妆品监管科学不是化妆品产业发展的障碍，而是实现化妆品产业持久发展的重要保障和切实路径。北京工商大学、江南大学两个化妆品监管科学研究基地精诚合作，办好第二届化妆品监管科学大会，把化妆品监管科学大会办成一个全国乃至世界的化妆品的监管政策制定者、前沿研究科学家、尖端科技企业共同协同创新的大平台。

2. 加强国际合作交流发展监管科学

本书《我国化妆品监管科学研究进展及展望》一文指出：有必要加强与其他国家监管机构和国际组织的合作和交流，建立对话和沟通机制，参与重点领域研究，不断提高我国在化妆品领域的监管水平。2020 年，国家药品监督管理局以观察员身份参加国家化妆品监管联盟（ICCR）年度会议，加入了 ICCR 框架下的 3 个技术工作组。今后需要继续深化与国外监管部门及国际组织的合作交流，按照平等互利原则开展项目合作、参与标准制定，使我国在全球范围内拥有更多话语权，走出一条顺应国际发展趋势、符合中国特色的化妆品监管科学之路。

3. 制定化妆品新原料研制技术指南

本书《我国化妆品监管科学研究进展及展望》一文指出：原料是化妆品创新的源头，我国的化妆品新原料在基础研究、监管技术等方面还存在许多不足之处，尤其是在植物性原料、纳米原料和生物技术等新原料的风险评估和质量评价方面仍旧十分匮乏。因此，需要根据创新型化妆品原料的特点和监管难点，不断完善相关方法标准、管理清单和技术规范等必要的技术支撑体系，提出科学评价其有效性和安全性的新工具、新标准和新方法，构建创新型化妆品原料的监管科学体系。

4. 制定大规模个性化定制生产指南

《中国制造 2025》指出，新一代信息技术与制造业深度融合，正在引发影响深远的产业变革，形成新的生产方式、产业形态、商业模式和经济增长点。其中包括大规模个性化定制等正在重塑产业价值链体系，包括化妆品在内的制造业转型升级、创新发展将迎来重大机遇。当下，化妆品产业的数字化转型升级已经风起云涌，基于大规模个性化定制的化妆品智能工厂的示范性研究已经取得初步成果，但是却面临规格柔性、剂型柔性、节拍个性以及备案、检测、留样等现行制度困惑，应当以消费者需求为中心，以数字化技术为手段，集中力量加快制定"基于大规模个性化定制的化妆品智能工厂生产指南"，引领我国化妆品制造业的数字化转型升级。

四、化妆品科学监管有效落实

落实最严监管是药品监管部门的职责。2021 年，全国药品监管部门以《化妆品监督管理条例》实施为契机，通过开展审评审批、风险监测、监督抽检、飞行检查、专项整治等系列监管活动，全面落实"处罚到人""重典治乱"立法理念，依法履职尽责、科学监管，有力规范了化妆品生产经营秩序，促进了行业高质量发展。

（一）安全形势总体上可控向好

1. 注册备案服务水平提升

2021 年，国家药品监督管理局构建化妆品注册备案新平台，实现产品全链条管理和系统之间的信息关联共享，有效提高注册备案效率和质量，为企业申报提供便捷、高效服务平台，为监管部门提供统一权威的监管系统。

（1）化妆品注册审评按时完成　完成化妆品注册审评 8990 件，其中涉及原化妆品行政许可管理系统中的化妆品 8318 件，智慧申报审评系统中的化妆品注册审评 672 件。继续保持"零积压"的工作目标，守住了"时限"红线。

（2）新原料注册备案实现突破　2021 年有 6 个化妆品新原料备案通过并对外公示，进入安全监测期，与新规实施之前十余年间仅批准 8 个新原料相比，新原料的上市速度明显加快。受理新原料注册申请 4 件次，完成新原料注册备案资料整理 70 余件次（涉及 37 个新原料）。

（3）普通化妆品备案有序开展　全年完成普通化妆品备案 47.7 万个，其中进口普通化妆品 1.8 万个，国产普通化妆品 45.9 万个。开展了备案质量抽查，共抽取 2218 个品种，发现问题 588 个，待规范事项 41 个。

（4）化妆品审评向内审制转变　2021 年，中检院加强审评队伍能力建设，遴选化妆品技术审评咨询专家 203 名，制定程序文件 14 个和操作规范 32 个，实现了从过去外部专家会审的"外审模式"到现在的以内审员为主、专家咨询为辅的"内审模式"的转变，为后续保障审评尺度一致和审评质量高效奠定基础。

（5）建设化妆品审评标准体系　中检院强化细化化妆品审评技术标准体系建设，完成了《特殊化妆品技术审评要点（试行）》《化妆品新原料技术审评要点（试行）》《化妆品新原料备案后技术审查要点（试行）》以及《防晒类特殊化妆品技术指导原则（试行）》《发酵工程来源化妆品新原料技术指导原则（试行）》等 10 余项化妆品和新原料技术指导原则的起草。

（6）化妆品智慧申报系统上线　结合新法规的实施进行研发，建立了我国化妆品技术审评新模式，改变了注册资料申报方式，让数据多跑路、企业少跑腿、群众得实惠，推动了大数据在化妆品监管中的应用。该系统荣获"2021 年全国药品智慧监管典型案例"。

2. 安全风险防控水平提高

2021 年，国家药品监督管理局加大了上市后化妆品的安全监管力度，通过开展风险监测、监督抽检、飞行检查、专项整治等系列风险防控活动，守住了不发生系统区、区域性风险的底线，形成了化妆品安全形势积极向好、稳定可控的良好局面。

（1）开展安全风险监测　国家药品监督管理局遴选了第二批 7 家化妆品风险监测工作组成员单位。关注网红产品、易非法添加产品等，开展了 1674

批次产品风险监测，发现问题产品 152 批次。推动化妆品不良反应监测质量跃升，全年收集化妆品不良反应报告 18.7 万份，对 15 件发生严重不良反应的产品进行调查，发布涉事企业或者产品停产停售通告 8 个。国家药品不良反应监测中心积极跟进国际化妆品安全信息最新动态，每月在国家药品不良反应监测中心官网上发布 1 期《化妆品警戒快讯》，提示公众安全使用化妆品。2021 年底，国家药品监督管理局遴选并公布第二批 17 家医疗机构作为国家化妆品不良反应监测评价基地，进一步完善化妆品不良反应监测体系。

（2）深入开展监督抽检　2021 年 5 月，国家药品监督管理局公布首批 18 家化妆品抽样检验复检机构，复检机构出具的复检结论为最终检验结论。根据《2021 年国家化妆品监督抽检年报》，2021 年，全国药监部门坚持问题导向、聚焦监管关切，以发现问题、防控风险为主要目标，以风险多发品种、场所为抽样重点对象，组织对染发类、洗发护发类、彩妆类、防晒类、宣称祛痘类、面膜类、宣称保湿滋润的一般护肤类、宣称紧致抗皱的一般护肤类、儿童类、祛斑 / 美白类和爽身粉类等 11 类化妆品进行抽检，共抽检 20245 批次产品，其中 19847 批次产品符合规定，合格率为 98.03%，具体品类合格率见图 2。

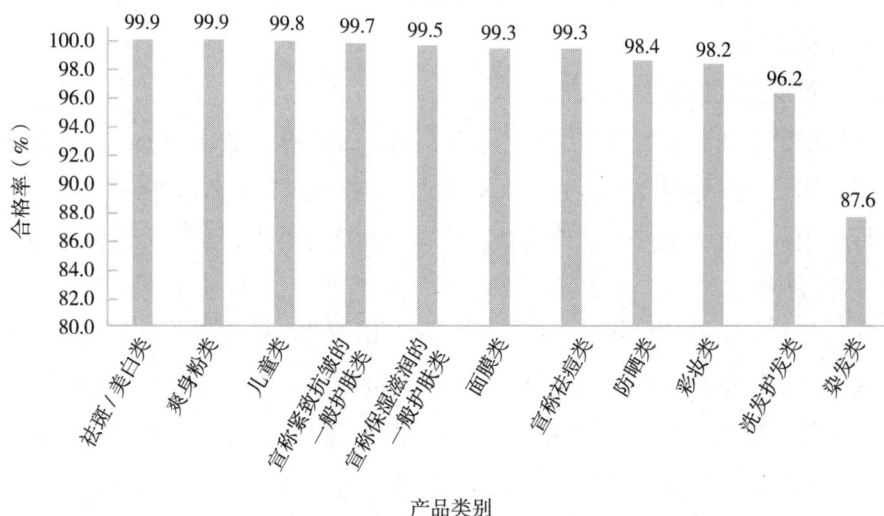

图 2　2021 年对 11 类化妆品 20245 批次产品进行抽检的合格率

（3）开展靶向飞行检查　国家药品监督管理局制定《化妆品高风险信息

"直通车"检查制度》，及时收集、分析研判风险信息；组织对 14 家化妆品生产企业开展飞行检查，对 5 家涉嫌严重违法的企业立案调查，对有关产品全国停售，有力震慑违法企业；制定《化妆品飞行检查结果公开规则》；聘任第二批 70 名国家化妆品检查员，充实化妆品检查国家队。

（4）开展重点领域整治　国家药品监督管理局组织开展儿童化妆品专项检查，备案后监督检查儿童化妆品 31687 个，检查生产企业 986 家次、经营企业约 32.3 万家次。聚焦未经注册备案、非法添加、违法宣称等网络销售违法化妆品问题，组织开展净网清源专项行动。

（5）严肃查处典型案件　国家药品监督管理局强化检查稽查联动，建立行刑衔接制度，落实处罚到人要求，严肃查处了"8·27"儿童杏璞修护霜非法添加苯烯莫德案，"5·20"京儿牌儿童化妆品非法添加激素案，福建厦门、泉州无证生产儿童化妆品案，诺必行牌儿童化妆品非法添加激素案等，对儿童化妆品领域的违法犯罪行为形成了有力震慑。

（6）监督管理检测机构　2021 年，对化妆品注册和备案检验机构组织实施国家级飞行检查，依规暂停了 14 家问题较严重机构的信息系统使用权限；中检院组织开展化妆品注册和备案检测机构开展镉的测定、耐热大肠菌群检验等两项能力考评，37 家存在不满意结果、12 家结果"可疑"，考评结果总体满意率 78.0%。

3. 产业呈现健康发展态势

根据国家药品监督管理局公开统计信息，2021 年，我国化妆品产业呈现出产品注册备案稳定增长、生产企业数量出现拐点、日常监管态势保持高压、投诉举报数量继续下降、案件查处态势保持从严等特点，总体呈现健康发展的良好态势。

（1）产品注册备案稳定增长　2021 年，国家药品监督管理局共受理特殊化妆品：首次申报 5663 件（国产 4350 件、进口 1313 件），延续 1322 件（国产 869 件、进口 453 件），变更 1347 件（国产 1131 件、进口 216 件）。批准特殊化妆品：首次申报 4901 件（国产 3572 件、进口 1329 件），延续 1203 件（国产 869 件、进口 334 件），变更 1457 件（国产 1194 件、进口 263 件）。进口普通化妆品备案 9802 件。总体上继续延续稳步增长态势。各类产品具体表现如下。

特殊化妆品批准上市数量呈现稳步增长，基本延续了 2010 年以来的态势，见图 3。

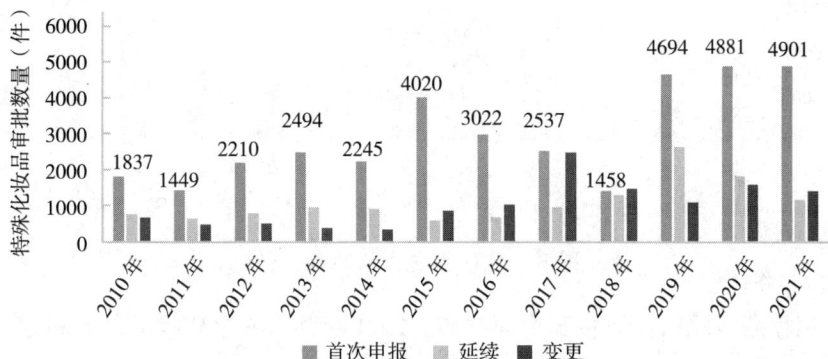

图 3 特殊化妆品审批情况

国产特殊化妆品批准上市保持快速增长，2018—2021 年每年增速高达 20% 以上，见图 4。

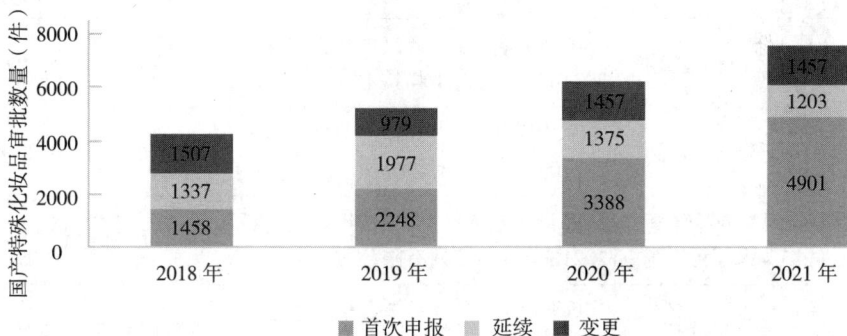

图 4 国产特殊化妆品审批情况

进口普通化妆品备案量出现明显下降，中断了 2010 年以来总体上升的趋势，见图 5。

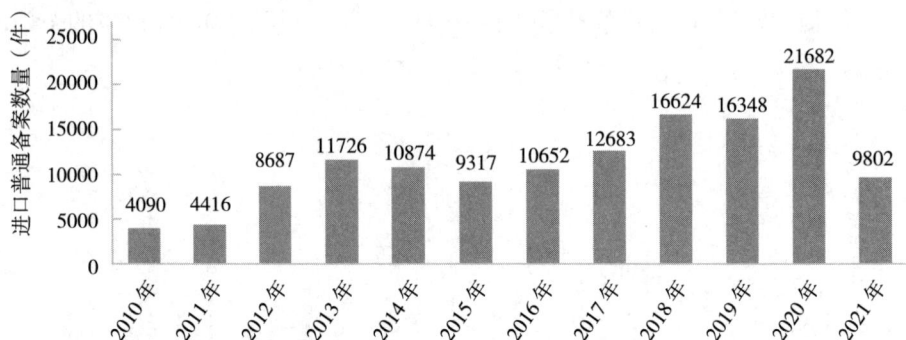

图 5　进口普通化妆品备案情况

化妆品新原料注册备案全面突破，2021 年共有 6 个化妆品新原料通过备案，其中 4 个国产、2 个进口，见表 2。

表 2　2021 年获得备案的化妆品新原料情况表

序号	标准中文名称	备案号	备案人中文名称	使用目的	安全使用量
1	N–乙酰神经氨酸	国妆原备字20210001	武汉中科光谷绿色生物技术有限公司	保湿剂	≤ 2%
2	月桂酰丙氨酸	国妆原备字20210002	苏州维美生物科技有限公司	清洁剂	≤ 20%
3	β–丙氨酰羟脯氨酰二氨基丁酸苄胺	国妆原备字20210003	深圳市维琪医药研发有限公司	皮肤保护剂	0.00001%~1.0%
4	雪莲培养物	国妆原备字20210004	大连普瑞康生物技术有限公司	抗氧化剂	≤ 4%
5	四氟丙烯	国妆原备字20210005	霍尼韦尔国际公司	推进剂	≤ 90%
6	月桂酰甲基羟乙基磺酸钠	国妆原备字20210006	英诺斯派化工（北京）有限公司	清洁剂	≤ 11%

（2）生产企业数量出现拐点　从总体数量上看，2021 年，全国持许可证化妆品生产企业跌破 5000 家，从 2020 年的 5447 家减少到 4975 家（含牙膏生产企业 174 家），减少 472 家、减幅 8.7%，终结了 2013 年以来逐年上升的总体态势，见图 6。

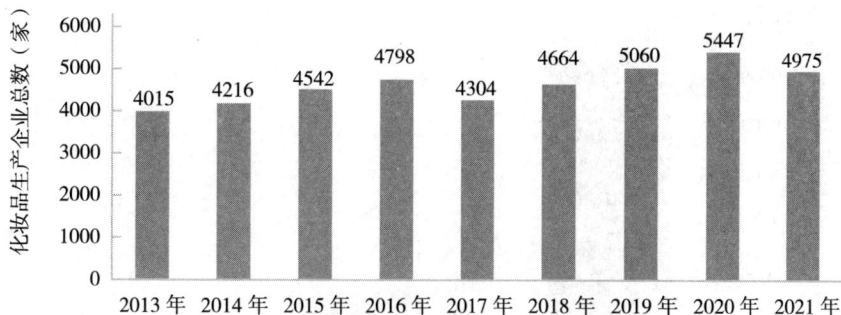

图 6　化妆品生产企业总数年度情况

从区域布局上看，2021 年，广东、浙江、江苏、上海、山东的持许可证化妆品生产企业列前五位，分别有 2733 家、563 家、308 家、209 家、160 家，广东一枝独秀、华东地区奋勇追赶的格局没有改变，见图 7。

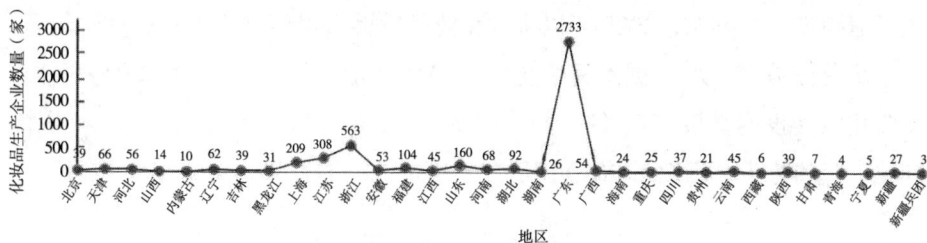

图 7　全国各省化妆品生产企业数量分布情况

（3）日常监管态势保持高压　2021 年，全国共检查化妆品生产企业 10831 家次，抽检化妆品 16599 批次，飞行检查化妆品生产企业 1353 家次，责令暂停生产企业 83 家次，与 2020 年检查家次持平，继续保持监管的高压态势，见图 8。

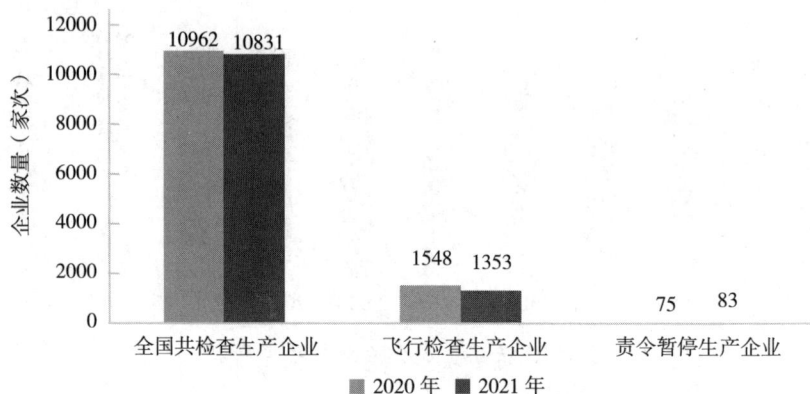

图 8 全国化妆品生产日常监管情况

（4）投诉举报数量继续下降　2010—2019 年，全国化妆品投诉举报受理数量逐年上涨，具体详见图 9。由于受机构改革和热线平台整合的影响，再加之新冠肺炎疫情影响，2020 年以来的化妆品投诉举报信息接收总量有所下降。

从总体数量上看，据不完全统计，2021 年前三季度，全国 12315 平台共接收化妆品投诉举报 1259 件，同比 2020 年的 3934 件，极可能出现全年继续同比下降的势头，延续了 2020 年后开始出现下降的态势，见图 9。

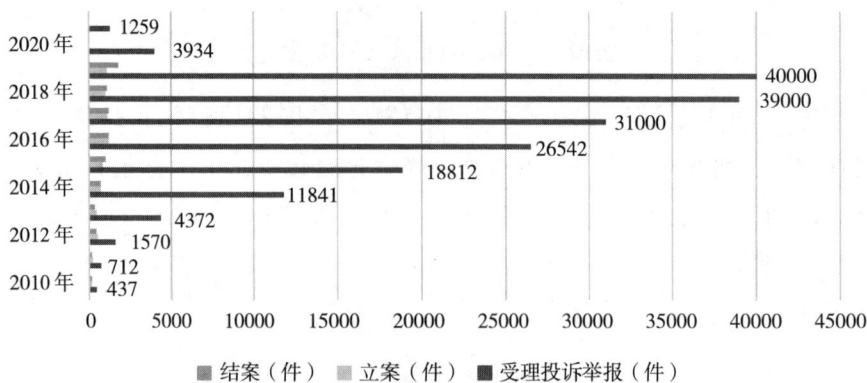

图 9 2010—2021 年化妆品投诉举报总体情况

从地域分布来看，据不完全统计，2021 年前三季度，全国 12315 平台接收化妆品投诉举报中，广东、浙江、上海、江苏、安徽数量列居前五位，分别为 333 件、175 件、91 件、89 件、44 件，依次占 26.5%、13.9%、7.2%、

7%、3.5%。

（5）案件查处态势保持从严　从数量上看，2021 年，全国共查处化妆品案件 22839 件，货值金额共 38278.01 万元；其中涉及互联网案件 413 件，货值金额 3918.69 万元。罚款金额 21750.21 万元，没收违法所得金额 1950.58 万元，捣毁制假售假窝点 33 个，责令停产停业 188 家（其中包括生产企业 12 家和美容美发机构 76 家），撤销批准文号或备案号 2 件，吊销许可证 12 件，移送司法机关 80 件。继续保持 2014 年以来的案件查处从严态势，见表 3。

表 3　全国化妆品案件查处情况

项目	2014年	2015年	2016年	2017年	2018年	2019年	2020年	2021年
案件数（件）	7465	6139	7673	10000	11000	8703	14316	22839
货值金额（万元）	2407.5	2688.4	3347.8	6851.2	21000	18000	20387.36	38278.01
罚款金额（万元）	2212.4	2295.6	3626.6	4294.7	5739.4	5982	7633.78	21750.21
没收违法所得金额（万元）	818.4	1402.5	950.5	1091.4	2293.2	3387.1	2175.77	1950.58
责令停产停业（户）	459	260	162	284	509	254	625	188
移送司法机关案件数（件）	16	14	26	24	44	36	52	80

从地域分布来看，2021 年，全国共查处化妆品案件数量排在前五位的省份依次为广东、山东、浙江、河南、广西。从货值金额来看，货值 2 万元以下的案件有 22416 件，占 98.15%；货值 2 万元至 20 万元的 345 件，占 1.51%；货值 20 万元至 50 万元的 33 件，占 0.14%；货值 50 万元至 1000 万元的 39 件，占 0.17%；货值 1000 万元至 1 亿元的 5 件。从违法主体来看，生产企业案件有 557 件，占 2.44%；经营企业案件 14066 件，占 61.59%；美容美发机构案件 5187 件，占 22.71%；其他主体案件 3029 件，占 13.26%，见图 10。

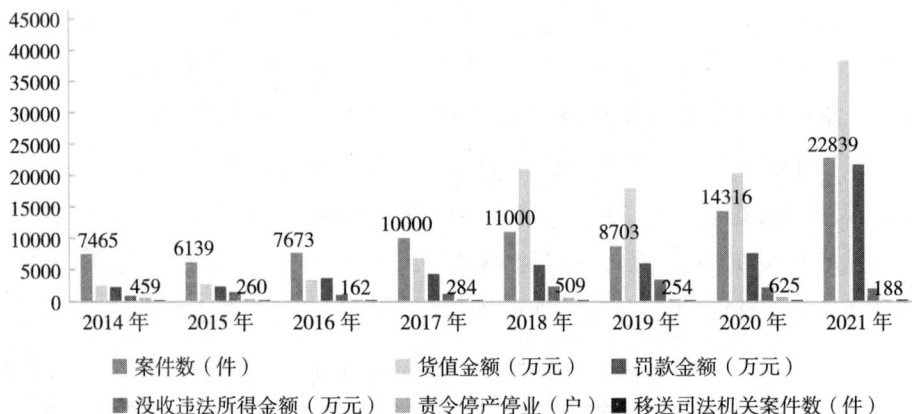

图 10　全国化妆品案件查处总体情况

（二）安全风险监管能力要提升

2021 年，国务院办公厅印发了《关于全面加强药品监管能力建设的实施意见》，对化妆品监管能力提出了新要求，特别是结合《化妆品监督管理条例》的实施和安全监管形势，对化妆品监管部门在保安全、防风险的能力方面提出了更高要求。当前，提升技术审评审批、安全风险监测、标准体系建设等能力成为加强自身建设的重大挑战。

1. 提升技术审核评价能力

新一轮机构改革之后，我国化妆品注册备案审核评价能力大大提升，技术审评工作机制持续优化，特别是外审转内审工作的推进，职业化审评员队伍建设的加强，安全技术评估、现场检查、原料安全评估等专业能力都有明显提升。但是，化妆品既是健康产品也是时尚产品，健康产品强调安全可靠，时尚产品追求时间效率，技术审核评价工作应当在质量和效率两个方面持续提升能力。

2. 提升安全风险监测能力

国务院办公厅印发的《关于全面加强药品监管能力建设的实施意见》专门提出了要"提升化妆品风险监测能力"。化妆品安全风险无处不在、无时不有，但是安全风险有大小、影响有高低，只有从技术审评审批、监督抽检、现场检查、不良反应监测、投诉举报、舆情监测、执法稽查等众多风险信息中发现关键风险、重点风险并加以防控，才能让监管跑在风险前面、让有限的资源用在刀刃上。

3. 提升标准体系建设能力

国务院办公厅印发的《关于全面加强药品监管能力建设的实施意见》提出了要"提升标准管理能力"，要求要"构建化妆品标准体系，加强国家标准、行业标准、团体标准、企业标准统筹协调。"近年来，我国在国家标准、技术规范和补充检测方法建立上成绩显著，为化妆品安全设置了底线，但在引领化妆品高质量发展的标准建设方面，特别是引导发挥团体标准作用方面我们还需努力。

（三）推进全生命周期数字化管理

近年来，互联网、大数据、云计算、人工智能、区块链等技术加速创新，日益融入经济社会发展各领域全过程，数字经济发展速度之快、辐射范围之广、影响程度之深前所未有，正在成为重组全球要素资源、重塑全球经济结构、改变全球竞争格局的关键力量。化妆品行业也不例外，黑灯工厂、私人订制、柔性生产、网络销售、跨境电商、智慧监管等，数字技术应用广泛。

2021 年，国务院办公厅印发的《关于全面加强药品监管能力建设的实施意见》明确提出要"推进全生命周期数字化管理"，要求要加强化妆品监管大数据应用，提升从实验室到终端用户全生命周期数据汇集、关联融通、风险研判、信息共享等能力。强化化妆品品种档案建设与应用，加强政府部门和行业组织、企业、第三方平台等有关数据开发利用，研究探索基于大数据的关键共性技术与应用，推进监管和产业数字化升级。

基于全生命周期数字化管理的理念来构建完善化妆品智慧监管是未来发展方向和趋势。化妆品监管部门要主动对接数字技术、数字经济的发展，通过健全法规制度和政策制度，助推产业数字化转型升级，不断改进提高监管技术和手段，推动化妆品原料管理、注册备案、生产许可、检验检测、风险监测等各环节数据互联互通，把监管和治理贯穿创新、生产、经营、使用全过程。

（四）推进全过程安全风险管理

2022年是"能力建设年"。我们建议监管部门针对行业所盼、监管所需、群众所忧，集中有限资源在开展人工智能审核备案信息、网络销售化妆品风险监测、支持团体标准制定等方面狠下功夫。

1. 应用人工智能监督备案信息质量

虽然普通化妆品告知性备案的主体责任在备案人，但是国家普通化妆品备案信息系统的权威性、公正性、客观性，使备案信息成为行业生产、经营、使用、监管的权威信息。加强和加快化妆品备案质量监督检查，确保上市快、责任清、管得好、质量高已经成为业界的强烈诉求。建议国家和省级化妆品监管部门应用人工智能来高效完成备案信息的监督检查，力争备案信息监督检查结果实时反馈、实时公开。

2. 开展网络销售化妆品的风险监测

网购化妆品已经成为消费者购买化妆品的主要形式，特别是在新冠肺炎疫情之下网络销售化妆品更是日益扩大，网售化妆品的安全问题也有增加趋势。建议监管部门以网管网，应用互联网的手段完善网络交易监测平台，不仅要针对网红产品、儿童化妆品非法添加、有害风险物质等开展质量风险监测，也要对电商平台是否履行实名登记、对平台内经营者日常管理、发现违法及时制止并报告、严重违法停止提供平台服务等各项义务开展风险监测，及时发现查处关键风险。

3. 鼓励支持社会组织制定团体标准

化妆品标准体系包括国家标准、行业标准、地方标准、团体标准、企业标准。各类标准作用不尽相同，需要统筹协调发展。建议化妆品监管部门在组织做好化妆品国家标准体系的同时，支撑引导社会组织开展团体标准的制定，主要解决两个问题：一是国家标准、技术规范没有规定的而行业发展又需要的标准；二是根据高质量发展需要制定的高于国家标准、技术规范的标准，如绿色、环保、动保、低碳等方面的具有前瞻性、引领性、高品质的标准。

五、化妆品消费需求迭代升级

2021 年，我国以网络购物、移动支付、线上线下融合等新业态为特征的新型消费迅速发展，特别是新冠肺炎疫情影响，化妆品传统的接触式线下消费受到重大影响，但新型消费却发挥了重要作用，新消费时代与新消费挑战已经一起到来，推动了国内消费的稳定增长，促进了化妆品行业的蓬勃发展。

（一）化妆品消费景象繁荣

曾几何时，与发达国家对比，我国化妆品消费呈现"三低"的特点：一是人均消费金额明显低于发达国家水平；二是使用中高端产品占比较低，一般以大众档次为主；三是使用彩妆占比较低，国人化妆品消费仍以基础的护肤为主。但是，今非昔比，随着人们生活水平的提高，消费需求不断升级进阶，2021 年，化妆品人均消费跨越 300 元大关，消费者更加关注功效品牌，线上消费方式已经成为主流，行业呈现繁荣景象。

1. 年人均消费首超 300 元

据艾媒咨询报告，中国化妆品市场 2020 年受新冠肺炎疫情影响增长速率有所放缓，市场规模为 3958 亿元，但随着新冠肺炎疫情防控形势向好，2021 年市场规模又创造了新的高度，达到 4553 亿元，同比增长 15%。按照我国 14.13 亿总人口进行计算，中国消费者年人均消费化妆品达 322 元，首次超过 300 元。我国化妆品人均消费目前只是欧美与日韩等发达国家的五分之一至三分之一，还有较大的增长空间。

2. 关注品牌功效成分

随着消费者化妆意识的增强和化妆经验的积累，新一代消费者的消费理念更为成熟，护肤和化妆流程更加复杂，对化妆品的选择与使用更加精细化，对化妆品的需求更进一步延伸至细究品牌和成分、关注功效、追逐潮流等方向，数据显示，消费者在购买化妆品时首先考虑功效的比例为 63.9%。基于消费者需求不断开发具有针对性功效、提升消费者体验的产品是大势所趋。

3. 线上消费成为主流

受互联网和智能设备普及的影响，消费主力军千禧一代（1980—1994 年出生）和 Z 世代（1995 年后出生）的线上消费预算普遍占总预算的 60% 左右。社交媒体的带货能力日益增强。2021 年，网购成为了中国和全球消费者的主要购物方式。根据艾媒咨询统计，化妆品网络销售市场规模 2021 年已突破 2600 亿元，预计 2024 年将达到 3506.5 亿元，占整体化妆品销售额的 79.8%。

（二）新消费新需求挑战多

1. 把握新消费者需求是难题

中国人一般用 70 后、80 后、90 后来表示代际。而国际通用的方法是：X 世代——1965—1979 年生、Y 世代——1980—1994 生、Z 世代——1995—2009 生。Y 世代生于 20 世纪，长于 21 世纪，所以又被称为千禧一代。这一代人，赶上了 PC 和互联网的迅速普及，因此形成了和上一代截然不同的生活态度。他们的特征是自信，他们是当下的主流消费者。Z 世代大部分生于 21 世纪，是数字时代的原住民，因为生活方式质的变化，他们更关注体验，也更懂得去挖掘好的价值和服务，他们的特征是独立。怎么理解、把握和满足 Z 世代的化妆品消费需求呢？这是我们全行业必须面对的难题。

2. 追求速效显效是安全隐患

化妆品与药品不同，不调节人的生理功能，对人体作用轻微、缓和。化妆品的功效是相对的，除了物理作用外，一般不可出现速效显效的功能。由于化妆品安全知识的缺乏，当前，从消费者角度来看，安全使用化妆品最大的威胁就是盲目追求化妆品的"速效""显效"。不良商家正是抓住了消费者的这一特点，在祛斑、美白、抗衰老、祛痘类化妆品中，宣称"3 天内见效"或"8 小时抚平细纹"等，有的化妆品名称也非常吸引人，比如"一抹白""祛斑灵"等。如何让消费者多掌握化妆品安全消费常识，不追求化妆品速效显效的功能，不相信"药妆"之类的化妆品，提高安全科学使用化妆品的能力，更加信任国货品牌品质，这是全行业必须消除的重要的安全隐患。

（三）新消费时代已经到来

2021 年世界银行公布的最新标准显示，人均国民总收入达到 1.27 万美元，就是"高收入国家"。我国 2021 年人均国民总收入约 1.21 万美元，已经站在了高收入的边界线上。高收入必然带来高消费，2022 年我国可能成为全球最大的消费市场，这标志着一个新消费时代已经到来。上海润米咨询刘润在其2021年度演讲"进化的力量"中把新消费时代概括为新模式、新渠道和新品牌。我们借用这个分析框架来分析化妆品的新消费时代。

1. 新模式——厂家代理人转身成为用户代言人

在新消费时代里，化妆品电商迅速崛起，直播营销、网红带货铺天盖地。网红看上去是在帮商家卖产品，但其实是在帮消费者买产品，差别在于代表谁的利益。帮商家卖产品，不管产品好不好，成交就好；但是帮消费者买产品，满不满意，则远大于成交。所以直播电商的本质，不是帮助品牌商卖东西，而是帮助消费者买东西。新消费时代催生消费新模式，电商或网红完成理念更新，华丽转身面向用户，从厂家的代理人，变为用户的代言人。

2. 新渠道——信息传播从文字到图片再到视频

影响我们消费决策的唯一依据是信息。信息在互联网上传播，经历了三个时代：最开始是网速不快的文字时代，信息密度很低；后来是网速快了的图片时代，信息密度就高很多了；再到现在网速更快了的视频时代，传递的信息密度就更高了。影响我们消费决策的"依据"升级了，就是听觉＋视觉的视频。新消费时代催生消费新渠道，视频渠道可能是"经典互联网"的终极媒体形态，所有化妆品或许都值得用"短视频＋直播"的方式重卖一遍。

3. 新品牌——经济自信＋制度自信＝文化自信

品牌的基础是信任。2020—2021年，出现了一个所有人都能明显感觉到的趋势：国货崛起趋势明显。这是因为中国人越来越信任中国人了。这种自信，不断溢出到很多品牌上。新一代的消费者比从前任何时候都更相信自己，相信自己的文化，相信自己的产品，相信自己的品牌。新消费时代催生消费新品牌，经济自信＋制度自信＝文化自信，一种强大的"信任"基础，垫在所有国货下面，并在逐渐升高。这是建立新品牌的大好时机。

一个新消费时代已经到来，新模式、新渠道、新品牌正在改变消费者化妆品消费和消费方式，只有快速跟进迭代升级，才能抓住新消费时代的机遇。

（四）化妆品安全消费常识

化妆品安全没有零风险。防范化妆品安全风险不仅需要企业自律、行业自治和政府严格监管，而且需要社会力量共同参与治理，特别是消费者，其安全消费常识可以说是保障自身使用安全的最后一道防线。无论消费模式、渠道、品牌如何迭代升级，我们提醒广大消费者在拥抱新消费时代的同时，必须掌握必要的化妆品安全常识，才能正确选择和科学使用化妆品，规避消费误区，远离安全风险。我们建议消费者必须掌握的化妆品安全消费六大常识包括：①谨慎购买功效产品，特别警惕宣称强效速效的功效性产品；②熟悉安全消费常识，选购化妆品因人而异，没有普遍适用所有人群的化妆品；③警惕产品宣传陷阱，正规合法化妆品标签上不可能出现药用功能、治疗作用、医疗作用；④选择规范企业购买，不能提供所售产品合法信息、合格证明的企业，请谨慎选择选购；⑤关注儿童产品安全，选择销售包装展示面有儿童化妆品标志"小金盾"的产品；⑥权威查验与投诉举报，消费者可以登录国家药品监督管理局网站"数据查询"查验化妆品生产许可、注册备案的合法信息，有疑问可投诉举报。

六、化妆品行业规模持续增长

2021 年，我国化妆品行业依托国民经济的健康发展，在人均可支配收入持续提高、国家行业政策大力支持、"放管服"改革红利释放、消费者需求迭代升级、供给侧改革不断深入等多重因素的影响下，特别是在《化妆品监督管理条例》等全新法规制度的有效保障下，虽然面临新冠肺炎疫情、外部竞争的压力，但是，市场规模进一步扩大，继续呈现高速增长态势。

（一）市场规模持续稳步增长

2021 年，我国化妆品市场规模继续扩大，发展前景向好并呈现以下特点。

1. 市场规模高速增长

据国家统计局数据，2021 年，我国全年社会消费品零售总额为 440823 亿元，比上年增长 12.5%；其中，化妆品零售增长依旧强劲，限额以上零售额达 4026 亿元，同比增长 14%。据艾媒咨询报告，中国化妆品市场 2020 年受新冠肺炎疫情影响增长速率有所放缓，市场规模为 3958 亿元，但随着新冠肺炎疫情防控形势向好，2021 年市场规模又创造了新的高度，达到 4553 亿元，同比增长 15%。按照我国 14.13 亿总人口进行计算，中国化妆品市场零售额占全国消费品零售额的 1.03%，贡献已经超过 1%；中国消费者年人均消费化妆品达 322 元，首次超过 300 元。

2. 产业园区快速发展

中国化妆品产业园区呈现全国东南西北齐头并进、百花齐放之势。广州建设了"白云美湾""南方美谷"和"中国美都"三个产业园区，存续企业数量位居前三甲。与此同时，中国多个省市也纷纷布局化妆品产业园区，上海奉贤"东方美谷"、四川成都"她妆美谷"、北京昌平"未来美城"、浙江湖州"美妆小镇"、重庆铜梁"西部美谷"等。产业园区各具特色，"白云美湾"注重全产业链的配套支持；"东方美谷"基于美丽健康产业链完整布局，吸引百雀羚、伽蓝和上美等国货大品牌，资生堂和欧莱雅等国际大品牌入驻；"南方美谷"更偏本土化，生产链更为齐全；"西部美谷"紧扣高端美容化妆品产业集聚，发展天然中药萃取化妆品产业；"未来美城"则重点聚焦特色植物资源化妆品、定制化生产试点、美妆新文创等领域。

3. 科技创新投入加大

广州美易搜公司研究报告指出，2020 年以来，中国化妆品本土企业的研发投入持续加大，研发费用率平均水平已在 2%~3% 之间，虽然无法与国际巨头欧莱雅、雅诗兰黛、宝洁等每年超 10 亿元研发费用相比，但优势企业已经率先崛起，如 2020 年研发费用上海家化达 1.44 亿元、薇诺娜为 6885 万元、珀莱雅为 7220 万元。研发投入加大在专利上得到体现，全球化妆品行业专利申请数量呈现逐年增长态势，截至 2022 年 1 月 20 日，美国约 32 万项，为全球第一；我国约 17 万项，居全球第二。从我国化妆品专利申请的区域分布来看，广东最多达 4.33 万项，其次是浙江 1.8 万项，江苏、上海、北京紧追其后。中国化妆品行业特别是制造业向国际先进水平的追赶已经从引进、模仿为主转到以集成、创新为主。

4. 品类市场细分加快

据艾媒咨询研究报告："数据显示，2019 年中国化妆品细分市场中，护肤品是市场规模占比最大的细分领域，比例为 51.2%，其次是护发和彩妆，市场规模占比分别为 11.9% 和 11.6%，其余的化妆品细分市场规模所占比例均低于 10%。由于护肤品的适用人群较其他类型产品而言，更为广泛，其所占市场份额也较多。尽管彩妆市场规模占比仅有 11.6%，但是，其复合增速是所有品类中最高的，在 2019 年达到了 19.4%，比行业平均增速多出 9.4%，同时也比份额最多的护肤品高 9.3%，由此可以看出，彩妆市场目前发展速度较快，未来成长空间较大。"

5. 功效成为消费首选

据艾媒咨询研究报告："在购买化妆品或护肤品时，绝大多数消费者希望品牌能主动说明产品的相关成分及对应功效。数据显示，2021 年中国消费者在购买化妆品时，首要的考虑因素是其产品功效，比例为 63.9%。而且，随着大众的消费理念趋于理性，越来越多的消费者更关注产品成分的来源，他们追求天然、绿色、健康、安全的产品，而非只关注品牌本身。因此，部分化妆品品牌考虑到个别群体的肌肤特点推出功效化妆品，如针对特殊肤质而推出具有去皱、祛斑、祛痘作用的功效型化妆品，相比起一般化妆品来说功效化妆品在某方面的能力较为突出。"

6. 直播带货延续强势

据艾媒咨询研究报告："直播带货在 2020 年强势爆发，2020 年中国直播电商市场规模达到 9610 亿元，同比增长 121.5%；2021 年，中国直播电商总市场规模超过一万亿元。在这个万亿生意蓝海中，美妆成为增长最快速的类目之一。2021 年天猫'双 11'带货榜中，美容护肤／美体／精油销售额高达292.2 亿元，成为商品类目中销售额最高的商品类目。不过，直播在火热的同时，也乱象频出：刷单、卖假货、流量造假、退货率居高不下，同时，也伴随一些平台头部主播因直播不符合规范、违反法律等问题受到处罚。"

7. 进口出口双双增长

据海关统计数据显示：2021 年我国美容化妆品及洗护用品进口 47.4 万吨、249.3 亿美元，较 2020 年的 45.0 万吨、202.4 亿美元分别增长 5.2%、23.1%；出口 96.8 万吨、48.5 亿美元，较 2020 年分别增长 − 3.1%、14.4%。中国化妆品行业为全球化妆品市场的稳健增长做出了贡献，进一步巩固了全球最大的化妆品新兴市场和第二大化妆品消费国的地位。

8. 数字转型逐步展开

广州美易搜公司研究报告指出，数字时代全球化妆品产业技术更新迭代和产业裂变升级空前加速，数字技术与化妆品产业升级的深度融合，掀起了新一轮技术更深、专业更精、质量更高的创新创业浪潮。中国化妆品产业的数字化转型升级已经在部分优势企业中展开,在创新方向上,集成、融合、跨界的组合式创新渐成主流,涌现了花西子、完美日记等一批跨界创新型业态;在创新模式上,开放式创新泛在化、开源化特征更趋明显,山东福瑞达美业与多所高校和科研机构开展了长期全面的产学研战略合作;在创新主体上,以企业为核心的创新联合体愈发重要;在创新路径上,问题导向式、应用场景驱动式创新广泛涌现。总之,数字转型升级将成为我国参与国际化妆品市场竞争的全新赛道。

(二)本土品牌崛起任重道远

在中央推进从制妆大国向制妆强国跨越的号召下,在国家"十四五"规划纲要打造化妆品高端品牌的引领下,在全球第二大化妆品市场的培育下,中国本土国产化妆品品牌正在迅速崛起,不过任重而道远。

1. 本土国产品牌时代已经来临

艾媒咨询研究报告认为:"国产化妆品品牌时代已经来临""虽然还未形成类似国外高端定位的化妆品品牌,但国内化妆品行业凭借其性价比高等优势快速崛起并逐渐走向世界舞台"。

(1)从进出口来看 "在 2020 年之前,中国化妆品及洗护用品的进出口量差距较小,2020 年,出口量实现爆发式增长,达到 99.9 万吨,同比增长 375.7%,是进口量的 2.2 倍。2021 年,中国化妆品及洗护用品累计进出口量分别为 47.4 万吨和 96.8 万吨,延续了去年的进出口格局,出口量同样是进口量的 2 倍以上。与进出口金额的逆差不同,进出口量呈现出明显顺差"。

(2)从品牌角度来看 "中国出现了一批优秀的化妆品品牌,2018 年,玛丽黛佳 COLOR STUDIO 偏光派对限量版系列产品在新加坡丝芙兰上市,成为第一个以品牌身份走出国门的彩妆品牌。同时,在 2021 年'双 11'阿里平台美妆旗舰店销量排行榜中,排名前三的品牌分别为薇诺娜、欧莱雅和完美日记,其中薇诺娜和完美日记均为国产品牌"。

2. 本土国产品牌竞争压力巨大

艾媒咨询研究报告同时也认为:"全球化妆品行业竞争格局"早已形成,尽管本土品牌近年来创造过不少奇迹,但无论国内市场还是国际市场都面临巨大的竞争压力。

（1）从品牌梯队上看　"全球化妆品品牌主要分为三个梯队。由于欧美化妆品品牌创立时间久，且不断通过收购其他品牌来提高市场竞争力，处于第一梯队的化妆品品牌以欧美品牌为主，主要有欧莱雅、宝洁、雅诗兰黛、联合利华、资生堂、科蒂等；第二梯队主要是包含一些日韩化妆品品牌，如花王、高露洁和LG健康生活等；第三梯队有狮王、高丝、谜尚等。"中国品牌暂未入队。

（2）从企业收入来看　"2020年，法国化妆品巨头欧莱雅集团营业收入高达334亿美元，其次是联合利华、雅诗兰黛、宝洁、资生堂和科蒂。联合利华和雅诗兰黛化妆品销售额分别为225亿美元和159亿美元。欧莱雅集团由于其细分产品类型、价格定位等多样化，能满足不同消费者的需求，在全球化妆品行业中占据了较大的市场份额。"中国品牌差距明显。

（三）高端品牌引领行业发展

2022年，化妆品产业从全球、中国和品牌三个角度来分析，其趋势如下。

1. 全球化妆品产业呈现总体增长趋势

艾媒咨询预计，2022年乃至今后一段时期全球化妆品市场总体上将呈现持续增长趋势，具体而言有三大特点。

（1）消费对象逐年扩大　除女性和年轻群体外，消费对象逐渐从城市走向乡镇，消费群体逐渐向高龄群体延伸，男性化妆品也将成为增长点，护肤品市场份额也将扩大。

（2）销售渠道呈现多样　逐年走出商场的传统销售模式，全球贸易往来日益频繁，跨境电商和行业融合将扩大全球销售渠道和市场空间。

（3）全球挑战机遇共存　全球新冠肺炎疫情、经济"内卷化"会对产业形成更多束缚，但消费者需求高涨和资本热情入局等仍能让行业保持强劲生命力，以促进其高速增长。

2. 中国化妆品产业呈现健康发展趋势

艾媒咨询认为："随着居民消费水平的提升，以及生活质量的改善，化妆品的使用愈发普遍，在日常生活中发挥重要作用。目前国产化妆品的生产水平已经达到较高生产水平，再配合上贴近国人心理的营销方式和低线城市的广泛推广渠道，国产化妆品能够在大众市场中提升地位，并且逐渐走向海外市场。而品牌力的塑造不是一蹴而就的，是产品、营销、渠道的反复迭代，同时需要研发及营销的长期投入，在竞争力大的化妆品市场中脱颖而出"。特别是《化妆品监督管理条例》的颁布实施，中国特色的化妆品监管模式必将为中国化妆品产业提供预期稳定、规范有序、法治保障的健康发展环境。

3. 高端品牌将引领中国产业快速发展

从产品的角度来看，其趋势如下。

（1）产品高端品牌化　目前新国货在努力高端化的方式有两种：一是收购，比如完美日记收购了英国高端护肤品牌 Eve Lom，法国高端美容品牌 Gelnic；二是打造品牌故事，比如花西子"东方彩妆，以花养妆"的理念。国产新锐品牌的同质化程度高，从 0 跑到 1 之后，在产品特性、用户定位、市场策略上都要努力建构品牌力方能引领发展。

（2）产品功效细分化　消费升级、需求增长是大趋势，但是细分的概念打造却从来没有尽头，尤其是功效、功用的细分上。消费者购买化妆品的心理不同于日用品，人们更加倾向于购买自己能力范围内最好的化妆品，所以伴随着收入的提升，消费者会购买更贵、更好、更新、更随心所欲的产品。

（3）产品使用定制化　产品个性化定制是未来方向，目前国际各大有实力的品牌都在其中发力。世界上最大的消费类电子产品展览会（CES）的数字展会 2021 年以线上形式召开，会上国际知名企业已经推出功能性化妆水即时定制仪、定制唇妆智能系统、可随身携带的小型口红定制仪等全新的个性化定制产品。

（四）推动全产业链创新发展

习近平总书记在深圳经济特区建立 40 周年庆祝大会上提出："要围绕产业链部署创新链、围绕创新链布局产业链，前瞻布局战略性新兴产业，培育发展未来产业，发展数字经济。"创新是推进化妆品产业高质量发展的第一动力，是打造培育化妆品高端品牌的根本路径。中国化妆品产业无论是"弯道超车"还是"重建赛道"都离不开创新，同时，创新一定不是产业链某一环节的"一枝独秀"，而是全产业链的方方面面。2021 年乃至"十四五"期间，我们建议创新应当在全行业全产业链上全面展开。

1. 基础研究创新

我国化妆品产业的软肋之一在基础研究薄弱。有学者认为"应尽快启动化妆品的基础研究,如皮肤衰老机理和人体老化模型研究、中草药成分鉴别、有效组分的吸收传输机理等"。皮肤医学、生物学的发展不断揭示皮肤衰老、病变和再生与修复等机理,这些新发现为化妆品抗衰老、美白等功能的研发提供了更为明确的科学依据,成为现代化妆品研发的重要理论基础。

2. 前沿技术创新

我国化妆品产业另一个软肋在前沿技术跟踪与创新。有学者认为应"基于仿生模拟的功效分析、智能调控的工业化生产过程、多参数的在线智能监测过程、基因芯片技术、3D皮肤细胞模型技术等生物工程前沿技术将快速发展,广泛应用于功效成分作用靶点研究、功效成分筛选以及量身定制化妆品的开发和制备中"。应加强总体布局,将生物工程技术与过程系统工程结合,用先进技术快速改造迭代研发和生产,提高产量,降低成本,提升品质。

3. 原料材料创新

我国化妆品产业还有一个最现实的软肋是关键原料材料,"我国化妆品进口原料达到80%以上,国产化妆品原料在品种和质量上均居劣势"。有学者认为生物合成化妆品原料具有天然属性、安全性好、功效独特等优点,是未来发展方向,"目前市场上重要的生物化妆品原料,均可以通过生物合成或组合制造,应加快科研布局和平台建设才能抢占国际制高点"。

4. 配方工艺创新

中国化妆品企业配方多数停留在对大品牌的跟踪模仿上,工艺多停留在传统的精细化工方法上,同质化非常严重。靠讲故事、讲概念来营销而不是靠独特配方、专利工艺、安全有效、与众不同来占领市场。化妆品是时尚潮流产品,要深度观察中国消费者的需求,凭借对中国消费者更精细化、更数字化、更时代化的需求洞察、聚焦场景细分市场,在配方、工艺上持续不断创新才能在市场中占有一席之地。

5. 文化艺术创新

化妆品是生理与心理的需要、是科技与艺术的结晶。早期国产品牌成功出海,原因主要就是利用"中草药"以及"古方"这一文化特色,其中佰草集就是成功走出去的品牌。今天,中国化妆品的艺术魅力已经显现,在包装和配色等方面已经不满足原来的"跟随"国际潮流,开始打造"中国妆"的流行趋势,让国际逐渐接受中国式审美。中国国货美妆品牌将带领消费者了解和创造更前沿、更创新的理念,通过独特设计一盘眼影,一支口红,向国际描绘一个充满炫丽色彩的中国。

6. 渠道服务创新

"社交 + 电商"这一模式则逐渐成为品牌营销标配,前者用来"种草",后者提供购买渠道。目前小红书和淘宝在内容上已成功打通。移动互联网、社交媒体等迅速发展加速信息传播,消费者需求个性化、多样化、迅速更迭,采取数字化营销方式,消费者行为数据、加强与消费者互动、建立完善的需求反馈机制并据此进行产品的不断升级迭代将成为新发展趋势。

7. 高端品牌创新

目前我国化妆品行业仍处于国货品牌崛起的早期阶段,大浪淘沙,未来只具备"研发 + 原料 + 文化 + 工艺 + 产品 + 渠道 + 营销 + 品牌"综合竞争力的本土品牌集团才能有望胜出。靠单一爆款聚集流量和享受某一渠道红利做到营收 10 亿元以上的打法在当前竞争环境中会很快遇到天花板,已经不可持续。未来,将是围绕研发、品牌、渠道和营销四个维度系统化、全方位的竞争,会极大地考验我国化妆品公司管理运营能力。

8. 融合协同创新

化妆品产业与互联网、大数据、云计算等新技术有效融合,是高质量发展的必然要求。要顺应新一轮科技革命,着眼于塑造产业与科技有效协同,大力发展"互联网 + 化妆品",在电子商务的基础上创新出更多的消费和服务模式,支持智能式、定制式化妆品的发展。同时,要推动化妆品产业与其他服务业融合发展,实施"化妆品 +"行动,推动化妆品与医美、体育、旅游、时装、康养、体检、文化、艺术等行业的融合,产生"1+1 > 2"产业协同力、带动力。

9. 中国特色创新

有企业家认为中国化妆品产业"如果还在传统精细化工的赛道里打造产品,依然无法和国际大牌同台竞技。中国美妆品牌只有换道超车,才能真正实现赶超国际品牌的梦想"。如何实现"换道超车"? 比较共识的意见是走中国特色的创新,即走民族性、差异性的道路,如充分利用中国独特而又丰富的绿色植物资源；将中国的文化、艺术、色彩和生活美学融入到皮肤健康产品工业设计中；重视中医药对化妆品的渗透，持续推进化妆品行业与中草药文化的传承和创新等。有企业家表示"只有发挥和利用好中国传统的中医药文化，打造出'环保天然植物'的全新产业体系，才能真正助力中国品牌走向世界"。

七、化妆品销售渠道多元发展

2020、2021年都是特殊之年，新冠肺炎疫情肆虐，经济萎缩，化妆品行业也经历着特殊时期的阵痛，零售额也曾出现短期的下滑。但是，数据总能最直观且客观地反映市场的变化与趋势，在2020年全年取得增长的基础上，2021年也呈现14%的增长。无论是国产还是进口，线上还是线下，中国化妆品销售风景这边独好。

（一）销售渠道呈现出多元化发展

化妆品终端销售渠道总体可分线上、线下两种，具体可分为商业超市、专卖店、电子商务、直销、药店、美容院等。近几年来，化妆品销售渠道呈现线上线下多元融合发展的趋势。

1. 零售总额继续呈现稳定增长

据国家统计局数据，2021年，我国全年社会消费品零售总额为440823亿元，比上年增长12.5%；尽管新冠肺炎疫情影响，但化妆品零售增长依旧强劲，零售额达4026亿元，同比增长14%，接近社会消费品零售总额的1%。据艾媒咨询报告，2021年中国化妆品市场规模已经达到4553亿元，同比增长15%，人年均消费首次超过300元；预计在2025年将突破5000亿元大关，达到5169亿元。

2. 进出品额继续呈现稳定增长

据海关统计数据显示，2021年，我国化妆品贸易总额297.9亿美元，同比增长21.6%。其中，进口额为249.3亿美元，同比增长23.2%；出口额为48.5亿美元，同比增长14.4%。

（1）进口市场 我国化妆品的进口来源主要集中于欧美日韩地区，进口前十位国家占据了我国化妆品进口 93% 的份额。按进口额数量级划分，日本、法国、韩国、美国、英国属于第一梯队，意大利、比利时、西班牙、德国、瑞士属于第二梯队。我国化妆品进口量第一是日本，常年保持领先地位，2021 年进口额 62.4 亿美元，同比增长 24.4%；第二是法国，进口额 56.3 亿美元，同比增长 24.2%。

（2）出口产品　出口方面，目前我国化妆品出口以品牌商供货为主，国产自有品牌凤毛麟角。细分领域来看，2021 年美容护肤品出口 25.0 亿美元，同比增长 15.0%。护肤、美白、彩妆类产品的出口量占出口美容护肤品的 60% 左右。此外，唇用化妆品出口 2.9 亿美元，同比下降 5.0%，眼用化妆品出口 5.1 亿美元，同比增长 27.7%，指（趾）甲化妆品出口 1.4 亿美元，同比增长 40.6%。

3. 销售渠道呈现出多元化发展

我国化妆品零售总额在持续稳定增长的同时，销售渠道从传统的线下逐步转移到线上并呈现多元化发展的趋势。在线上渠道中，电商渠道贡献越来越大，艾瑞咨询统计，2020 年我国电商平台这一渠道所贡献的规模占了线上销售总规模的 58.2%，占化妆品零售总额规模的比重已经超过 30%，越来越多的化妆品企业开始选择在微博、微信公众号、小红书、抖音、知乎等新兴媒体上凭借 KOL（关键意见领袖）种草、公众号文章、直播、短视频等各类方式进行产品内容营销推广。

（二）市场安全形势面临全新挑战

1. 化妆品销售渠道安全形势依然严峻

2021 年，既有传统产品安全水平有待提升的问题，又有新技术新产品带来的不确定风险；既有线下市场存在的违法违规问题，又有线上流通环节带来的安全隐患；既有传统电商营销监管难题尚未破解，又有直播、短视频等新兴渠道迅速发展为假冒伪劣产品流通提供了更大空间；既有行业低小散乱未改变的现状，又出现利用更高技术添加新型违禁物质的问题，并向儿童化妆品领域蔓延。安全风险持续积累、多重叠加。

2. 化妆品主流电商渠道也遇到了寒冬

2021 年，从平台来讲，"双 11"天猫的成绩为 5403 亿元，虽然仍然取得增长，但增幅却为历年最低，平台依托垄断级的市场地位或许将出现拐点。从品牌方来看，"双 11"已经从增量活动变成了彻底的流量内卷竞争，没有最低只有更低的价格战，已经让品牌无法再继续这一血海游戏。更可悲的是，伴随着强监管的脚步，超头主播受到税务处罚，从雪梨的 6555.31 万元罚金，林珊珊的 2767.25 万元罚金，到薇娅的 13.41 亿元罚金，三者共计处罚金额 14.34 亿元。

"审度时宜，虑定而动"，化妆品行业尤其是销售渠道，要倍加警醒，强化法治意识、风险思维。在法律规范中发展已经成为时代的主旋律，面对日益繁荣的化妆品市场，全行业要树立问题导向，以更大决心、更大气力、更强措施抓好综合治理，坚决守牢安全底线。

（三）电子商务成为主流消费渠道

化妆品市场的品牌崛起与渠道红利高度相关，每一次渠道流量变革都孕育着新的成长机会。20 世纪 90 年代的百货 / 商超兴起，2000 年后的消费体验更好的购物中心蓬勃发展，2010 年后互联网电商渠道发展带来线上红利，2017 年后社交电商、短视频、直播等新兴渠道先后崛起，2020 年，直播、短视频等营销模式仍在风口，都成就了一批知名品牌。

近年来，我国以网络购物、移动支付、线上线下融合等新业态新模式为特征的新型消费迅速发展，特别是自新冠肺炎疫情发生以来，传统接触式线下消费受到影响，新型消费发挥了重要作用。一场包括化妆品在内的线上线下融合的全面消费升级在我国全面展开，如前所述，化妆品线上销售特别是电子商务的市场渗透率已经超过 30%，新零售将赋能一大批化妆品国货品牌开辟数字化快车道，迎来数字经济时代新消费的红利期。

（四）专项整治化妆品电商环境

电子商务已经成为化妆品的主流消费渠道。如此所述，作为一种新业态、新模式，在为社会公众的生活带来了便利的同时，由于其快速成长也带来了市场乱象和诸多困扰。当前监管态度是包容审慎，但电子商务要成为进一步激发消费市场潜力与活力的重要保证，必须是构建全行业诚信环境，推进电商规范持续发展。化妆品是涉及公众健康的日用必需品，在电子商务营销中绝对属于最重要的商品之一，因此，建议政府相关部门联合开展专项整治，组织平台企业、行业组织和各相关机构共同参与、协同推进，开展制度创新，构建诚信环境，做到既能够在短期内实现新业态、新模式的包容性发展，又能够形成由电子商务、互联网行业高质量发展的新格局。

八、化妆品行业治理不断健全

推进国家治理体系和治理能力现代化是全面深化改革的总目标。化妆品行业治理体系与治理能力同样是国家治理体系和治理能力中的一个重要方面。化妆品行业治理实际上包括市场、社会、政府三个方面。关于市场主体、政府监管等内容前文已经有专题论述，本节结合《化妆品监督管理条例》的实施，重点从社会的角度来谈化妆品行业治理问题。

（一）行业治理体系能力水平提高

1.行业治理体系结构基本形成

在国家治理体系中，社会既是主体也是客体。作为主体，社会是共同参与国家治理的重要依托力量；作为客体，社会是国家治理的重要领域。社会就是自治的职能，社会自治就意味着社会不仅有权利，也有权力。新颁布《化妆品监督管理条例》有一个非常重要的贡献就是第一次从法律层面明确了参与化妆品行业治理体系结构及其职责，除了政府及其监管部门、生产经营主体外，还包括以下体系结构。

（1）化妆品行业协会　条例第七条规定："化妆品行业协会应当加强行业自律，督促引导化妆品生产经营者依法从事生产经营活动，推动行业诚信建设。"

（2）消费者协会和其他消费者组织　条例第八条规定："消费者协会和其他消费者组织对违反本条例规定损害消费者合法权益的行为，依法进行社会监督。"

（3）从事化妆品研究创新的单位和个人　条例第九条规定："国家鼓励和支持开展化妆品研究、创新，满足消费者需求，推进化妆品品牌建设，发挥品牌引领作用。国家保护单位和个人开展化妆品研究、创新的合法权益。"

（4）化妆品专业机构　条例第二十一条规定："化妆品新原料和化妆品注

册、备案前，注册申请人、备案人应当自行或者委托专业机构开展安全评估。从事安全评估的人员应当具备化妆品质量安全相关专业知识，并具有 5 年以上相关专业从业经历。"

（5）化妆品集中交易市场开办者、展销会举办者　条例第四十条规定："化妆品集中交易市场开办者、展销会举办者应当审查入场化妆品经营者的市场主体登记证明，承担入场化妆品经营者管理责任，定期对入场化妆品经营者进行检查；发现入场化妆品经营者有违反本条例规定行为的，应当及时制止并报告所在地县级人民政府负责药品监督管理的部门。"

（6）电子商务平台经营者　条例第四十一条规定："电子商务平台经营者应当对平台内化妆品经营者进行实名登记，承担平台内化妆品经营者管理责任，发现平台内化妆品经营者有违反本条例规定行为的，应当及时制止并报告电子商务平台经营者所在地省、自治区、直辖市人民政府药品监督管理部门；发现严重违法行为的，应当立即停止向违法的化妆品经营者提供电子商务平台服务。平台内化妆品经营者应当全面、真实、准确、及时披露所经营化妆品的信息。"

（7）美容美发机构、宾馆　条例第四十二条规定："美容美发机构、宾馆等在经营中使用化妆品或者为消费者提供化妆品的，应当履行本条例规定的化妆品经营者义务。"

（8）检验机构、新闻媒体　条例第五十三条第三款规定："国务院药品监督管理部门建立化妆品质量安全风险信息交流机制，组织化妆品生产经营者、检验机构、行业协会、消费者协会以及新闻媒体等就化妆品质量安全风险信息进行交流沟通。"

2. 监管部门引领社会共治共管

2021 年，全国各级药监部门围绕公众关切，广开渠道，进一步加大化妆品安全知识、政策法规宣传力度，提升各界识妆、辨妆能力，引导各方参与共治共管。

（1）成功举办第三届全国化妆品安全科普宣传活动　围绕"安全用妆、美丽有法"主题，以"宣贯新法规、守护儿童用妆安全、普及化妆品安全常识"为宣传重点举办宣传周活动，全国举办各类活动 3000 余场，5600 万人次参与，央视、人民网、新华网、学习强国等主流媒体及政务新媒体报道 2 万余篇次，触达人群超过 2 亿。

（2）围绕监管热点问题进行科普宣传　先后发布《科学认识"刷酸"美容》《"干细胞化妆品"是个伪概念》《警惕宣称"促进睫毛生长"的睫毛液》《"食品级"化妆品是对消费者的误导》等科普贴，受到了央视等主流媒体、行业知名媒体等的转发和追评。其中，《科学认识"刷酸"美容》科普贴登上微博热搜，点击量超过 4200 万次。

（3）组织对化妆品监管 APP 迭代升级　收集分析用户反馈意见，明确APP 优化方案，在全国化妆品安全科普宣传周期间完成升级到 APP 3.0 版，提高了公众使用便捷度和易用性，推出化妆品政策法规库，增加了化妆品统计图表展示、知识答题、调查问卷等功能。

（4）建立化妆品行业沟通交流机制　加强与化妆品行业的沟通交流，充分调动协会、企业、专家等多方力量，发挥行业协会的桥梁纽带作用；定期组织召开与行业的沟通交流会议，听取合理意见和建议，对行业关注问题及时予以解答回应。

（5）全力做好新法规宣传贯彻工作　及时发布政策解读，详细阐述法规的制定背景、起草原则、主要内容。以"政策问答"形式，对行业普遍关注的重点问题予以及时回应和解答。广泛开展宣贯培训，开展"法规宣贯万里行"，组织师资力量赴山东、河北、河南、湖北、陕西等开展法规宣贯。制作系列宣传海报，线上发布浏览量超 775 万，线下粘贴达 40 万张，触达人群2000 万以上。

3. 社会组织参与治理力度加大

随着化妆品行业的发展壮大，近年来，我国化妆品社会组织从少到多稳步发展，实力不断增强。经全国社会组织信用信息公示平台查询"化妆品"，全国现有化妆品社会组织 128 家，其中社会团体 118 家（行业协会商会 68 家）、民办非企业单位 10 家。在这些社会组织中，能够正常运作的达 116 家；注册资金大多在 10 万元以下，见图 11。与此同时，在一些全国性的社会组织中，也相继成立了化妆品分支机构，如中国药品监督管理研究会于 2021 年 9 月成立了化妆品监管研究专业委员会，中国医药保健品进出口商会于 2021 年 12月成立了化妆品分会，社会组织在参与化妆品安全治理、推动消费者科普教育等中力度日益加大、作用日益凸显。

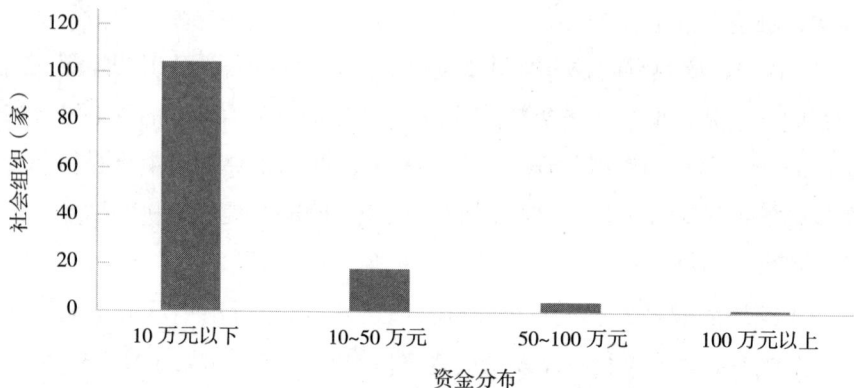

图 11　化妆品社会组织注册资金分布

（二）社会组织自律自治作用不足

社会组织已经发展成为我国社会主义现代化建设的重要力量，成为中国特色社会主义事业的重要建设者，成为党和政府联系人民群众的重要桥梁纽带和成为巩固党的执政基础、扩大党的群众基础的重要组织渠道。但从整体来看，我国社会组织还处于发展的初级阶段，数量少、规模小，服务功能不强，还远远不能适应我国经济社会发展的需要，特别是化妆品社会组织建设，更是起步晚、规模小，自治自律能力不足、动力不够、影响不大，还需政策引领、法规保障、政府扶持，进一步放松准入管理、发挥党建引领作用，做大做强一批全国性的社会组织。

（三）社会组织成为不可或缺力量

政府、市场、社会是化妆品治理的"三驾马车"，社会的作用不可或缺。随着产业的快速发展，近年来化妆品社会组织发展迅速，在法规实施中的作用日趋重要。政府及其监管部门应当加强与社会组织合作，以积极主动、有效有用甚至是资源保障的方式，全面支持社会组织在法治课题研究、法规宣传解读、标准实操指导、法规教育培训、团体标准建立、资格能力认定、开展学术交流、行业自律自治等方面发挥积极作用，全面提升法规在全行业的实施水平。

从国际经验看，在社会组织发育程度较高、作用比较明显的国家，政府重点通过购买服务、委托职能、特殊拨款、税收优惠等财政措施对社会组织进行扶持、引导和利用，实现政府与社会组织的良性互动。欧盟化妆品协会（CE）、美国化妆品原料评价委员会（CIR）、美国个人护理产品协会（PCPC）、日本国家产品技术与评价院（NITE）、日本化妆品工业联合会（JCIA）、日本香妆品学会（JCSS）、加拿大化妆品协会（CCTFA）等均在化妆品安全治理方面发挥了重要作用。特别是在规范市场行为、消费者知识普及、法规宣传倡议、制定团体标准等方面开展了大量的工作，成为不可或缺的社会力量。

（四）信息数据共享助推社会共治

1. 打造化妆品科普宣传周的金字招牌

积极推进"互联网＋"在化妆品监管领域的运用，优化升级化妆品监管APP，为公众提供更加便捷的化妆品信息查询服务和投诉举报渠道，为监管部门提供更加科学权威的数据支撑。要继续办好全国化妆品安全科普宣传周，发挥社会影响力，打造科普宣传周品牌，引导鼓励行业、企业、监管部门、专家等各方参与到监管工作中，引导消费者理性消费，保护公众用妆安全，规范市场秩序。

2. 建立化妆品监管数据共享交流机制

新法规实施后会产生大量的信息数据，如注册备案人的信息、原料产品的注册备案信息、生产许可与日常监管信息、风险监测与风险评估信息等，这些信息是极其宝贵的公共资源，建议监管部门应当逐步地、系统地以可以有效利用的方式向社会公开共享、与社会交流互动，这对于已经进入数字化新时代的化妆品法规实施具有巨大的正向促进作用。

3. 支持社会组织发挥好桥梁纽带作用

建议国家有关部门在化妆品安全治理的过程中要构建多方参与的良好局面。充分发挥第三方机构的技术支撑作用和行业协会的桥梁纽带作用，调动科研院所、行业协会等多方力量，对行业关注问题及时予以解答回应；加强监管科学研究，鼓励重点实验室、监管科学基地积极发挥"外脑"优势，制定行业发展需要的团体标准，为监管政策制定提供支持。

4. 开展化妆品安全治理水平指数研究

依据《化妆品监督管理条例》等法规规定，化妆品注册备案人、生产企业、流通企业、监管部门、消费者、社会组织等六类化妆品利益相关方承担着法定的安全治理职能。法定职能是否履职尽责，直接关键治理水平的高低。我们建议以六类执法守法主体是否履行了法定的主体责任作为评估指标，构建化妆品安全治理水平指数。为保证评估的公正性、客观性和公众的安全感、获得感，我们建议引入非政府的第三方机构基于公开信息、按年度进行评估。该研究评估能够及时发现短板不足，提出改善意见建议，以此促进化妆品安全治理水平的不断提升。

九、化妆品行业的全球化加速

2020 年以来，尽管面临新冠肺炎疫情和个别国家逆全球化行为的影响，但诸多调查报告数据表明，2021 年及未来，全球化趋势仍是全球市场最不可撼动的"第一推动力"，中国化妆品行业也将在法治保障下大踏步地迈向全球化。

（一）中国化妆品行业全球地位上升

1. 2021 年全球化妆品行业稳健增长

据艾媒咨询报告，随着全球人们消费的升级以及高收入阶层的崛起，同时，越来越多的消费者对自身形象要求提高，他们对化妆品的需求也大大上升。2020 年，由于全球新冠肺炎疫情的暴发，对包括化妆品行业在内的全球各行各业都造成了一定的冲击。但是全球化妆品市场规模的整体趋势却仍然逐渐上升，数据显示，2021 年全球化妆品市场规模达到 4808.6 亿美元，同比增长率为 3.8%，预计在未来的四年中，全球化妆品行业市场规模的同比增长率将保持稳步上升的态势。

2. 2021 年中国化妆品全球地位上升

2021 年，中国化妆品呈现国内国际两个市场规模的持续扩大的态势。国内市场方面，据艾媒咨询报告，2021 年，国内化妆品市场规模达到 4553 亿元，同比增长 15%，延续整体上升趋势。国际市场方面，据海关总署数据，2021 年我国美容化妆品及洗护用品进口 47.4 万吨、249.3 亿美元，较 2020 年的 45.0 万吨、202.4 亿美元分别增长 5.2%、23.1%；出口 96.8 万吨、48.5 亿美元，较 2020 年分别增长 -3.1%、14.4%。中国化妆品行业为全球化妆品市场的稳健增长作出了贡献，进一步巩固了全球最大的新兴市场和第二大消费国的地位。

3. 2021 年化妆品监管国际交流活动

本书《我国化妆品监管科学研究进展及展望》《2021 年中国化妆品风险交流工作进展及思考》等文介绍了 2021 年我国化妆品监管部门的国际交流活动，先后与欧商会、美商会、韩国食品药品管理局、日本化妆品工业联合会等进行了沟通和交流，与印尼签署了《中华人民共和国国家药品监督管理局与印度尼西亚共和国食品药品管理局关于药品和化妆品监管合作谅解备忘录》，2020 年以观察员身份加入国际化妆品监管合作组织（ICCR）活动后，还加入 ICCR 框架下的 3 个技术工作组并深度参与相关交流活动。

（二）中国化妆品国际化机遇与挑战

化妆品行业在我国本来就是最早开放的，外资企业、跨国品牌早已进入中国市场，早已占据大半壁江山。近年来，我国不断加大开放力度，前有"一带一路"政策指引，后有中国国际进口博览会（简称进博会）等活动支撑，市场越来越开放，越来越透明，再加上关税下调、自贸区建设等举措，我国化妆品企业面对的竞争对手与面临的竞争格局，早就已经是"内外兼备"的国内竞争国际化了。可以说，我国要成为制妆强国，国际化、全球化是发展的必经之路，对企业而言，既是适应国内市场形势的被动选择，也是谋求国际市场发展的主动选择。当前，中国化妆品行业的进出口逆差较大，国际化尚在萌芽阶段，发展任重而道远，机遇与挑战并存。

（三）国际化妆品呈现融合发展趋势

据艾媒咨询报告，2022 年乃至今后一段时期，全球化妆品市场将呈现规模保持增长、消费对象逐年扩大、销售渠道更多样化、区域往来日益频繁、消费者需求高涨和资本热情入局等的发展势头，其中规则一体化、需求健康化、营销数字化、服务个性化、生态绿色化融合发展的特点最为明显。

1. 规则一体化

化妆品是美化人们生活的通用的日常消费品。虽然世界各国因为历史原因、文化背景及社会经济发展程度的不同，在监管法规规则上存在一定的差异。但是，随着国际化进程的加快，各国化妆品监管模式相互借鉴、取长补短，在发展中呈现日益趋同的趋势，特别是以欧盟、美国、日本为代表的发达市场的化妆品法规的一体化工作已经取得积极进展。

2. 需求健康化

"千禧一代""Z世代"消费者追求更积极、更健康的生活方式，自2020年新冠肺炎疫情暴发，人们的健康意识不断提升，而消费者也越来越关注那些有满足身心健康作用的化妆品，保护和促进公众用妆健康成为引导全球化妆品行业发展的新理念。

3. 营销数字化

数字化时代下，大数据向各行业渗透辐射，化妆品行业也不例外，特别是在营销方面已经大显身手，面对消费多元化趋势实现精准研发、精准营销，面对物流库存压力实现智能仓储备货，面对日益激烈的市场竞争提前洞察新品爆款趋势等。化妆品的全产业链均可以用数字化重做一遍。

4. 服务个性化

基于数字化趋势，化妆品将不断推出个性化和定制化的产品，今后每个消费者都能根据个人需求和兴趣，量身定制符合使用习惯的化妆品。通过平台，消费者无论何时何地都可以通过智能手机操作获得指导，帮助他们搜索并收藏最佳解决方案，更为他们提供最佳的产品和服务的个性化设计。

5. 生态绿色化

全球化妆品行业将可持续作为发展目标，在价值链的各个环节中推动生态可持续发展和气候保护、环境保护、动物保护，减少生产过程中的碳足迹，致力于将资源使用、碳排放和能源消耗降至最低水平，为国家实现碳达峰和碳中和的目标贡献化妆品力量。动物"3R"（替代、减少、优化）原则的逐步被认可，化妆品动物替代方法的应用将会越来越广泛。

（四）打造中国特色化妆品国际品牌

中国化妆品行业要在国际化、全球化道路上行稳致远，打造具有国际影响力和国际竞争力的品牌，除了全行业共同努力之外，我们认为最重要的是发挥举国体制优势，2022年及今后一个时期，建议首先在国家层面上做好规则对接、政策引导、平台展示。

1. 对标国际通行规则，完善中国特色治理体系

中国化妆品要走向世界，必须对标国际通行规则，既要立足中国国情、坚持中国特色，也要借鉴国际经验，开展国际交流合作，深化体制改革，推进治理创新，推动监管互认。同时，要主动参加到国际组织中去，才能参与国际规则的制定，才能增强国际话语权，才能完善中国特色治理体系，助力民族化妆品品牌，提升国际市场竞争力、影响力。

2. 专题规划产业政策，加快推进制妆强国建设

中国特色的制妆强国之路需要国家产业政策的积极指引。在传承中国文化基因方面，支持化妆品的文化"蝶变"，让国潮兴起，国人追捧国货，有人国货品牌才可能成为国际品牌；在支持创新研发方面，围绕中国消费者需求研发创新，打造中国品质；在发展电子商务方面，要借助新基础设施重构化妆品的消费链路，形成国货品牌出海的新浪潮。

3. 构建国际交流平台，推进中国品牌走向世界

建议国家层面建设专门的化妆品展示平台，全面展示为中国消费者量身定制的、致力于提升人们健康生活品质的新型化妆品，使之不仅成为中国高端化妆品品牌展示平台，让中国百姓能够及时品鉴最新最好的国货品质，同时，也要使之成为影响全球化妆品时尚消费的风向标，彰显中国品牌力量。

十、结语

2021 年，中国化妆品行业克服复杂严峻国内外形势和诸多风险挑战，在国家行业政策的重磅支持下，在全新法规制度的保障下，快速发展监管科学、有效落实科学监管，瞄准消费需求迭代升级，多元化建设营销渠道，保持了市场规模的持续高速增长，推进了治理体系和治理能力的不断提升，在国际化、全球化的道路上加速前进，实现了"十四五"的良好开局。2022 年，中国化妆品行业如同中国经济一样，长期向好的基本面没有改变，但同样面临需求收缩、供给冲击和预期转弱的三重压力，我们相信，中国化妆品行业一定会准确理解和把握中央的战略意图和政策取向，以战略眼光、改革精神、创新思路、法治思维，统筹发展和安全，推动化妆品行业以稳促进、以进固

稳，按照中央制妆强国建设目标、国家规划培育高端品牌、法规促进产业健康发展的要求落地落实，全力推动化妆品治理体系和治理能力现代化，再创行业发展新辉煌，保障和促进公众用妆安全健康。

执笔： 谢志洁　中国药品监督管理研究会、广东省药品监督管理局二级
　　　　　　巡视员

　　　　陆　霞　钟雪锋　广东省药品监督管理局

　　　　陈坚生　广东省药品监督管理局审评认证中心

　　　　苏剑明　何婉莹　黄镇枫　广州美易搜网络科技有限公司

　　　　谢名雁　林宝琴　广东省医药合规促进会

　　　　刘佐仁　黄浩婷　广东药科大学

　　　　袁　博　国家药品监督管理局南方医药经济研究所

法规制度篇

◎ 摹绘化妆品监管法治新蓝图

◎《化妆品生产经营监督管理办法》解析

◎ 浅谈对《儿童化妆品监督管理规定》的理解

◎ 探索建立化妆品安全高风险信息"直通车"
   制度

摹绘化妆品监管法治新蓝图

宋华琳　刘娜　冯姜舒

摘要： 随着《化妆品监督管理条例》自 2021 年 1 月 1 日起正式施行，我国已逐步探索出富有中国特色的化妆品监管道路。化妆品监管领域法规体系日臻完善，初步形成以《化妆品监督管理条例》为统领，以部门规章为配套，以其他规范性文件为补充的法规体系。全面加强事前监管和事中事后监管，化妆品监管方式日趋多元。依法推进化妆品分类管理，化妆品分为特殊化妆品和普通化妆品，化妆品原料分为新原料和已使用的原料。建构了化妆品功效宣称评价管理的制度框架，明确化妆品功效宣称的责任人。深化化妆品生产经营监督管理，简化化妆品生产经营许可程序管理，厘定化妆品生产经营的主体责任，明确生产经营各环节的监管要求。加强儿童化妆品监管，明确儿童化妆品研发原则，为儿童化妆品设定特定标识，明确儿童化妆品配方设计原则和生产要求。

关键词： 化妆品　化妆品监督管理条例　化妆品监管

在风险社会的情境下，不存在"零风险"的产品。化妆品作为人们每天使用的日常生活用品，需关注其安全性。化妆品可能因原料或组分中毒性的物质含量超出允许限量的范围，而具有一定的毒性；化妆品在生产和使用过程中可能会遭遇微生物污染；化妆品中有些化学成分还可能具有刺激性，引发过敏。当化妆品不符合标准或引发不良反应时，都将损害人体健康。

为了规范化妆品生产经营活动，加强化妆品监督管理，保证化妆品质量安全，保障消费者健康，促进化妆品产业健康发展，有必要进一步健全完善我国化妆品监管的法律制度体系。2021 年可谓是我国化妆品的法规建设年，随着《化妆品监督管理条例》自 2021 年 1 月 1 日起正式施行，我国正逐步健全化妆品监管的法规、规章和规范性文件，完善相关规范、目录、标准与导则，对化妆品注册备案、分类监管、安全评估、补充检验、标签管理、生产经营等环节进行全过程监督管理，逐步探索出富有中国特色的化妆品监管道路。

一、化妆品法规体系日臻完善

"法律是治国之重器，良法是善治之前提"。我国化妆品监管领域现已初步形成以《化妆品监督管理条例》为统领，以部门规章为配套，以其他规范性文件为补充的法规体系。

（一）以《化妆品监督管理条例》为统领

随着我国经济的发展和人民生活水平的不断提高，1989 年发布的《化妆品卫生监督条例》施行 30 年以来，在促进化妆品产业健康发展、保障化妆品质量安全方面发挥了积极作用，但已无法适应现阶段产业发展和监管实践需要，具体表现在：一是立法理念上重事前审批和政府监管，未能较好突出企业主体地位和充分发挥市场机制作用；二是监管方式比较粗放，没有较好体现风险管理、精准管理、全程管理的理念；三是法律责任偏轻。因此，有必要对《化妆品卫生监督条例》进行全面修改，制定新的《化妆品监督管理条例》。在此背景下，2020 年 1 月 3 日，国务院第 77 次常务会议审议通过了《化妆品监督管理条例》（以下简称《条例》），于 2021 年 1 月 1 日起正式施行。

《条例》的制定出台，充分体现了坚持以人民为中心的发展思想，贯彻落实"四个最严"与"放管服"改革要求，为做好新时代的化妆品安全监管工作指明了方向。《条例》将"化妆品"界定为"以涂擦、喷洒或者其他类似方法，施用于皮肤、毛发、指甲、口唇等人体表面，以清洁、保护、美化、修饰为目的的日用化学工业产品"，将牙膏参照《条例》有关普通化妆品的规定进行管理，从而厘定化妆品监管的范围。

《条例》落实"放管服"改革要求，进一步简政放权，优化营商环境，促进产业创新发展。一是按照风险程度将化妆品分为特殊化妆品和普通化妆品，将化妆品新原料分为具有较高风险的新原料和其他新原料，分别实行注册和备案管理，对产品和原料实行更加科学的监管。二是简化注册、备案流程，优化服务。加强化妆品监管信息化建设，提高在线政务服务水平，为办理注册、备案提供便利；明确注册、备案的资料要求、办理时限，提高透明度和可预期性；简化备案程序，规定通过在线政务平台提交备案资料后即完成备案，避免实践中变相审批。三是鼓励和支持化妆品研究、创新，保护单位和个人开展研究、创新的合法权益，并强调鼓励和支持结合我国传统优势项目和特色植物资源研究开发化妆品。

《条例》确立了一系列化妆品监管的新理念、新制度、新机制，《条例》第三章"生产经营"对化妆品生产经营加以专门规定。《条例》建立了以注册人、备案人为质量安全责任主体的生产经营管理制度，明确了化妆品生产经营者应当保证产品可追溯，界定了化妆品生产经营者的范畴，为化妆品生产经营主体设定了监管要求。

相对于 1989 年制定的《化妆品卫生监督条例》而言，《条例》秉承现代行政法治理念，对化妆品标准制度作出体系化规定，健全和完善强制信息披露制度，明确监管部门监督检查权，引入责任约谈、信用治理、市场禁入等新型监管方式，通过综合运用事前监管方式与事中事后监管方式，综合运用命令控制型监管方式和激励型监管方式，让多元主体参与监管过程，来规范化妆品生产经营活动，加强化妆品监督管理。

（二）颁布系列化妆品监管规章

国务院各部、委员会和具有行政管理职能的直属机构，可以根据法律和国务院的行政法规、决定、命令，在本部门的权限范围内，制定规章。部门规章规定的事项应当属于执行法律或者国务院的行政法规、决定、命令的事项[①]。随着《条例》的施行，与其配套的一系列部门规章也陆续出台，以配合《条例》的实施，共同为化妆品行业的健康发展助力。

《条例》将化妆品分为特殊化妆品和普通化妆品，规定国家对特殊化妆品实行注册管理，对普通化妆品实行备案管理。《条例》规定国家对风险程度较高的化妆品新原料实行注册管理，对其他化妆品新原料实行备案管理。据此，《化妆品注册备案管理办法》于 2020 年 12 月 31 日经国家市场监督管理总局

---

① 参见《中华人民共和国立法法》第 80 条。

审议通过，自 2021 年 5 月 1 日起施行。《化妆品注册备案管理办法》根据《条例》关于注册人、备案人的相关规定要求，细化落实化妆品及化妆品新原料注册人、备案人的责任义务及准入条件，对新原料注册人、备案人和化妆品注册人、备案人应当履行的安全监测义务进行细化规定，同时还优化注册备案管理程序，落实审批制度改革措施。

《条例》建立了以注册人、备案人为质量安全责任主体的生产经营管理制度，明确了化妆品生产经营者应当保证产品可追溯，界定了化妆品生产经营者的范畴，为化妆品生产经营主体设定了监管要求。而关于化妆品生产经营监督管理的规定散落在不同的规范性文件之中，已无法适应监管形势的要求。在此背景下，以《条例》为依据，《化妆品生产经营监督管理办法》于 2021 年7 月 26 日经国家市场监督管理总局审议通过，自 2022 年 1 月 1 日起施行。《化妆品生产经营监督管理办法》依法夯实了化妆品生产经营主体责任，细化对化妆品生产经营的管理要求，充实丰富监督管理手段，将有助于维护化妆品质量安全，促进化妆品产业健康发展。

（三）以其他规范性文件为补充

为更好配合《条例》施行，国家药品监督管理局又相继出台注册备案资料、产品分类规则与目录、安全评估、功效宣称、标签管理、生产质量管理和不良反应监测等相关文件，对《条例》中的规定进一步细化，进一步完善了化妆品监管领域的法规制度体系。

其中，《化妆品注册备案资料管理规定》规定了化妆品注册与备案及变更、延续、注销时提交的资料要求。《化妆品新原料注册备案资料管理规定》对新原料注册备案资料做出了更为全面、翔实的规定，明确不同情形的资料要求，对化妆品新原料注册人或备案人顺利申报注册或进行备案提供规范指导。作为化妆品监管的基础性技术指南，《化妆品分类规则和分类目录》对制定依据、适用范围、分类规则、编码目录、实施时间等进行了具体规定，细化了功效宣称分类目录。《化妆品功效宣称评价规范》贯彻落实了《条例》关于化妆品功效评价管理的新要求，引导行业科学规范开展功效评价，根据不同的产品类别提出具体评价要求。《化妆品安全评估技术导则（2021 年版）》规定了化妆品原料和产品安全评估的基本原则与要求，对风险评估程序、毒理学研究、安全评估报告等加以规范。《化妆品标签管理办法》旨在加强化妆品监督管理，对化妆品中文标签、化妆品产品中文名称的内容加以规定，规定了销售包装可视面需标注的信息，规定了禁止标注或者宣称的信息。《化妆品补充检验方法管理工作规程》对化妆品补充检验方法的立项申报、起草和验证、审查和报送、批准和发布等程序加以规定。《儿童化妆品监督管理规定》设置了相应条款突出儿童化妆品的特殊性，规范儿童化妆品生产经营活动，加强儿童化妆品监督管理。

这些规范性文件构成了化妆品法规体系的四梁八柱，将法规、规章中的内容予以具体化，转化为可操作性较强的规则，既便于监管者执法，又便于化妆品行业的遵从，成为化妆品监管法规制度体系的重要组成部分。

二、化妆品监管方式日趋多元

随着《条例》及相关规章、规范性文件的施行，我国化妆品监管制度不断完善，监管方式日趋多元，综合运用注册、备案、信息披露等监管手段，加强抽检及监督检查，通过完善化妆品不良反应监测、风险监测等监管手段，全面加强事前监管和事中事后监管，持续完善化妆品风险防控体系。

（一）强化事前监管

事前监管是保障化妆品质量的第一道防线，有助于提高监管效能，降低监管成本，实现损失最小化。事前监管主要包括注册、备案、信息披露等方式。国家药品监督管理局颁布的《化妆品新原料注册备案资料管理规定》《化妆品注册备案管理办法》《化妆品注册备案资料管理规定》分别规定了注册备案的相关事项，有助于化妆品上市前管理。基于风险管理原则，合理设置注册和备案产品类别；紧扣产品安全，调整注册备案资料要求。第一，加强注册备案现场核查和注册备案检验管理。制定《化妆品注册备案现场核查工作机制（试行）》，组织开展对化妆品注册备案检验机构的能力验证，对发现问题的机构依法处理，提升检验结果的可靠性水平。第二，加强普通化妆品备案管理。落实《条例》告知性备案管理的要求，优化资料整理、备案后技术审核、检查稽查等各环节的衔接流程，让备案管理工作机制日趋完备。组织开展备案质量督查工作，有力促进备案尺度的统一和备案管理水平的提升。

相对于注册、备案而言，信息披露是一种干预程度较低的监管工具。在化妆品市场中，化妆品消费者和化妆品生产经营者信息不对称，化妆品生产经营者应为化妆品消费者提供必要的信息，标注相关的内容。《化妆品标签管理办法》明确，化妆品标签是指产品销售包装上用以辨识说明产品基本信息、属性特征和安全警示等的文字、符号、数字、图案等标识，以及附有标识信息的包装容器、包装盒和说明书。化妆品标签构成了企业承诺、消费者选择和化妆品监管的重要依据。《条例》第35~37条规定了化妆品标签的基本要求，规定了化妆品标签应当标注和禁止标注的内容。《化妆品标签管理办法》对《条例》的规定加以细化，要求化妆品的最小销售单元应当有中文标签，化妆品标签标注的事项应当真实、合法，不得含有明示或者暗示具有医疗作用，以及虚假或者引人误解、违背社会公序良俗等违反法律法规的内容。要求供儿童使用的化妆品符合儿童化妆品质量安全的要求，并在产品标签上进行特别标注。《化妆品标签管理办法》第20条规定了认定为化妆品标签瑕疵但不影响质量安全且不会对消费者造成误导的情形，以利于更为合理的实施监管和处罚，以体现过罚相当。

（二）加强检验和抽检

《化妆品补充检验方法管理工作规程》规定了检验的相关事项。目前在探索建立化妆品安全高风险信息"直通车"检查制度，以准确识别、快速响应、高效管控化妆品安全高风险信息。抽检具有靶向性，突出重点环节、重点领域、重点产品，加大监督抽检力度。通过跟踪检查、关联产品抽检、经营环节倒查溯源等措施，强化核查处置，防止"一抽了之"，做到"一抽追之、一追到底"。

化妆品抽样检验以发现和查处化妆品质量安全问题为导向，依法对化妆品生产经营活动全过程组织开展抽样检验。《化妆品生产经营监督管理办法》第52条细化了化妆品抽样检验制度，对举报反映或者日常监督检查中发现问题较多的化妆品，以及通过不良反应监测、安全风险监测和评价等发现可能存在质量安全问题的化妆品，负责药品监督管理的部门可以进行专项抽样检验。应当按照规定及时公布化妆品抽样检验结果。《化妆品生产经营监督管理办法》第 53 条规定了对化妆品抽样检验结果不合格的后续处理，包括停止生产、召回已经上市销售的化妆品、通知停止经营使用，以及开展自查、进行整改。

（三）加强化妆品不良反应监测

事后监管是化妆品质量的重要保障，着力提升监测工作水平是事后监管的重要途径。化妆品不良反应监测是化妆品上市后安全监管工作的重要手段，化妆品生产经营主体有报告化妆品不良反应的义务。《化妆品生产经营监督管理办法》第 55 条规定化妆品不良反应报告遵循可疑即报的原则，即只要发现可能与使用化妆品有关的、无法排除与化妆品存在相关性的所有有害反应，都应当报告化妆品不良反应监测机构，这有助于加强对化妆品安全风险的及时识别与研判。

三、依法推进化妆品分类管理

化妆品分类管理包括化妆品分类管理和化妆品原料分类管理。《条例》第 4 条规定了化妆品、化妆品原料的分类管理制度，分类管理的依据为风险程度高低。化妆品分为特殊化妆品和普通化妆品，国家对特殊化妆品实行注册管理，对普通化妆品实行备案管理。化妆品原料分为新原料和已使用的原料，国家对风险程度较高的化妆品新原料实行注册管理，对其他化妆品新原料实行备案管理。

（一）化妆品分类管理

为适应现代社会化妆品产业的发展现状和监管需求，《条例》根据风险管理的原则对化妆品的分类提出了新的规定。《条例》第 16 条规定，用于染发、烫发、祛斑美白、防晒、防脱发的化妆品以及宣称新功效的化妆品为特殊化妆品，特殊化妆品以外的化妆品为普通化妆品。国家对特殊化妆品实行注册管理，对普通化妆品实行备案管理。

（二）化妆品原料分类管理

《条例》将化妆品原料分为新原料和已使用的原料，获批的新原料安全使用 3 年后方可录入《已使用化妆品原料目录》。《条例》对化妆品新原料实行目录与审批备案结合的管理制度，根据风险程度不同，对防腐、防晒、着色、染发、祛斑美白新原料以及其他具有较高风险的新原料，实行注册管理制度；其他新原料则实行备案管理制度。同时，《条例》第 11 条规定，国务院药品监督管理部门可以根据科学研究的发展，调整实行注册管理的化妆品新原料的范围，经国务院批准后实施。《条例》第 15 条规定，禁止用于化妆品生产的原料目录由国务院药品监督管理部门制定、公布。新原料原管理体系注册难度大、周期长，使得近年来批准的化妆品新原料屈指可数，《条例》对化妆品原料分类管理规定的调整将有效缓解化妆品新原料一直以来面临的"申报难"的问题，从而调动国内外企业原料技术创新的积极性。

四、建构化妆品功效宣称评价管理的制度框架

2021 年 4 月 9 日，国家药品监督管理局发布了《化妆品分类规则和分类目录》《化妆品功效宣称评价规范》，并于 2021 年 5 月 1 日正式施行，这标志着我国化妆品行业进入功效宣称评价管理时代。

《条例》为化妆品功效宣称评价管理提供了框架，并明确了化妆品功效宣称的责任人。《条例》第 16 条规定，国务院药品监督管理部门根据化妆品的功效宣称、作用部位、产品剂型、使用人群等因素，制定、公布化妆品分类规则和分类目录；《条例》第 22 条规定，化妆品的功效宣称应当有充分的科学依据，化妆品注册人、备案人应当在国务院药品监督管理部门规定的专门网站公布功效宣称所依据的文献资料、研究数据或者产品功效评价资料的摘要，接受社会监督。这为化妆品功效评价管理体系的建立提供了法律依据，有利于将功效宣称责任落实到人，增强主体责任意识，强化责任追究。

《化妆品分类规则和分类目录》和《化妆品功效宣称评价规范》细化化妆品功效宣称评价管理，规范化妆品功效宣称和功效宣称评价。《化妆品分类规则和分类目录》明确了我国化妆品的功效宣称分类目录，并对每一个功效类

别附有释义说明和宣称指引。《化妆品功效宣称评价规范》将目录中的 26 个功效类别和新功效分为几种情形，根据功效宣称内容的不同，提出了不同等级的评价项目要求，以确保功效宣称评价结果的科学性、准确性和可靠性，这体现了《条例》中对功效宣称分级管理的监管思路。《化妆品功效宣称评价规范》也为行业编制化妆品功效宣称依据的摘要提出了指导性意见，提供了摘要式样，为《条例》规定的"文献资料、研究数据或产品功效评价资料"明确内涵，为《条例》关于功效宣称管理相关规定的顺利实施提供了技术支撑，规范了化妆品功效宣称的评价工作。

五、依法深化化妆品生产经营监督管理

2022 年 1 月 1 日起施行的《化妆品生产经营监督管理办法》是我国首部专门针对化妆品生产经营管理的部门规章。这部规章贯彻落实《条例》的立法精神和要求，进一步细化明确《条例》关于化妆品生产经营环节的各项要求，为落实化妆品主体责任和监管责任设定了框架，规范和促进化妆品行业健康发展。

（一）简化化妆品生产经营许可程序管理

《化妆品生产经营监督管理办法》对申请化妆品生产许可的条件及对化妆品生产许可申请是否受理的标准作出详细规定；明确了生产许可项目变更管理要求，规定对生产许可证载明事项变更情形，监管部门仅对化妆品生产企业提交的资料进行审核即可。对可能影响产品质量安全的生产设施设备发生变化，或者在生产场地原址新建、改建、扩建生产车间的变更情形，监管部门需对化妆品生产企业提交资料进行审核，必要时开展现场核查。

《化妆品生产经营监督管理办法》中还创新性地提出了生产许可延续实行告知承诺制，明确了化妆品生产许可企业告知性承诺要求、受理和换证程序、延续许可后的监督检查要求等。这不仅优化了化妆品生产许可程序，进一步提升了监管效率，也为企业提供了便利，是推动化妆品产业高质量发展的重要举措。

（二）厘定化妆品生产经营的主体责任

法规制度力求有效解决以往责任担当主体表述不统一、责任界定不清晰等问题。

首先，《化妆品生产经营监督管理办法》进一步明确化妆品注册人、备案人责任，要求化妆品注册人、备案人应当依法建立化妆品生产质量管理体系，履行产品不良反应监测、风险控制、产品召回等义务，对化妆品的质量安全和功效宣称负责。

其次，《化妆品生产经营监督管理办法》要求化妆品注册人、备案人、受托生产企业应当建立化妆品质量安全责任制，落实化妆品质量安全主体责任；要求化妆品注册人、备案人、受托生产企业的法定代表人、主要负责人对化妆品质量安全工作负责。质量安全负责人按照化妆品质量安全责任制的要求，协助法定代表人、主要负责人承担质量安全管理和产品放行职责，将责任落实到人，增强责任意识。《化妆品生产经营监督管理办法》还对质量安全负责人进行详细规定，细化了质量安全负责人的具体职责、专业背景和从业经历要求，要求质量安全负责人应具备化妆品质量安全相关专业知识和法律知识，并具有 5 年以上化妆品生产或者质量管理经验。

最后，《化妆品生产经营监督管理办法》明确化妆品生产经营义务的适用主体，不仅包括传统的化妆品生产经营者，还涵盖新的经营形式主体。其一，要求美容美发机构、宾馆等在经营服务中使用化妆品或者为消费者提供化妆品的，应当履行法规、规章规定的化妆品经营者义务。其二，将化妆品集中交易市场开办者、展销会举办者纳入化妆品经营者管理范畴，要求它们建立保证化妆品质量安全的管理制度并有效实施，承担入场化妆品经营者管理责任。其三，随着近年来网络销售的发展，网售化妆品已逐渐成为消费趋势。《化妆品生产经营监督管理办法》不仅为电子商务平台内化妆品经营者、经营化妆品的电子商务经营者设定义务，更要求化妆品电子商务平台经营者依法履行平台内化妆品经营者管理责任，要求化妆品电子商务平台经营者履行平台内化妆品日常检查、违法行为制止及报告、投诉举报处理等义务。其四，针对新的、容易逃匿于监管之外的商业活动形态，《化妆品生产经营监督管理办法》第 49 条要求，以免费试用、赠予、兑换等形式向消费者提供化妆品的，依法履行化妆品经营者义务。

（三）明确生产经营各环节的监管要求

（1）《化妆品生产经营监督管理办法》细化对化妆品生产经营主体的监管要求，依法要求化妆品生产经营者完善相应制度，要求化妆品生产经营者对化妆品生产质量管理规范的执行情况进行自查、对委托生产企业生产活动进行监督。《化妆品生产经营监督管理办法》第6条第2款鼓励化妆品生产经营者采用信息化手段采集、保存生产经营信息，建立化妆品质量安全追溯体系；第32条要求化妆品生产经营者应当依法建立进货查验制度、产品销售记录等制度；第33、34条细化了化妆品注册人、备案人、受托生产企业启动自查的条件和自查报告的内容，规定了必要时采取整改措施、主动停止生产、向所在地省级药品监管部门报告的义务；第26条细化了化妆品委托生产制度，规定委托方与受托方的责任，要求化妆品注册人、备案人委托生产化妆品的，应当委托取得相应化妆品生产许可的生产企业生产，并对其生产活动全过程进行监督，对委托生产的化妆品的质量安全负责。

（2）《化妆品生产经营监督管理办法》创新化妆品监督管理方式，加大监督管理力度，开展化妆品抽样检查，并完善化妆品不良反应报告制度。《化妆品生产经营监督管理办法》第50条要求药品监管部门应按照风险管理的原则，确定监督检查的重点品种、重点环节、检查方式和检查频次。《化妆品生产经营监督管理办法》第51条明确国家药品监督管理局制定化妆品生产质量管理规范检查要点等监督检查要点，明确监督检查的重点项目和一般项目，以及监督检查的判定原则；《化妆品生产经营监督管理办法》第52条规定了抽样检验制度，第53条则规定了对化妆品抽样检验结果不合格的后续处理。

六、筑牢儿童化妆品监管的法治基础

我国首个专门针对儿童化妆品监管制定的规范性文件《儿童化妆品监督管理规定》于2022年1月1日正式施行。相较于普通化妆品而言，更要关注儿童化妆品安全问题。此规定以《化妆品监督管理条例》及《化妆品生产经营监督管理办法》为依据，为儿童化妆品给出定义，明确了儿童化妆品注册人、备案人主体责任，就儿童化妆品注册备案管理、标签标识、安全评估、生产经营、上市后监管等全链条提出监管要求，指导注册人、备案人开展儿童化妆品生产经营活动。

（一）明确儿童化妆品研发原则

《儿童化妆品监督管理规定》中明确规定，儿童化妆品是指适用于年龄在12岁以下（含12岁）儿童，具有清洁、保湿、爽身、防晒等功效的化妆品。《儿童化妆品监督管理规定》第5条规定，化妆品注册人、备案人应当根据儿童的生理特点和可能的应用场景，遵循科学性、必要性的原则，研制开发儿童化妆品。这间接向公众传递儿童化妆品消费导向，即合理使用化妆品，引导行业将儿童化妆品研制方向重点放在基础护肤功效，减少对不利于儿童皮肤健康的彩妆产品的开发。

（二）为儿童化妆品设定特定标识

《儿童化妆品监督管理规定》从产品设计、研发源头着手，要求所有可能让消费者误以为使用人群包括儿童的化妆品都按照儿童化妆品管理，并为儿童化妆品设定特定标识。《儿童化妆品监督管理规定》第3条第2款明确，标识"适用于全人群""全家使用"等词语或者利用商标、图案、谐音、包装形式等暗示产品使用人群包含儿童的产品按照儿童化妆品管理。此项规定可有效解决企业为逃避监管变相生产经营儿童化妆品的问题。《儿童化妆品监督管理规定》第6条第1款要求，儿童化妆品应当在销售包装展示面标注国家药品监督管理局规定的儿童化妆品标志。还鼓励化妆品注册人、备案人在标签上采用防伪技术等手段方便消费者识别、选择合法产品。这可以有效帮助消费者正确辨识儿童化妆品。

（三）明确儿童化妆品配方设计原则和生产要求

《儿童化妆品监督管理规定》明确了儿童化妆品配方设计原则。该规定第7条确立了儿童化妆品的配方设计原则，即安全优先原则、功效必需原则、配方极简原则。保证安全是儿童化妆品开发的基本前提，而功效设计则需要根据儿童的皮肤特点及基本需求综合考虑，原料和配方是确保化妆品安全的基础。要求对儿童化妆品原料严格使用，要求儿童化妆品应当选用有长期安全使用历史的化妆品原料，不得使用尚处于监测期的新原料，不允许使用基因技术、纳米技术等新技术制备的原料，还不允许使用一些具有特殊使用目的的高风险原料，如以祛斑美白、祛痘、脱毛、除臭、去屑、防脱发、染发、烫发等为目的的原料。

《儿童化妆品监督管理规定》确保儿童化妆品上市前安全性评价数据充分。《儿童化妆品监督管理规定》第8条要求，儿童化妆品应当通过安全评估和必要的毒理学试验进行产品安全性评价，化妆品注册人、备案人对儿童化妆品进行安全评估时，在危害识别、暴露量计算等方面，应当考虑儿童的生理特点。通过安全评估和毒理学试验两种方式对儿童化妆品进行安全性评价，是降低儿童化妆品安全风险的关键举措。

《儿童化妆品监督管理规定》对生产过程加以从严要求。在配方与制备工艺确定后，生产过程对儿童化妆品的品质影响是显而易见的。《儿童化妆品监督管理规定》在《化妆品生产经营监督管理办法》的基础上，细化了对儿童化妆品生产经营行为的要求。儿童化妆品应当按照化妆品生产质量管理规范的要求生产，该规定还对儿童化妆品生产车间、从业人员和物料进货制度作出严格要求。

（四）加强儿童化妆品监管

《儿童化妆品监督管理规定》加强源头治理，全面压实化妆品注册人、备案人、生产经营者对儿童化妆品质量安全的主体责任。《儿童化妆品监督管理规定》明确化妆品注册人、备案人对儿童化妆品的质量安全和功效宣称负责。《儿童化妆品监督管理规定》第14条要求化妆品生产经营者应当建立并执行进货查验记录制度，以确保儿童化妆品可追溯。《儿童化妆品监督管理规定》第16、17条对儿童化妆品生产经营者在不良反应监测和不合格品处置方面提出具体严格的要求，加强儿童化妆品质量管理。

相关法规和文件强化了儿童化妆品安全监管。《儿童化妆品监督管理规定》第18、19条要求，药品监管部门按照风险管理原则，结合本地实际，将化妆品注册人、备案人、境内责任人、受托生产企业以及儿童化妆品销售行为较为集中的化妆品经营者列入监管重点对象，加大监督检查频次。将儿童化妆品作为年度抽样检验和风险监测重点类别。

对儿童化妆品违法行为予以更为严格的监管。《儿童化妆品监督管理规定》第 20 条将使用禁止用于化妆品生产的原料、应当注册但未经注册的新原料生产儿童化妆品，或在儿童化妆品中非法添加可能危害人体健康的物质的情形，认定为《化妆品监督管理条例》规定的"情节严重"情形，依法从重处罚。

（宋华琳，南开大学法学院教授、博士生导师，南开大学医药卫生法
研究中心主任，教育部"长江学者奖励计划"青年学者；
刘娜　冯姜舒，南开大学法学院研究生）

《化妆品生产经营监督管理办法》解析

何淼

摘要： 2021 年 8 月，国家市场监督管理总局印发《化妆品生产经营监督管理办法》（以下简称《办法》)。《办法》贯彻落实《化妆品监督管理条例》中关于化妆品生产经营监管的各项规定和相关要求，明确了立法目的、适用范围、职责分工、生产经营者义务、许可管理制度、信息公开、社会共治等原则要求，细化了生产许可、生产经营、监督管理、法律责任的具体规定，夯实了生产经营者的主体责任，强化了药监部门的监管责任，成为化妆品上市后监管的根本遵循和行动指南。本文概述了《办法》确立的监管思路，以及企业需要注意的新要求和新规定。

关键词： 化妆品生产经营监督管理办法　注册人　监管

《化妆品生产经营监督管理办法》（以下简称《办法》）按照立足新发展阶段、贯彻新发展理念、构建新发展格局的要求，确立了一系列化妆品监管的新理念、新制度、新方法、新手段，依法夯实化妆品生产经营企业主体责任。

一、强化注册人、备案人主体责任，着力全过程安全监管

《办法》落实"四个最严"要求，细化监管制度，创新监管方式，落实企业主体责任，切实保障人民群众用妆安全。《办法》第四条规定，化妆品注册人、备案人应当依法建立化妆品生产质量管理体系，履行产品不良反应监测、风险控制、产品召回等义务，对化妆品的质量安全和功效宣称负责。该规定是对《化妆品监督管理条例》（以下简称《条例》）关于化妆品注册人、备案人主体责任的进一步细化，突出了全过程质量管理理念。

完善的生产质量管理体系为规范产品上市前的质量保证和质量控制活动

提供保障，以确保产品"出生时的健康"。而不良反应监测、风险控制、产品召回主要针对产品上市后环节对产品质量安全的把控及对产品品牌形象的维护。企业通过主动监测消费者使用产品后出现的不良反应，可以及时采取风险控制措施，缩小影响范围，并避免承担更多的法律责任。同时，通过对不良反应监测数据进行统计分析，还可以为改进产品配方、生产工艺等提供依据，提高产品的安全性和质量可靠性。此外，完善的不良反应监测体系及有效的风险控制方案还可以弥补消费者因使用产品不适造成的不良印象，树立担当负责的企业形象。因此，建议化妆品企业统筹考虑追溯体系建设、不良反应监测、风险控制等，制定统一完备、相互衔接的处置流程，将上市前产品质量管理与上市后销售运营管理相结合，同时辅以两者之间的信息互通，形成全过程质量管理闭环，建立促进产品质量安全水平不断提高的良性循环。

完善的追溯体系是产品质量管理的关键和基础，只有清晰地掌握信息流、物料流，才能真正对产品实施全面质量管理，有效排查控制风险。为此，《办法》第六条规定，化妆品生产经营者应当依法建立进货查验记录、产品销售记录等制度，确保产品可追溯。鼓励化妆品生产经营者采用信息化手段采集、保存生产经营信息，建立化妆品质量安全追溯体系。追溯体系也将会成为监管部门今后的监管重点，建议企业对此加以重视，建立相关制度，留存采购、生产、经营、不良反应监测、产品召回等各项记录，以便从容接受监管部门的监督检查。

以上是《办法》总则部分对化妆品企业提出的关于全过程质量管理的总体要求。《办法》第三章对相关要求进一步予以细化，从生产质量管理规范、质量安全管理制度、委托生产管理等方面对企业生产质量管理体系提出具体要求，笔者认为，企业需要重点关注以下五个方面。

一是关于留样。从此前的实际生产企业留样，改为注册人、备案人留样。委托生产化妆品的，则委托方和受托生产企业都需要留样。

二是关于质量安全负责人的职责和资质。为落实化妆品企业的主体责任，《条例》创新性地提出质量安全负责人的概念。《办法》进一步明确了质量安全负责人的定位，规定质量安全负责人应当协助企业的法定代表人、主要负责人承担五方面职责，分别是：建立并实施企业质量管理体系；审核管理产品配方、生产工艺、物料供应商；物料放行管理和产品放行；不良反应监测管理；受托生产企业生产活动监督管理。《办法》第二十八条第二款还对质量安全负责人的学历背景进行了列举，同时规定质量安全负责人要具备一定的法律知识，熟悉相关法律法规、强制性国家标准、技术规范，并具有5年以上化妆品生产或者质量管理经验，以更好地承担企业内部监督员和吹哨人的职责。

三是关于进货查验记录、产品销售记录。进货查验记录、产品销售记录属于企业追溯体系的一部分，《条例》和《办法》都对这两方面的记录作出特别规定，进行反复申明。以前的法规虽然也要求企业做好这两方面的记录，但是针对企业未履行相关记录义务没有设置相应的处罚措施。但在新规施行后，企业如果没有做好这两方面的记录，即使产品合格，也会受到行政处罚。《条例》第六十二条第一款第（二）项对处罚措施作出了明确规定。

四是关于企业自查。《办法》规定，经自查发现生产条件发生变化，不再符合化妆品生产质量管理规范要求的，企业应当立即采取整改措施；发现可能影响化妆品质量安全的，应当立即停止生产，并向所在地省级药品监管部门报告。影响质量安全的风险因素消除后，方可恢复生产。同时还规定，企业连续停产1年以上，重新生产前，应当进行全面自查，确认符合要求后，方可恢复生产；自查和整改情况应当在恢复生产之日起10个工作日内向所在地省级药品监管部门报告。企业如果没有按照要求做好自查，也将会面临行政制裁，《条例》第六十二条第一款第（三）项明确了相应的处罚措施。

五是关于标签。首先是儿童化妆品的标注要求。《办法》要求，儿童化妆品需要标注特殊的标志，以便消费者正确识别。同时，针对一些商家为逃避化妆品的注册备案程序和严格监管，将彩妆产品制作成玩具销售的行为，《办法》规定，生产、销售用于未成年人的玩具、用具等，应当依法标明注意事项，并采取措施防止产品被误用为儿童化妆品。此外，《办法》第三十七条规定了标签瑕疵情形。企业需要注意的是，尽管标签存在瑕疵不会被直接处罚，但会被监管部门责令改正，并召回产品或修改标签，这些都需要企业花费较高的经济和时间成本去整改。因此，建议企业常态性开展标签内部核查，发现存在问题的，及时主动修改。

二、加强经营新业态管理，全方位保障消费者合法权益

随着社会经济快速发展，化妆品经营新业态不断涌现，传统的经营模式也在不断更新、迭代，在为消费者带来购物便利的同时，也引发了不少消费问题，扰乱了市场秩序，给消费者的健康安全造成影响。为加强对化妆品经营新业态的监管，《办法》有针对性地提出了几项创新措施，需要行业了解适应。

现实生活中，很多消费者并不了解美容院及宾馆提供的化妆品，还有的美容院将只可用于皮肤表面的化妆品通过注射或其他方式导入消费者体内，给消费者的身心健康带来极大威胁。为保障消费者知情权，《办法》第四十一条规定，美容美发机构经营中使用的化妆品，以及宾馆等为消费者提供的化妆品应当符合最小销售单元标签的规定。通俗来讲，消费者从美容美发机构或者宾馆拿到的化妆品必须贴有中文标签，明确标注产品名称、成分、生产厂家、保质期、功效宣称、使用方法等信息。由此消费者在接受美容服务前，就可以通过查看标签了解产品的基本情况，如果商家关于产品的宣传明显超出标签标注信息，或者未按照标签标注的使用方法使用产品，消费者可考虑拒绝使用。

近年来，越来越多的消费者选择通过购物网站、直播平台等线上渠道购买化妆品。但由于网络经营的虚拟性、隐蔽性，假冒伪劣、虚假夸大宣传等问题时有发生，严重侵害了消费者的合法权益，也破坏了公平有序的市场环境。为强化网络销售化妆品管理，《办法》着力通过落实电子商务平台责任、强制披露产品必要信息、强化平台内化妆品经营者实名登记等方式规范线上经营秩序。《办法》第四十四条规定，电子商务经营者应当在其经营活动主页面全面、真实、准确披露与化妆品注册或者备案资料一致的化妆品标签等信息。对于往常出现产品的销售页面上对产品的功效宣称远远超出标签标注内容，甚至一些功效宣称毫无根据的情况，可以通过强制披露化妆品标签信息的方式，确保消费者能够直观查看产品质量安全相关信息。《办法》第四十五条规定，化妆品电子商务平台经营者应当对申请入驻的平台内化妆品经营者进行实名登记，要求其提交身份、地址、联系方式等真实信息，进行核验、

登记，建立登记档案，并至少每 6 个月核验更新一次。通过实名登记，可以在一定程度上降低线上经营者的"虚拟性"，方便消费者维权，也为实施精准监管、取证固证提供了基础和便利。同时，《办法》还要求电子商务平台经营者应当设置化妆品质量管理机构或者配备专兼职管理人员，建立平台内化妆品日常检查、违法行为制止及报告、投诉举报处理等化妆品质量安全管理制度并有效实施，加强对平台内化妆品经营者相关法规知识宣传；发现违法经营化妆品行为的，应当依法或者依据平台服务协议和交易规则采取删除、屏蔽、断开链接等必要措施及时制止，并报告所在地省级药品监管部门；药品监管部门因监督检查、案件调查等工作需要，要求电子商务平台经营者依法提供相关信息的，电子商务平台经营者应当予以协助、配合等。通过一系列"组合拳"，《办法》全面细化了电子商务平台经营者的主体责任，树立了"以网治网"的监管理念，在提高监管效率的同时，大大增强了网络治理的针对性、有效性。作为平台经济的获益者、主导者，电子商务平台应当承担相应的社会责任，通过内部信息网络和大数据，对平台内经营者实施精准管理。

三、丰富完善监管手段，促进严格规范公正文明执法

《办法》坚持问题导向，创新监管方式，规范监督执法程序，细分责任情形，促进严格规范公正文明执法。

《办法》第五十条规定，药品监管部门应当按照风险管理的原则，确定监督检查的重点品种、重点环节、检查方式和检查频次等，加强对化妆品生产经营者的监督检查。该规定强调了监督检查的计划性、整体性，集合监管资源，提升监管效能，力求监管工作有的放矢，同时减少对企业正常生产经营活动的干扰影响。该条第二款规定："必要时，负责药品监督管理的部门可以对化妆品原料、直接接触化妆品的包装材料的供应商、生产企业开展延伸检查"。通过对化妆品违法个案深挖彻查，以点带面，加强源头治理、溯源管理。

为规范检查流程和内容，统一检查标准和尺度，《办法》第五十一条规定，国家药品监督管理局制定化妆品生产质量管理规范检查要点等监督检查要点，明确监督检查的重点项目和一般项目，以及监督检查的判定原则。通过制定

检查要点，明确监管要求，指导检查人员规范开展检查工作，在提高检查工作质量的同时，约束检查人员的自由裁量权。在此基础上，《办法》第五十九条规定，监督检查中发现企业违反一般项目规定，违法行为轻微并及时改正，没有造成危害后果的，不予行政处罚。该规定为企业留出整改的机会。此外，《办法》还列举了 4 项情节严重的违法行为，并明确对于情节严重的违法行为处以罚款时，将依法从重从严。

（作者单位：国家药品监督管理局化妆品监督管理司）

浅谈对《儿童化妆品监督管理规定》的理解

徐良

摘要： 近年来，儿童化妆品市场蓬勃发展，其安全问题备受社会各界关注。2021 年 10 月 8 日，《儿童化妆品监督管理规定》（以下简称《规定》）发布，自 2022 年 1 月 1 日起施行。《规定》明确了立法目的，适用范围，儿童化妆品定义和儿童化妆品注册人、备案人主体责任，以及覆盖注册备案管理、标签标识、安全评估、生产经营、上市后监管等全链条监管要求，指导注册人、备案人开展儿童化妆品生产经营活动。本文从儿童化妆品的概念与诉求、标签与宣称管理、配方设计、生产经营与监管要求等方面，谈谈对《规定》的理解。

关键词： 儿童化妆品　监督管理　配方设计

2021 年 10 月 8 日，国家药品监督管理局发布《儿童化妆品监督管理规定》（以下简称《规定》）。作为我国首个专门针对儿童化妆品监管制定的规范性文件，《规定》的发布引发化妆品行业乃至社会广泛关注。

一、加强儿童化妆品监管

在我国，与成人化妆品相比，儿童化妆品市场份额较小，但随着消费升级与"二孩"政策实施，近年来我国儿童化妆品市场持续升温，其中婴幼儿化妆品市场规模年均增长率更是高达 20% 左右。今后，随着"三孩"政策的深入实施，预计我国儿童化妆品市场规模将进一步快速增长。

在市场规模不断扩大的同时，儿童化妆品市场也出现了一些负面舆情。2021 年 1 月，某消字号宝宝霜因添加激素成分导致婴儿使用后变成"大头娃娃"的事件引发社会强烈关注。4月，中央电视台推出专题报道——《记者调查：受追捧的儿童化妆品安全吗》，曝光儿童化妆品生产企业无生产资质、儿童彩妆产品与玩具混为一谈、一些自称专为儿童设计的化妆品没有标签及成分表等儿童化妆品行业乱象，引发全网热议。

上述问题也引起国家监管部门的高度重视。2021年5月24日，"2021年全国化妆品安全科普宣传周"启动，宣传周主题为"安全用妆　美丽有法"，其中一项重点任务就是提升公众对儿童化妆品安全使用的认知水平，引导消费者科学合理使用化妆品。同时，2021年上半年国家药品监督管理局组织开展两项安全专项风险监测工作，其中一项就是儿童化妆品风险监测，随后全国多地监管部门先后组织开展较大规模的儿童化妆品专项检查。

在行业持续快速发展、市场监管持续加强的背景下，国家药品监督管理局组织制定了《规定》。《规定》的出台将为规范儿童化妆品生产经营活动，加强儿童化妆品监督管理，保障儿童使用化妆品安全起到重要作用。

二、儿童化妆品的概念与诉求

《规定》明确，儿童化妆品是指适用于年龄在12岁以下（含12岁）儿童，具有清洁、保湿、爽身、防晒等功效的化妆品。

与成人相比，儿童尤其是婴幼儿的皮肤具有皮脂分泌少（会导致皮肤干燥，保水、保护能力差）、体表面积与体重比大（会增加有害物质经皮吸收的风险）、皮肤角质层薄、屏障功能差（会导致耐受外界刺激能力弱）、黑色素含量低（会导致抵御紫外线能力差）及含有尿布区域等特点。这就要求儿童化妆品需具有更高的安全性，产品性能更具针对性。因此，清洁、保湿、爽身、防晒成为儿童化妆品的主要功能诉求。开发儿童化妆品总体上应遵循《规定》第五条规定的"科学性、必要性的原则"。

从使用功效看，目前市场上儿童普通化妆品的主要类别包括清洁、保湿、舒缓、爽身等，剂型包括油、水（含花露水）、粉（爽身粉）、乳液及膏霜、啫喱等。而特殊化妆品只涉及防晒，主要剂型为乳液及膏霜。

三、进一步加强儿童化妆品标签与宣称管理

标签是消费者判别化妆品适用人群与产品功效的重要信息来源。标签（包括品名）中明示为儿童使用的化妆品理应属于儿童化妆品。除此之外，《规定》特别指出，标识"适用于全人群""全家使用"等词语或者利用商标、图案、谐音、字母、汉语拼音、数字、符号、包装形式等暗示产品使用人群包含儿童的产品，均按照儿童化妆品管理，其目的是防止实际用于儿童的化妆品游离于儿童化妆品监管之外而产生安全风险。

《规定》还明确，"儿童化妆品应当在销售包装展示面标注国家药品监督管理局规定的儿童化妆品标志。非儿童化妆品不得标注儿童化妆品标志"。这意味着，《规定》实施后，在我国销售的儿童化妆品包装展示面上都会有一个儿童化妆品标志，方便消费者识别，进而有望从源头杜绝鱼目混珠、似是而非的产品进入儿童化妆品市场，也有利于监管部门对儿童化妆品的类别判断。

此外，当前市场上一些儿童化妆品生产企业在其生产的儿童化妆品包装、形态、香气等方面不断"做文章"，以吸引更多儿童使用。考虑到儿童把玩、使用此类产品时可能出现的安全风险，《规定》特别要求，化妆品注册人、备案人、受托生产企业应当采取措施避免儿童化妆品性状、气味、外观形态等与食品、药品等产品相混淆，防止误食、误用；儿童化妆品标签不得标注"食品级""可食用"等词语或者食品有关图案。

与以往不同的是，《规定》进一步要求儿童化妆品应当以"注意"或者"警告"作为引导语，在销售包装可视面标注"应当在成人监护下使用"等警示用语。

四、规范儿童化妆品配方设计

《规定》指出，"儿童化妆品配方设计应当遵循安全优先原则、功效必需原则、配方极简原则"。

保证安全是儿童化妆品开发的基本前提，而功效设计则需要根据儿童的皮肤特点及基本需求综合考虑。"配方极简"是指在满足必需功效的前提下，

相对减少原料的使用种类。当然，也包括本身组成复杂的混合物（包括组成成分不明确的天然原料）及多种原料复配而成的复配原料等。

化妆品配方确定了原料使用的种类与数量，将直接影响产品的品质与性能，是产品形成的源头。如果说配方是化妆品的"灵魂"，那么配方设计就是铸就灵魂的过程。化妆品配方设计原则是配方师进行配方实践的总则，是对化妆品配方师开发产品的总体要求。《规定》对儿童化妆品研发加以规范与引导，对提高产品品质，保障我国儿童化妆品市场健康发展有着十分重要的意义。

从组成角度来看，化妆品是由多种原料按照配方比例经过混合加工得到的混合物，这种混合绝大多数属于物理混合。因此，原料性质直接影响化妆品的品质与性能。基于此，《规定》在明确配方设计应当遵循极简原则的基础上，从安全角度对儿童化妆品原料选用提出了进一步要求：应当选用有长期安全使用历史的化妆品原料；应当从原料的安全、稳定、功能、配伍等方面，结合儿童生理特点，评估所用原料，特别是香料香精、着色剂、防腐剂及表面活性剂等原料的科学性和必要性。

作为配方师，"非必要不添加"应该作为开发儿童化妆品原料选用的一个重要原则，尤其是香精、着色剂、防腐剂及阳离子表面活性剂等原料。例如，在护肤类产品中使用香精的主要目的是掩盖或协调产品中原料的气味，并非必须添加的原料。香精通常由多种香料调配而成，且大多数为合成香料，一些人尤其是皮肤细嫩的婴幼儿对某些香料十分敏感，因此在儿童化妆品研发中对于香精的选用应当格外慎重。当然，一些配方师选择在儿童化妆品中添加香精的目的是掩盖原料味道，吸引儿童使用，这就需要在选择时了解香精的致敏原信息，尽量选择不含已知公认致敏香料的香精，并严格控制香精的添加量，进而控制产品添加香精可能带来的安全风险。

另外，《规定》还明确，在儿童化妆品配方中不允许使用一些具有特殊使用目的的高风险原料，如以祛斑美白、祛痘、脱毛、除臭、去屑、防脱发、染发、烫发等为目的的原料；不允许使用风险不易把控的原料，如尚处于监测期的新原料、使用纳米技术等新技术制备的原料等。考虑到一些化妆品原料功能具有多样性（如抗坏血酸衍生物在具有美白功效的同时，也具有抗氧化作用，在配方中可以作为氧化稳定剂使用），《规定》没有完全禁止此类原料在儿童化妆品中使用，而是从安全性、必要性与科学性角度补充了相关要求，如"无替代原料必须使用时，应当说明原因，并针对儿童化妆品使用的安全性进行评价"，这在一定程度上为儿童化妆品配方提供了比较与选择的空间。

五、明确生产经营与监管要求

在配方与制备工艺确定后，生产过程对儿童化妆品的品质影响是显而易见的，而产品的经营行为将直接影响儿童化妆品的购买与使用安全。

《规定》在《化妆品生产经营监督管理办法》的基础上，细化了对儿童化妆品生产经营行为的要求。例如，"化妆品注册人、备案人、受托生产企业应当制定并实施从业人员入职培训和年度培训计划，确保员工熟悉岗位职责，具备履行岗位职责的专业知识和儿童化妆品相关的法律知识。企业应当建立员工培训档案""电子商务平台内儿童化妆品经营者以及通过自建网站、其他网络服务经营儿童化妆品的电子商务经营者应当在其经营活动主页面全面、真实、准确披露与化妆品注册或者备案资料一致的化妆品标签等信息，并在产品展示页面显著位置持续公示儿童化妆品标志"等。

《规定》要求，负责药品监督管理的部门应当将化妆品注册人、备案人、境内责任人、受托生产企业以及儿童化妆品销售行为较为集中的化妆品经营者列入重点监管对象，加大监督检查频次，并将儿童化妆品作为年度抽样检验和风险监测重点类别。同时，明确将使用禁止用于化妆品生产的原料、应当注册但未经注册的新原料生产儿童化妆品，以及在儿童化妆品中非法添加可能危害人体健康的物质的违法行为，认定为《化妆品监督管理条例》规定的情节严重情形予以处罚。

儿童的生理特点决定了监管部门必须对儿童化妆品实施更加严格、有效、科学的监管。《规定》内容贯穿儿童化妆品整个产业链条，包括配方设计、原料使用、包装标注、生产流通、选择使用等，从产品研发之初就对儿童化妆品企业行为进行规范。《规定》的发布实施，将有力促进我国儿童化妆品内在品质提升，保障儿童化妆品质量安全，促进儿童化妆品市场健康发展。

（作者单位：北京日用化学研究所）

探索建立化妆品安全高风险信息"直通车"制度

田少雷　陈晰　吕笑梅　陈芳莉

摘要：为了探索在《化妆品监督管理条例》及配套法规体系下，对来自抽样检验、风险监测、不良反应监测、投诉举报等监管环节所识别到的化妆品较高安全风险信息给予及时、有效的评价、控制与处置等思路和措施，受国家药品监督管理局委托，国家药品监督管理局食品药品审核查验中心牵头组织相关技术部门开展了"化妆品安全高风险信息'直通车'制度研究"课题。该课题通过文献检索、调查研究、定性分析等研究方法，从风险识别、分析、评价、应对等 4 个风险管理环节，分析梳理了当前各部门风险管理机制存在的问题与困难，特别是影响化妆品风险监测体系效率和成效的瓶颈，提出了系统性建立高风险信息"直通车"制度 4 项机制的构建思路。基于上述研究成果，本着"先行先试、易者先行"的原则，国家药品监督管理局已优先制定发布了《化妆品安全高风险信息"直通车"检查制度》，在 2021 年核查中心组织的化妆品飞行检查工作中试行后，初见成效。

关键词：化妆品　高风险信息　"直通车"制度　飞行检查

为了贯彻落实《化妆品监督管理条例》(以下简称《条例》) 及国务院办公厅《关于全面加强药品监管能力建设的实施意见》相关要求，促进化妆品监管各环节识别到的化妆品风险信息在监管工作中充分发挥作用，建立完善高风险信息及时识别、准确评价及多部门联动应对的闭环机制，受国家药品监督管理局化妆品监督管理司委托，国家药品监督管理局食品药品审核查验中心(以下简称核查中心)牵头组织中国食品药品检定研究院，国家药品监督管理局药品评价中心、行政事项受理服务和投诉举报中心共同开展了"化妆品安全高风险信息'直通车'制度"研究，研究成果应用于 2021 年下半年组织的化妆品飞行检查工作中初见成效。

一、化妆品安全高风险信息"直通车"制度研究

（一）研究目标

化妆品安全高风险信息"直通车"制度研究的目标在于探索在《条例》规定的国家建立化妆品安全风险监测和评价制度的大框架下，建立化妆品高风险信息"直通车"制度的要求及方法，达到及时汇总分析来自不良反应监测、抽样检验、投诉举报、风险监测等多方面的化妆品风险信息（重点关注儿童化妆品、特殊化妆品等），识别、分析较高安全风险信息，并实施相关风险控制措施，尤其是有针对性地组织对高风险产品生产企业的飞行检查，使高风险产品得到及时的处置和控制。

（二）研究方法

化妆品高风险信息"直通车"制度研究课题（以下简称课题）通过资料文献法、调查研究法、经验总结法、定性分析法等研究方法，从风险识别、风险分析及评价、风险应对等4个风险管理环节，分析梳理当前各部门风险管理机制存在的问题与困难，并研究探讨创新性应对机制，提出"直通车"制度构建思路。

（三）研究成果

课题在各技术支撑机构化妆品安全风险信息管理体系的基础上，对国家药品监督管理局以及各技术支撑机构在安全高风险信息识别、分析评价、应对中的分工及联动进行通盘考虑，以解决影响化妆品风险监测控制体系效率和成效的瓶颈性藩篱，提出系统性建立高风险信息"直通车"制度的构建思路包括4个机制：一是建立安全风险信息分析评价机制，这是"直通车"制度得以有效实施的基础；二是建立安全高风险信息直接应对处置机制，这是"直通车"制度的关键环节；三是建立安全高风险信息共享交流机制，这是"直通车"制度得以发挥最大成效的保障；四是建立安全高风险共同研判和联动处置机制，这是"直通车"制度的重要补充。

（四）成果转化和利用

基于上述研究课题的成果，本着"先行先试、易者先行"的原则，国家药品监督管理局已优先制定发布了《化妆品安全高风险信息"直通车"检查制度》（以下简称《直通车制度》）。《直通车制度》从化妆品安全风险信息的类型、程度、发生频率、舆论关注度等方面考量列出了八种可能涉及化妆品安全高风险信息的情形，并同时对相关应对措施进行了规定。国家药品监督管理局及化妆品相关直属技术支撑机构按照各自职责分工，负责识别评价来自监督抽查、不良反应监测、风险监测、投诉举报、舆情监测等环节发现的化妆品安全高风险信息，经风险研判后，由核查中心迅速出击，及时组织飞行检查，并由国家药品监督管理局根据飞行检查结果对高风险产品的实施控制措施，并对涉事企业做出查处。

《直通车制度》在2021年下半年核查中心组织的飞行检查工作试行后，初见成效，较大地提高了飞行检查工作的靶向性和时效性。

二、试行《直通车制度》开展飞行检查情况分析

2021年，按照《直通车制度》的思路，核查中心试行开展了13家化妆品企业的飞行检查，累计发现缺陷102项，其中，严重缺陷40项，占比39.2%；一般缺陷62项，占比60.8%。5家企业被依法处罚，1家企业责令停产整改，7家企业责令限期整改。

（一）飞行检查动因

2021年飞行检查启动原因主要包括来自化妆品监督抽检、不良反应监测、风险监测等中发现的不合格或安全风险较高的产品。因产品被检出禁用物质启动检查的企业有9家，占全部被检查企业数量的69.2%；产品引起不良反应启动检查的企业有2家，占比15.4%；儿童专项检查和检出微生物超标的各1家，各占7.7%（图1）。

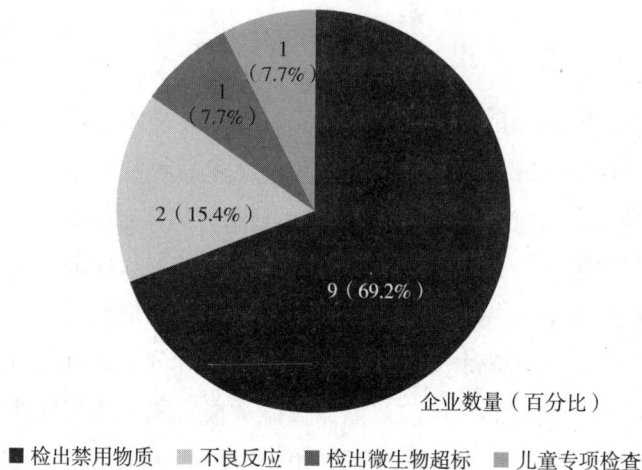

图 1　飞行检查动因统计

（二）被检查企业地域分布

被检查企业在各省份的分布情况见表1。

表 1　被检查企业在各省份的分布统计

序号	省份	被检查企业数量	占各省份总企业数量比例（％）
1	广东	8	61.5
2	上海	2	15.4
3	江苏	1	7.7
4	北京	1	7.7
5	天津	1	7.7

（三）发现问题统计分析

2021年1月1日《化妆品监督管理条例》开始实施，但在2021年《化妆品监督管理条例》配套的《化妆品生产质量管理规范》尚未正式发布，所以2021年化妆品飞行检查结合《化妆品监督管理条例》《化妆品生产许可检查要点》（以下简称《检查要点》）《化妆品安全技术规范（2015版）》等为主要检查判定依据。

13家企业累计发现缺陷102项，《检查要点》所列7个环节发现问题的分布统计见图2。其中，缺陷数量位居前三的环节依次为物料与产品管理（30.4%）、质量管理（25.5%）、厂房与设施（11.8%），说明企业物料与产品管理、质量管理等方面存在较大缺陷，物料与产品管理和质量管理是保证化妆品安全的基础，需加强管理和重点关注，具体问题如下。

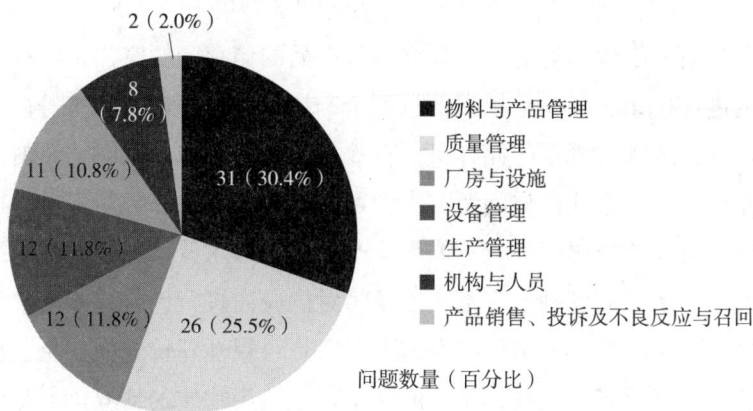

图2 各环节发现缺陷数量分布统计

1. 物料与产品管理

物料与产品管理发现缺陷数量最多，共31项，其中，严重缺陷3项。该环节发现缺陷项对应条款的分布情况见表2。

表2 物料与产品管理环节发现缺陷分布

物料与产品管理	缺陷项目内容要点	对应条款	缺陷数量（项）
物料与产品储存（48.4%）	物料验收	65	1
	储存标识信息	66	6
	分区存放与标识	67	1
	储存条件	68	5
	使用期限	69	2
产品（22.5%）	产品留样	73	7
物料采购（12.9%）	供应商管理	61/62	3
	索证索票	63	1

续表

物料与产品管理	缺陷项目内容要点	对应条款	缺陷数量（项）
合规性（9.7%）	生产合规性	60*	3
物料发放与使用（6.5%）	生产指令	70	1
	物料退仓	71	1

注：表中百分数为各类缺陷数占物料与产品管理环节总缺陷数的比例。

该环节主要发现问题为：一是物料与产品的储存问题突出，物料存放未按照规定进行标识，货位卡标识信息不全，缺少批号、检验状态等；未书面识别储存要求或未按规定的储存条件存放等；物料盘点不及时，原料库中存在过期原料。二是企业留样问题突出，留样未分类存放、数量不足、留样记录不完整、留样室温湿度环境不能满足产品储存要求等。三是物料的采购验收把控不严，供应商管理不规范，未及时对供应商进行评价，索证索票不齐全，缺少检验报告单、合格供应商信息。四是合规性评价方面，企业存在未对供应商和物料进行合规性评价，产品中存在禁用物质的情况。五是领料与退仓制度及记录不完善等。

2. 质量管理

质量管理发现缺陷数量次之，共 26 项，其中，严重缺陷 16 项。该环节发现缺陷项对应条款的分布情况见表 3。

表 3　质量管理环节发现缺陷分布

质量管理	缺陷项目内容要点	对应条款	缺陷数量（项）
文件管理	文件受控	14	2
	记录可追溯性	15*	7
实验室管理	检验标准管理	18	3
	检验原始记录	19	2
	检验样品管理	20	1
	试剂管理	22	1
	检验结果超标的管理	23	1
不合格品管理	不合格品处理及记录	27*	1
	不合格品标识及存放	28*	3

续表

质量管理	缺陷项目内容要点	对应条款	缺陷数量（项）
物料和产品放行	物料和产品的放行及记录	25*	3
追溯管理	建立追溯管理制度	30*	2

该环节主要发现问题为：一是质量文件管理问题尤为突出，其中质量管理制度不健全，外来文件无识别，部分质量文件未受控；未对生产进行记录和保存，批生产记录填写不完整，缺少物料批号、部分工艺参数、检验原始记录等信息，无法反映整个生产过程；部分原料无出入库记录，产品销售记录不齐全，难以保证产品的可追溯性。二是实验室管理方面存在的主要问题有未建立物料与产品的检验标准或检验标准有误，检验原始记录不完整、取样不规范、检验用试剂或样品未按规定保存，过期等问题等。三是不合格品处理未经质量管理部门负责人批准、不合格品未及时处理，处理记录缺失、未分区标识存放等。四是物料和产品放行记录不完整，放行未进行审核等问题。五是批生产记录中未记录使用原料批号，追溯性不强。

3. 厂房与设施

厂房与设施发现缺陷共 12 项，其中，严重缺陷 5 项。该环节发现缺陷项对应条款的分布情况见表 4。

表 4　厂房与设施环节缺陷分布

厂房与设施	缺陷项目内容要点	对应条款	缺陷数量（项）
仓储区要求	仓储区要求	47	2
	危险品储存管理	48	2
车间布局	车间布局	36*	3
	生产车间环境监控	39*	1
车间环境	生产车间洁净区洁净度	40	1
	生产车间清洁消毒	43	1
厂房选址与建设	厂房的选址与布局	35	1
人流物流流向	人流物流流向	37*	1

该环节主要发现问题为：一是仓储区不符合储存条件，缺少防虫鼠、防

潮等设施；危险品未单独分区存放等。二是生产车间相关功能间布局不合理，且未按照设定的功能使用相关功能间，更衣间消毒设施无法正常使用等问题。三是车间环境管理不规范，未制定车间环境监控计划；洁净区与其他区未安装压差计，不能有效监测不同洁净度功能间的压差与空气净化系统的初中效压差变化；洁净区清洁消毒不到位，有明显污渍。四是企业成品库与包材库为同一仓库，没有分区标识。五是未严格区分人流和物流流向，不能有效避免交叉污染。

4. 设备管理

设备管理发现缺陷共 12 项，其中，严重缺陷 6 项，占该环节总缺陷的 50%。

该环节主要发现问题为：一是制水系统管理不到位，无法提供第三方水质检测报告和水质自检报告；制水间未设置取水点，无法提供水质监测记录；纯水储水罐盖内表面有霉斑；水处理系统未按规定更换活性炭滤料；浓水和二级浓水流量计清洁维护不到位等。二是设备清洁消毒方面，乳化、灌装等设备清洁消毒不彻底；清洁状态未标识或标识信息不全，并缺少相应的清洁消毒记录。三是检验用仪器未能满足检验方法的精度要求；压力表、温度计、数显电热培养箱等设备未检定校准，或校准条件与实际使用条件不符等。

5. 生产管理

生产管理发现缺陷共 11 项，其中，严重缺陷 5 项，占该环节总缺陷的 45.5%。

该环节发现的主要问题为：一是产品未建立标准操作规程或工艺规程不齐全，缺少关键控制点；实际投料、工艺参数控制与备案配方及要求不一致。二是半成品储存无状态标识；标签与实物不一致。三是未及时填写批生产记录或填写不完整等。四是未对产品批的定义进行明确规定，无法有效识别不同批次的产品。五是未按照 SOP（标准操作程序）规定对内包材进行清洁消毒。

6. 机构与人员

机构与人员发现缺陷共 8 项，其中，严重缺陷 4 项。

该环节主要发现问题为：一是质量部门管理负责人不在岗，不能有效履行其职责；企业无法提供质量负责人档案信息。二是企业无法提供 2021 年员工培训记录；人员培训内容不全，缺少新法规的培训，技能培训和考核针对性不足，培训内容无岗位差异性。三是无法提供从业人员健康证明或体检表。四是无法提供外来人员进入生产仓储区域的相关记录。

7. 产品销售、投诉及不良反应与召回

产品销售、投诉、不良反应与召回发现缺陷共2项，其中，严重缺陷1项。

该环节主要发现问题是产品销售记录缺失或缺少产品批号等关键信息、未按照规定要求及时填写化妆品不良反应报告表并向化妆品不良反应监测机构报告。

三、对下一步加强化妆品飞行检查工作的建议

（一）国家药品监督管理局应严厉打击非法添加和未按注册备案生产等的违法行为，加强结果公开形成威慑力

针对非法添加和生产未注册或备案产品等违法行为，建议组织开展专项整治检查，一经发现问题，监管部门要即刻立案查处，按照《条例》加大对违法违规企业的惩戒力度，倒逼企业树立红线意识，做到知法、懂法、守法，切实保障化妆品消费者的使用安全。另外，也要加强飞行检查结果的公开力度，尤其是对于存在严重违法行为和屡次犯错的企业，以对其他企业构成威慑。

（二）各省级药品监管部门应加强重点环节监管，降低产品风险

检查中发现企业在物料与产品管理、质量管理、设备和厂房设施等环节管理问题突出，各省级药品监管部门应当加大对这些薄弱环节的监管。着重对未按照注册或备案配方工艺组织生产、原料验收把关不严等问题进行重点监管，督促企业按照相关要求组织生产化妆品，杜绝私自更改配方生产，落实记录管理和追溯管理制度，提高化妆品生产全过程的可追溯性。同时，要严格落实供应商遴选、原料验收管理制度，按照《化妆品生产质量管理规范》要求从取得相应化妆品生产许可证的企业外购半成品，并向半成品的生产企业索取相关检验资料，落实对供应商考核评估制度，加强对原料和外购半成品风险管控。

（三）加强法规宣贯力度，督促企业履行主体责任

化妆品系列法规对企业落实主体责任提出了更加严格的要求，建议各级监管部门广泛开展法规宣传教育。加大对企业以及从业人员相关知识的宣贯力度，强化企业遵循法规规范的主体责任意识以及从业人员掌握化妆品专业知识的能力，切实提高产品质量。

（四）进一步完善飞行检查"直通车"制度，提升飞行检查工作成效

2021年飞行检查试运行期间，"直通车"制度对发现违法行为、控制安全风险初见成效，但是"直通车"制度仍在试行阶段，仍需要在将来的检查工作实践中不断得到完善。核查中心将配合国家药品监督管理局化妆品监管司在以后的检查工作中，紧密配合各兄弟单位，在通过抽检、监测或投诉举报发现涉嫌违法或重要安全风险信息线索后，及时启动飞行检查程序，以最直接、最有效的方式迅猛出击，控制产品风险，锁定涉嫌违法企业证据，并给予依法严惩。

（作者单位：国家药品监督管理局食品药品审核查验中心）

监管科学篇

打造共建共治共享的化妆品社会治理格局：
理论逻辑和体系构建

张昊　胡颖廉

摘要： 打造共建共治共享的化妆品社会治理格局，是推进化妆品治理体系和治理能力现代化的重要方面和必然要求。本文首先阐述了化妆品安全共建共治共享的学理逻辑，提出"安全共建""风险共治""成果共享"的理论框架。即实现化妆品安全共建，必须把握推进化妆品产业基础、持续加大监管基础建设、加强消费环境建设；实行化妆品风险共治应该构建党委领导、企业主责、行业自律、社会监督、政府监管的格局；治理成果共享应该促进化妆品产业的创新发展、保障生产和使用安全、实现产品的可及。在其逻辑框架下，分析了我国化妆品社会共治存在的问题，最后提出了完善化妆品安全社会共治体系要坚持党的领导，建立民主协商、社会协同、公众参与等机制，依靠法治和科技推进共治体系的形成。

关键词： 化妆品安全　社会共治　药品监管　国家治理现代化

习近平总书记在党的十九大报告中明确提出，"打造共建共治共享的社会治理格局"，这是从国家治理层面提出的新目标、新要求，也是对"完善党委领导、政府负责、民主协商、社会协同、公众参与、法治保障、科技支撑的社会治理体制"认识拓展和理念的进一步升华。

社会治理必须注重维护最广大人民的根本利益，最大限度地发挥和谐因素，增强社会发展活力。化妆品是满足人们对美的需求的消费品，与人民群众的日常生活密切相关。安全高质量的化妆品，也是人民群众追求美好生活的重要组成部分。随着居民收入和消费水平的不断提升，我国化妆品产业得到了快速发展。与此同时，人们对化妆品安全的重视日益提升。为了最大限度地减少治理成本，最大限度地保护消费者利益，必须将社会共治的理念嵌入化妆品安全治理的过程中。

化妆品安全共建共治共享的格局建设需要强化党的领导、统一指挥、总揽全局，协调好各个部门与机构的关系，调动一切积极因素，维护每个利益相关者的个人利益。本文通过化妆品安全共建共治共享的制度逻辑分析，提出完善化妆品安全社会共治体系的相关建议。

一、化妆品安全共建共治共享的学理逻辑

共建共治共享是社会治理制度的核心要义，三者相互交融，相互促进。制度的生命力在于执行，能否将我国化妆品社会治理制度优势更好地转化为治理效能，需要回答好"共建"何以达成、"共治"怎样有效、"共享"如何实现三个方面的问题。

这其中，共建是化妆品社会治理的基础，需要明确不同治理主体的角色定位和职能职责，应该本着政府、社会合作的原则，通过一系列的政策安排，为各种社会力量提供更多的发挥优势的机会。共治是社会治理的关键，强调利益相关者共同参与治理。化妆品安全的信息、资源、知识高度分散，需要加快信息化建设、推动各部门之间资源共享、最大限度地调动各类主体的积极性共同治理。共享是社会治理的目标，强调各类主体共同享有社会治理成果。化妆品社会治理需要兼容实现产品安全、产业发展与创新、可及等政策目标。

（一）共建化妆品安全基础

实现化妆品安全"共建"，必须把握推进化妆品产业基础、持续加大监管基础建设、加强消费环境建设。

1. 产业基础

化妆品产业基础与社会治理两者紧密联系、相辅相成、相互促进、相互影响，化妆品产业发展为社会治理奠定基础。近年来，我国化妆品产业高速发展，企业数量、上市产品数量持续增长，但是绝大多数企业规模偏小，生产要素比较分散，科技投入不足，产品同质化、低水平重复多，市场集中度低，市场信息不对称，机会主义行为高发，已经威胁产品质量安全和产业高

质量发展。为保障化妆品安全使用需要，促进化妆品产业高质量发展，需要企业之间构建起相互监督和相互约束的体系。

我国化妆品产业进入高速发展时期。一是生产企业数量明显增加。1980年，我国化妆品生产企业仅有 70 多家，市场规模仅为 3.5 亿元[①]。经过四十年的发展，截至 2021 年前三季度，全国共有化妆品生产企业已达到 5728 家[②]，市场规模已超过 8000 亿元。二是特殊化妆品申报、批准数量持续增长。2020年共批准国产特殊化妆品首次申报 3388 件，同比增长 50.7%。截至 2021 年第三季度，国家药品监督管理局受理特殊化妆品首次申报 3973 件（国产 2954件，进口 1019 件）。三是化妆品进口数量及进口金额稳定增长。根据中国海关数据显示：2019 年 1—12 月中国美容化妆品及护肤品进口数量为 227400吨，同比增长 11.7%；2019 年 1—12 月中国美容化妆品及护肤品进口金额为13226719 千美元，同比增长 33.3%[③]。

化妆品企业自律监管体系不完善，影响产业高质量发展。当前，一些化妆品生产经营者法治观念不强，为占据市场、追求利益，不惜采用违法违规手段，破坏市场公平竞争，侵害消费者权益。化妆品企业常见的违法行为主要集中在生产、推广、销售三个环节，尤以销售环节违法行为居多，截至2021 年前三季度，共查处化妆品案件 12969 件，货值金额共 14784.21 万元。从违法主体来看，生产企业案件有 359 件，占化妆品案件总数的 2.77%；经营企业案件有 7944 件，占比 61.25%；美容美发机构案件有 2861 件，占比22.06%[②]。

2. 监管基础设施

在化妆品安全领域，监管仍然是共治体系中的核心要素。化妆品监管基础共建离不开政府部门间横向协同、中央和地方间的纵向协调以及国家和社会的合作共治。目前化妆品监管机构设置、事权划分、社会机构技术支撑体系建设情况如下。

我国对化妆品监管采取政府多部门联合管理的方式。化妆品管理部门主

[①] 郑建玲：我国化妆品行业交出亮眼成绩单 [EB/OL]，中国质量报，2018 年 10 月 16 日，https://www.cqn.com.cn/zgzlb/content/2018-10/16/content_6344641.htm。

[②] 国家药品监督管理局：《药品监督管理统计报告》（2021 年第三季度）。

[③] 中华人民共和国海关总署：2019 年全国进口重点商品量值表 [EB/OL]，http://www.customs.gov.cn//customs/302249/zfxxgk/2799825/302274/302275/4122074/index.html。

要包括国家药品监督管理局和海关总署等部门。国家药品监督管理局负责组织实施化妆品注册备案工作，组织拟订并监督实施化妆品标准、分类规则、技术指导原则。承担拟订化妆品检查制度、检查研制现场、依职责组织指导生产现场检查、查处重大违法行为工作。组织质量抽查检验，定期发布质量公告。组织开展不良反应监测并依法处置。海关总署主管全国进出口化妆品检验检疫监督管理工作。根据《进出口化妆品检验检疫监督管理办法》（2018年）进口化妆品由口岸海关实施检验检疫，海关总署对出口化妆品生产企业实施备案管理。海关对进出口化妆品的生产经营者实施分类管理制度。

国家、省、市、县四级药品监管部门对化妆品全链条的协同监管。国家药品监督管理局负责组织实施化妆品注册备案工作。组织拟订并监督实施化妆品标准、分类规则、技术指导原则。承担拟订化妆品检查制度、检查研制现场、依职责组织指导生产现场检查、查处重大违法行为工作。组织质量抽查检验，定期发布质量公告。组织开展不良反应监测并依法处置。省级药品监督管理部门负责化妆品生产环节的许可、检查和处罚。市县两级市场监管部门负责化妆品经营环节质量的检查和处罚。为满足化妆品监管要求，我国逐步建立了化妆品检查员队伍体系，截至2020年底，全国有化妆品检查员资格的人数为2594人，其中，可从事检查工作的检查员数量为2488人。2020年共开展化妆品检查4545人次[①]。

整合药监系统内外资源，共建化妆品技术支撑体系。我国化妆品监管以技术支持体系为支柱，需要整合国家与社会的资源，依靠高校、科研机构、第三方专业技术机构等力量，构建化妆品监管科技国家队和社会多方参与的技术支撑体系。我国在化妆品技术支持体系建设方面，目前形成了化妆品重点实验室、化妆品监管科学研究基地、化妆品不良反应监测基地、第三方检验检测机构等协同共建的化妆品技术支撑队伍。

3. 消费环境建设

随着经济的发展和社会的进步，人民群众的生活水平和消费水平逐步提高，对消费环境提出更高的要求。营造良好消费环境的目标是尽可能消除风险点，让消费者能消费、敢消费、愿消费。化妆品消费环境建设应"由点到

---

① 国家药品监督管理局：《药品监督管理统计年度报告》（2020年）。

线到面"全面推进。一是打造化妆品消费环境示范点，规范市场秩序。示范引领是消费环境创建的基础，通过规范打造示范街、示范经营商场和示范经营单位，形成化妆品消费环境新标杆。二是畅通消费维权"快车道"，净化消费环境。推进消费环境建设还应向纵向开展，加快各种维权渠道建设，让广大消费者、新闻媒体、社会大众都积极参与到化妆品监督中来，形成全方位、多层次的化妆品违法行为监督网络。三是开展专项整治行动，检查全覆盖。化妆品消费场景较为复杂，涉及商场超市、美容美发单位、酒店宾馆、化妆品专卖店等，化妆品安全专项整治行动要实现精准发力，构建全链条消费环境建设体系，增强消费者信心。

（二）化妆品安全风险共治

化妆品安全风险共治强调各参与主体共同沟通、协商、合作，解决问题与纠纷，采取一致性行动，确保产品安全。治理主体的有序参与提供了坚强的政治和组织保障，化妆品风险治理应该形成党委领导、企业主责、行业自律、社会监督、政府监管的共治格局。

坚持和加强党的领导，是化妆品安全社会共治的必要保证。只有把党建工作和治理工作相结合，才能妥善处理各方面的利益诉求，推动形成有利于化妆品安全风险共治格局。在化妆品安全共治体系中，坚持党的领导制度，具有科学理论依据，可以深刻把握化妆品安全社会共治的方向与原则。坚持党的领导制度，具有充分实践依据。"中国治理"已经在脱贫攻坚、环境保护和新冠肺炎疫情防控等领域显示了活力与优势。这些实践经验有助于化妆品安全共治目标的顺利实现。坚持党的领导制度，具有权威制度依据。服从党的领导、维护党的领导，是做好一切工作的根本政治前提。

企业是化妆品安全的第一责任人，化妆品社会治理，需要企业强化源头治理，层层把关。化妆品生产经营者应当落实主体责任，加强管理，诚信自律，保证化妆品质量安全。应全面落实信息公开、信息共享制度，增强生产经营各环节的透明度，便于社会监督。例如化妆品网络销售经营者需不断提高主体意识、责任意识、诚信意识，自觉抵制利用网络生产销售违法化妆品行为，依法对平台内化妆品经营者进行实名登记，切实承担平台管理责任，加强对平台内经营者及其所经营化妆品相关资质的核验。

社会监督是化妆品安全风险共治主体的重要组成部分。

新闻媒体凭借其高度的社会责任感和肩负的历史使命，以新闻舆论监督整个社会。新闻媒体具有维护公共利益、监督社会良性发展的责任。对化妆品安全事件进行报道时，应对监管工作和行业发展动态及时报道，倡导科学认知、普及法律常识、提振消费信心。一方面，要探索化妆品安全事件产生的原因、影响以及如何预防等，推动相关政策法规的建立健全，从而真正推动我国化妆品安全体系建设进程。另一方面，新闻媒体要强化与监管部门及公众协同联动，构建严密高效的化妆品安全舆情传播机制。

行业自律是化妆品安全风险共治不可缺少的因素。推进化妆品行业自律一方面要加强行业内部自我管理，形成自我约束机制，严格遵守化妆品安全监管法律法规。另一方面要充分发挥化妆品行业协会的监督作用。化妆品行业协会应积极参与化妆品行业法规、政策、标准等制定、修订工作，制定并组织实施行业自律性管理制度，规范行业行为，推动行业诚信建设，维护化妆品公平竞争的市场环境。

政府监管在化妆品安全风险社会治理中起主导作用，市场经济条件下，政府的职责之一是创造和维持规范有序的市场秩序和公平合理的竞争环境。化妆品安全监管措施包括强制和激励两类。强制措施包括化妆品强制性标准执行、备案、许可、抽检、查封扣押、停止 / 暂停销售、责令召回等。激励措施包括举报激励、创新激励等。例如在《化妆品监督管理条例》中设立激励和保护举报行为的法律机制，更好地发现违法线索，查处违法行为。《条例》还鼓励企业加强功效研究创新，保护企业知识产权和商业秘密等。

（三）成果共享

社会共治成果应惠及每个利益相关者，改善公共服务体系，确保社会安定有序，实现社会治理成果共同享有。在化妆品社会共治的场域中，治理成果包括化妆品产业的创新发展、生产和使用安全、产品的可及。创新发展是安全的前提，我们要运用发展成果塑造行业的安全环境，夯实产品的安全基础。与此同时，生产和使用安全也是产业发展的保障，不安全会对发展造成极大冲击，甚至使发展难以为继，没有安全的发展是不稳定的。所以，实现发展和安全互为条件，彼此支撑。可及是安全和发展共同作用的结果。产品的可及性具体表现为可获得性和可供应性。产品的可及取决于产业的发展和供给能力以及消费者对产品安全和服务的感知和满意度。近年来，在化妆品共治主体各方参与和努力下，产业发展、生产使用安全、产品可及三方面效果显著。

一是强化全过程监管，有效保障化妆品质量安全。目前，化妆品监管部门持续加大检查和抽检力度，有效压实企业主体责任，化妆品安全监管取得了新成效。在化妆品监督抽检方面，2021 年，化妆品监管部门以发现问题、防控风险为主要目标，以风险多发品种、场所为抽样重点对象，组织对染发类、洗发护发类、彩妆类、防晒类、宣称祛痘类、面膜类、宣称保湿滋润的一般护肤类、宣称紧致抗皱的一般护肤类、儿童类、祛斑/美白类和爽身粉类等 11 类化妆品进行抽检，共抽检 20245 批次产品。经 33 家化妆品检验机构依据《化妆品安全技术规范》（2015 年版）检验，其中 19847 批次产品符合规定，全国化妆品抽检合格率为 98.03%。在化妆品案件查处方面，2021 年前第三季度共查处化妆品案件 12969 件，货值金额共 14784.21 万元；捣毁制假售假窝点 19 个，责令停产停业 154 家，撤销批准文号或备案号 2 件，吊销许可证 6 件，移送司法机关 48 件[1]。

二是化妆品安全社会共治的成果惠及企业发展与创新。我国化妆品行业产业链中形成了国内外共同竞争的态势，产业利润不断提高，上市公司逐渐增多。化妆品产业可拆解为上游的原料商、生产商，中游的品牌商和下游的代理商、终端零售三大主体。从产业链净利率角度看：上游净利润率为 3%~10%。制造业费用率稳定，原料商和制造商净利润率偏低为 3%~10%，部分原料龙头如华熙生物净利润率突破 30%。中游净利润率为 5%~15%。品牌商具备高毛利润率、高费用率特点，特别是销售费用率通常达到 30%~40%，净利润率集中 5%~15%。下游净利润率为 5%~15%。代理商和终端渠道净利润率集中 5%~15%[2]。

目前，我国化妆品行业产业链中形成了国内外共同竞争的态势，拥有数量较多的上市公司。截至 2021 年，上游原材料领域上市公司包括华熙生

---

① 国家药品监督管理局：《药品监督管理统计报告》（2021 年第三季度）。
② Euromoniter 数据：化妆品产业链各环节部分上市公司毛利率 [EB/OL]，https://www.byxxw.com/zixun/3210.html。

物、创尔生物、锦波生物、科思股份、华业香料、爱普股份。中游的国内品牌商上市公司包括上海家化、丸美、片仔癀、逸仙电商、拉芳家化、珀莱雅[①]。

三是化妆品可及性提升。化妆品安全社会共治的成果是让公众可以获得产品，并且让每一个人拥有高品质的产品。从人均消费化妆品水平及渗透率数据可明显看出，化妆品可及性逐渐提高。2021年，中国化妆品市场需求快速增长，加之新兴渠道与营销手段的推广，多场景渗透率的提升。根据国家统计局数据，2021年社会消费品零售总额440823亿元，从化妆品零售总额来看，1—12月化妆品零售总额为4026亿元，同比增长14%[②]。现阶段中国美妆人均消费已经达到38美元，从消费趋势分析，根据中国互联网信息中心（CNNIC）发布第49次《中国互联网络发展状况统计报告》（2021）。截至2021年12月，我国网民规模达10.32亿，互联网普及率达73.0%。其中，网络支付用户规模达9.04亿，较2020年12月增长4929万，占网民整体人数的87.6%[③]。互联网的快速发展和电商平台的大力推广，网络销售已经成为消费者购买化妆品的主流方式，提高了化妆品市场的渗透率。当前，在护肤品和彩妆产品中，洁面、口红等已经取得了超高的渗透率。

二、完善化妆品安全社会共治体系

完善化妆品安全社会共治体系要坚持党的领导，构建民主协商机制、社会协同机制、公众参与机制，依靠法治和科技推进共治体系的形成。

（一）完善党委领导、政府负责治理体制

1. 坚持党对化妆品监管工作的领导

完善化妆品安全社会共治体系，要坚持党的领导。坚持党的领导是贯穿

---

① 前瞻经济学人：2021年化妆品行业上市公司全方位对比 [EB/OL]，https://baijiahao.baidu.com/s?id=1713650207319316362&wfr=spider&for=pc。
② 国家统计局：2021年社会消费品零售总额增长 12.5%[EB/OL]，http://www.stats.gov.cn/xxgk/sjfb/zxfb2020/202201/t20220117_1826441.html。
③ 中国互联网信息中心：CNNIC 发布第49次《中国互联网络发展状况统计报告》[EB/OL]，http://www.cnnic.cn/gywm/xwzx/rdxw/20172017_7086/202202/t20220225_71724.htm。

化妆品共治体系的主线，新时代化妆品共治体系的构建要坚决贯彻落实习近平总书记关于药品监管工作的重要指示批示精神，自觉围绕中心服务大局。完善党委领导治理体制，一是化妆品监管要增强"四个意识"、坚定"四个自信"，做到"两个维护"，要充分发挥党的领导核心作用。二是不断创新领导化妆品监管事业的思想，提高把握方向、战略决策、推进发展的能力。三是坚持底线思维，运用科学方法进行风险研判。要科学评估化妆品安全风险，居安思危，落实责任、全面强化风险研判的能力。四是充分发挥化妆品安全监管的组织动员能力。要以科学的组织方法保证动员，严密的组织体系保证动员、以严格的组织纪律保持动员。

2. 全面加强化妆品监管能力建设

高水平治理推动化妆品高质量发展，全面加强化妆品监管能力建设应该包括以下几个方面。

（1）提升化妆品标准管理能力　我国发布的现行化妆品标准共有207项，其中国家标准140项，行业标准50项，地方标准5项，团体标准12项[①]。在化妆品标准管理方面存在的主要问题包括：一是标准覆盖面范围狭窄。化妆品的标准应该覆盖产品的原料、生产、检测、包装标签、流通等方面，还应针对成年人和儿童使用人群不同进行细分。目前化妆品生产、流通以及儿童化妆品的标准是欠缺的。二是化妆品现有标准急需更新。随着化妆品产业的不断发展、化妆品相关法规的变迁，部分条款已经不再适用于当前的产业发展现状，亟待调整。三是标准研究工作积极性不高。当前，化妆品企业、制定标准积极性不高，同时，监管机构、高等院校、行业协会等相关机构互动不足，在一定程度上影响了标准的研究与制定工作。加强我国化妆品标准管理应推进标准化生态链广度，推进标准制修订工作，增加与行业企业、科研机构、高等院校、国际组织互动交流，形成市场驱动、政府引导、社会参与、开放融合的标准管理工作格局。

（2）提高化妆品检验检测能力　化妆品检验检测是安全监管中的核心工作之一，化妆品检测技术的发展对保障产品质量安全起着关键的作用。在化妆品检验检测能力建设方面存在以下问题：一方面是检验检测机构缺少全程

---

① 倪晨皓：化妆品标准体系构建及建议研究 [C]，第十八届中国标准化论坛论文集，第1131页。

监管措施。随着检测机构的逐年递增，行业也开始滋生乱象。据国家市场监督管理总局公布的 2020 年国家级检验检测机构能力验证通告显示，通过项目承担单位和技术专家对能力验证结果的技术审查、统计分析和综合评价，在 3034 家参与考核的国家级检验检测机构中，2818 家结果合格，216 家结果为不合格[①]。另一方面是化妆品检验检测专业技术人员存在缺口，整体资金投入不足，难以适应化妆品产业的发展。综上所述，提升我国化妆品检验检测能力一是要加强对检验检测机构的事中、事后监管。二是应紧跟实际需求，不断加大在检测技术方面的资金投入，用好现有检验检测人才资源，培养引进急需人才。三是检测机构积极参加化妆品能力验证，实现检测能力扩项，力争通过检测技术的升级来提升检测能力。

（3）提升化妆品风险监测能力　化妆品的风险监测，是指通过系统地、持续地对化妆品中风险因素进行信息收集、样品采集、检验、结果分析，及早发现化妆品质量安全问题，为化妆品监督抽检、风险研判和处置提供依据的活动。当前，化妆品风险监测存在的问题：一是化妆品风险监测体系还不够完善。具体表现在对化妆品审评审批、检验检测、稽查执法风险信息整合能力不强，协调联动机制仍需完善。二是化妆品风险监测机构技术支撑作用不充分。近年来，国家药品监督管理局已经组建了化妆品风险监测工作组成员单位，批准了化妆品风险评估重点实验室等技术支持单位，但其他化妆品风险监测机构风险评估基础薄弱，对事中事后监管构建技术支撑不够。三是化妆品风险物质识别能力不足。当前，一些不法企业为快速增强化妆品功效，会在产品中添加化妆品禁用物质或超限量使用限用组分。化妆品中非法添加的化合物成分越来越复杂，添加方式越来越隐秘。分析以往不合格化妆品数据情况，化妆品中检出的非法添加禁用组分主要为激素、抗生素以及汞。针对上述问题，提升化妆品风险监测能力需要完善以下几方面工作。一是以问题为导向，不断增强风险监测靶向性，提升化妆品安全风险监测能力。应结合化妆品舆情、检验检测、案件举报等信息，进行系统设计、合理布控，以提高问题发现概率。二是加快推进化妆品风险评估重点实验室的建设，发挥示范带动作用，提升其他化妆品

---

① 国家市场监督管理总局：《2020 年国家级检验检测机构能力验证结果的通告》[EB/OL]，https://www.samr.gov.cn/rkjcs/tzgg/202104/t20210402_327536.html。

技术支撑机构风险监测能力。三是针对化妆品风险物质的识别与监管需要建立高通量、快速准确的化妆品禁限用及其他风险物质筛查预警平台，完善相关筛查方法，为化妆品监管提供技术支撑。

（二）完善民主协商、社会协同、公众参与机制

一是行业协会、企业参与化妆品安全社会共治的路径。在化妆品安全社会共治格局建设进程中，民主协商是激活社会共治的关键，化妆品社会共治要完善民主协商机制，围绕化妆品产业发展、监管机制、科技创新等开展民主协商，切实提高化妆品监管部门决策的科学化、民主化。近年来，化妆品安全监管已经开启民主协商模式，2020 年 12 月 27 日，国家药品监督管理局召开化妆品行业协会座谈会，与业界面对面沟通交流，共同谋划化妆品监管事业发展。中国香料香精化妆品工业协会、11 家化妆品行业协会、商会、学会有关负责同志参加座谈①。多方代表为我国化妆品行业发展建言献策，充分发挥了民主协商在化妆品共治体系中的作用。

二是加强科普宣传，构建化妆品社会共治格局。化妆品的科普宣传是营造人人关注、人人支持、人人参与化妆品安全工作良好氛围的基础，加强化妆品科普宣传，构建化妆品社会共治格局：①要加强部门协作联动，扩大社会宣传面。积极邀请网信部门、公安部门、科协部门、消协部门参与化妆品科普宣传，形成强大的社会影响力。②通过开设"化妆品安全"微信公众号、APP 等，加强宣传引导。公众号等应主要宣传化妆品监管动态、科普知识，使网络成为获取权威化妆品知识的主渠道、主阵地。③丰富宣传形式。要以化妆品安全科普宣传周、爱肤日、315 消费者权益日等活动为契机，加大科普宣传，让化妆品安全理念深入人心。

三是消费者参与化妆品安全社会共治。化妆品安全社会共治离不开消费者监督，消费者应该成为化妆品违法行为监督体系的重要组成部分。

推进消费者参与监督广度与深度应该做好以下三点：一是要树立化妆品安全治理为了消费者、依靠消费者的社会共治理念。首先要围绕化妆品消费新模式，大力开展体验式调查与评价，公布和宣传评价结果报告，提高广大

---

① 国家药品监督管理局：国家药品监督管理局召开化妆品行业协会座谈会 [EB/OL]，
https://www.nmpa.gov.cn/zhuanti/hzhpjdgl/hzhptlzyxx/20201227170729179.html。

消费者的维权意识和能力。例如，化妆品功效宣传的监管，监管部门应减少对有些功效宣称的干预，最重要的是让消费者作为用户来进行评价。其次要强化以消费者为中心的相关信息收集、归纳、分析和处理，倾听消费者心声。二是探索"互联网+"维权方式，使维权更贴近百姓，方便消费者，提高消费维权工作的效率和精准度。加强消费者维权服务网络信息平台建设，加快消费维权绿色通道建设，及时解决咨询、投诉、举报等问题。三是化妆品监管部门建立消费投诉公示制度。监管部门探索开展重点化妆品和服务领域维权数据分析，把分散的投诉信息集中晒出来，公开数据分析成果，方便广大消费者共同监督。

（三）完善法治保障和科技支撑

一方面，推进化妆品安全社会共治需要"法治"。《化妆品监督管理条例》及相关管理规范的出台为我国化妆品社会共治提供了法律保障。通过规定了行业自律、有奖举报、信息公开、联合惩戒一系列制度，以及信息交流机制等，推动社会共治从理念到制度再到机制的跨越。

行业自律制度。《化妆品监督管理条例》第六条明确化妆品注册人、备案人对化妆品的质量安全和功效宣称负责。化妆品生产经营者应当加强管理，诚信自律，保证化妆品质量安全。《化妆品功效宣称评价规范》第四条提出化妆品注册人、备案人对提交的功效宣称依据的摘要的科学性、真实性、可靠性和可追溯性负责。

信息公开制度。《化妆品监督管理条例》第十条明确国家加强化妆品监督管理信息化建设，提高在线政务服务水平，为办理化妆品行政许可、备案提供便利，推进监督管理信息共享。《化妆品生产经营监督管理办法》第四十四条要求电子商务平台内化妆品经营者以及通过自建网站、其他网络服务经营化妆品的电子商务经营者应当在其经营活动主页面全面、真实、准确披露与化妆品注册或者备案资料一致的化妆品标签等信息。

信息交流机制。《化妆品监督管理条例》第五十三条指出国务院药品监督管理部门建立化妆品质量安全风险信息交流机制，组织化妆品生产经营者、检验机构、行业协会、消费者协会以及新闻媒体等就化妆品质量安全风险信息进行交流沟通。

联合惩戒制度。《化妆品监督管理条例》第五十六条指出负责药品监督管理的部门应当建立化妆品生产经营者信用档案。对有不良信用记录的化妆品生产经营者，增加监督检查频次；对有严重不良信用记录的生产经营者，按照规定实施联合惩戒。

另一方面，推进化妆品安全社会共治需要"智治"。化妆品监管科学，是一门评估化妆品的安全性、有效性、质量及性能的新工具、新标准或新方法的科学。2019年，国家药品监督管理局启动实施"中国药品监管科学行动计划"，明确提出开展药品、医疗器械、化妆品监管科学研究，并确定了首批9个重点研究项目，"化妆品安全性评价方法研究"是九大重点项目之一，分为化妆品安全性评价和风险评估标准体系研究、注册备案管理体系研究、不良反应监测体系研究、化妆品监管科学中长期发展规划4个子项目，这标志着我国化妆品监管科学研究正式拉开了帷幕。近年来，国家药品监督管理局先后批准北京工商大学和江南大学作为化妆品监管科学研究基地，已经建立了10家国家药品监督管理局化妆品重点实验室[1]。目前，我国化妆品监管科学已经形成了以重点项目监管、科学研究基地、重点实验室"三位一体"的支撑创新体系。加快了对化妆品监管新制度、新工具、新方法等的研究，推进化妆品治理体系和治理能力现代化。

为应对化妆品行业的新诉求，应对全球竞争的新挑战，更好地推动化妆品监管科学的发展，提出如下建议及保障措施：①加强化妆品监管科学的研究顶层设计，要把化妆品的研究与化妆品监管工作的全局结合起来，统筹设计、系统规划。以提升化妆品监管质量和效益为研究目标，以创新监管的工具、标准、方法为研究任务，努力破解监管的难题，促进产业健康发展。②加强监管科学人才培养。目前国内开设化妆品专业高校不多，仅有北京工商大学、上海应用技术大学、广东药科大学等高校设置了"化妆品技术与工程"或"化妆品科学与工程"本科专业，与万亿产业比起来人才严重不足[2]，相关部门应加快布局，使化妆品专业人才跟上产业发展的脚步。③加强化妆品监管科学国际合作与交流。坚持国际视野，以更加开放的心态积极参与

---

[1] 国家药品监督管理局：《关于实施中国药品监管科学行动计划第二批重点项目的通知》[EB/OL]，https://www.nmpa.gov.cn/xxgk/fgwj/gzwj/gzwjyp/20210628172854126.html。

[2] 中国医药报：《系统规划　增设专业　定向培养化妆品专业人才培养加速推进》。

国际监管科学的研究，为国际化妆品监管科学的发展贡献中国智慧和中国力量。

［张昊，北京中医药大学东方学院副教授，中国药品监督管理研究会
药品治理体系研究专业委员会青年委员兼秘书；
胡颖廉，中共中央党校（国家行政学院）社会和生态文明教研部教授、
博士生导师、社会治理教研室副主任，中国药品监督管理研究会药品治
理体系研究专业委员会主任］

我国化妆品监管科学研究进展及展望

路勇　孙磊　王海燕　董亚蕾

摘要： 围绕化妆品监管科学，本文简要介绍了我国在药品监管科学行动计划、监管科学重点实验室、监管科学研究基地三方面的战略部署。以中国药品监管科学行动计划为项目依托，探讨了化妆品监管科学的重点研究领域，总结了目前我国化妆品监管科学的研究内容和成果。最后，从国际合作交流和创新型化妆品原料两方面，提出了我国化妆品监管科学研究展望。

关键词： 化妆品　监管科学　药品监管科学行动计划

近十几年，我国人民群众的经济水平和生活水平不断提高，人们对美好形象的追求与日俱增，化妆品产业随之发展壮大，目前我国已成为全球第二大化妆品消费市场。化妆品作为日用消费品，反映出人民对美的需求，是人民群众追求美好生活的重要组成部分。随着《化妆品监督管理条例》（以下简称《条例》）的落地实施，全国药品监督管理系统始终坚持以人民为中心，全面落实习近平总书记"四个最严"要求，不断完善法规制度建设，加强监管能力建设，以创新推动监管，全力保障广大人民群众用妆安全。为适应新形势下化妆品监管的需要，化妆品监管科学的理念逐渐引入并不断探索发展，我国正在逐步建立一套严谨、规范、高效的化妆品监管科学体系。

一、化妆品监管科学内涵及部署

监管科学是一门旨在为监管框架中的决策提供科学依据的新兴学科，萌芽于20世纪70年代，此后逐渐得到充实和发展。

作为一门新兴的前沿学科，"监管科学"是以保护和促进公众健康为使命，针对新时期化妆品监管工作中存在的前沿性、交叉性、综合性问题，通过开发新工具、新标准、新方法等来评估受监管产品的安全性、有效性、质量和性能，进一步增强监管工作的灵活性、适应性，更好地满足新时代公众对化妆品安全的新需要。

2019 年 4 月，国家药品监督管理局启动实施了"中国药品监管科学行动计划"，正式开展药品、医疗器械、化妆品监管科学研究，首批启动的行动计划项目共有九项，其中就包括化妆品安全性评价方法研究。监管科学行动计划明确了三项重点任务：建设 3~5 家药品监管科学研究基地；启动一批监管科学重点项目；推出一批药品审评与监管新制度、新工具、新标准、新方法。经过两年努力，首批重点项目取得重要成果，研究制定多项监管新工具、新方法、新标准，并应用于化妆品监管工作中。2021 年，国家药品监督管理局统筹考虑发展现状，进一步理清短板弱项，加强创新技术研究，在首批重点项目的基础上，确定并发布了中国药品监管科学行动计划第二批研究项目，重点项目中包括化妆品新原料技术指南研究和化妆品安全监测与分析预警方法研究，持续助力化妆品监管科学可持续发展。

为进一步加强化妆品科学监管能力提升和人才队伍建设，2020 年，国家药品监督管理局先后批准成立了北京工商大学化妆品监管科学研究基地和江南大学化妆品监管科学研究基地。依托高校作为监管科学基地，充分发挥其学科专业和人才优势，将为化妆品监管工作注入创新的活力和生机，加快化妆品监管新制度、新工具、新方法等的研究，推进化妆品治理能力现代化。

为推动监管科学研究，促进科研成果转化，国家药品监督管理局还着手构建药监系统监管科学重点实验室体系建设。2019 年，首批评定了 45 家重点实验室；2020 年，第二批共认定 72 家重点实验室，重点实验室总数达到了117 家，其中化妆品重点实验室 10 家。化妆品重点实验室不但包括药监系统单位，还包括国内知名高校、科研机构、医院等。从区域覆盖、专业领域和依托单位等各维度，呈现出布局合理、规划均衡的特点，进一步为化妆品监管科学的研究扩大了人才队伍、拓展了发展途径，储备了雄厚的技术力量。

中国药品监管科学行动计划和建设国家药品监督管理局监管科学重点实验室两项举措，辅以监管科学研究基地，为监管科学构建了理论和技术、内涵和外延共同支撑的生态空间，能够持续推进科技创新，促进产学研协同创新，为我国化妆品监管能力提升提供多方面的推进力量。

二、我国化妆品监管科学重点领域

2021 年，《化妆品监督管理条例》正式发布实施，这也是我国化妆品监管的法规元年。随着多部配套法规陆续出台，初步构建起了我国化妆品监管的法规体系。与此同时，围绕新法规落地实施，通过借鉴国外化妆品监管模式的先进经验，结合我国化妆品产业现状和监管能力，"中国药品监管科学行动计划"正在有序实施，稳步推进。

首批行动计划的重点项目是开展化妆品安全性评价方法研究。该项目的重点研究领域包括调查国际替代方法现状，开展我国替代方法体系研究；制定化妆品风险评估指导原则，初步搭建我国化妆品风险评估体系；逐步建立植物提取物原料质量标准体系，规范化妆品原料的技术要求；研究制定与《条例》相配套的规范性法规文件及技术指南，解决我国化妆品注册备案制度中的技术问题，建立符合我国国情及行业发展的注册备案管理体系；开展化妆品不良反应风险监测研究，形成化妆品不良反应风险报告工作体系，初步探索不良反应判定标准研究；以化妆品标准体系、注册备案体系和上市后监管体系等方面研究成果为基础，对当前化妆品领域的发展进行系统分析，研判化妆品前沿技术发展方向，形成化妆品中长期发展战略规划。

按照聚焦前沿、突出重点、强化实效、稳步推进的原则，中国药品监管科学行动计划第二批重点项目开始实施，其中包括化妆品新原料技术指南研究和化妆品安全监测与分析预警方法研究。重点研究领域包括开展化妆品新原料质量标准、创新技术化妆品新原料关键技术要点、安全性评价以及化妆品不良反应判断标准和安全风险分析预警方法等研究，形成我国化妆品新原料质量标准体系发展规划和相关质量标准、创新技术化妆品新原料技术指南和审评指导原则、化妆品风险物质在线筛查平台、化妆品不良反应判断标准等，提高我国化妆品监管的科学性和有效性。

我国在化妆品监管科学重点领域整体规划和持续投入，通过阶段性成果的收获，加快创新监管工具、标准和方法，进一步提升药品监管能力和水平，更好满足公众健康需要。

三、我国化妆品监管科学研究内容及成果

首批"中国药品监管科学行动计划"重点项目之一，化妆品安全性评价方法研究，由国家药监管化妆品监管司牵头，中国食品药品检定研究院负责实施。在12家项目合作单位的努力下，制定了化妆品监管科学行动方案，分为化妆品安全性评价和风险评估标准体系研究、注册备案管理体系研究、不良反应监测体系研究、化妆品监管科学中长期发展规划等四个子项目实施。项目始终围绕化妆品安全监管的核心，紧盯国际新技术，顺应化妆品产业发展规律，落实《化妆品监督管理条例》发布实施的新要求，结合监管急需，统筹考虑，科学规划，有目的、有计划、有针对性地开展各项研究工作。通过首批化妆品监管科学行动计划，共取得以下研究成果。

开展了替代毒理学方法体系研究，起草制定相关规范性文件，并开展替代方法的研究与验证工作，解决非特殊用途化妆品备案的急迫技术需求。在坚持科学性和可行性的基础上，结合我国化妆品行业现状，引入了国际上先进的风险评估理念和技术，制订《化妆品风险评估技术导则》。为配合《条例》的发布实施，先后研究起草并发布了《化妆品分类规则和分类目录》《化妆品功效宣称评价规范》《化妆品标签管理办法》《儿童化妆品监督管理规定》等配套性法规文件，确保《条例》落地生根。开展化妆品中植物原料使用情况的风险监测，从质量控制方法入手，建立了牡丹籽油和沙棘籽油等原料的技术要求，为规范和促进我国特色植物资源的应用提供技术支撑。

围绕《条例》，结合行业发展需求、科学技术前沿、国际法规对比，建立起政策法规和监管技术体系，起草完成配套法规文件《化妆品注册管理办法》《化妆品注册备案资料管理规定》《化妆品新原料注册备案资料管理规定》等，并由国家药品监督管理局发布实施。进一步研究探索化妆品智慧审评体系，根据化妆品智慧审评规划蓝图，建立起一批智慧审评要点，梳理数字化审评逻辑，研究数据库整合利用和系统对接，以高通量智能比对和数据挖掘，不断加强信息系统对化妆品审评和监管工作的支撑作用。

同时，开展了化妆品不良反应监测工作，组织制定了《化妆品不良反应监测管理办法》并实施，同时形成了其他有关化妆品不良反应的技术规范和

判断标准（草案），以有效指导各级不良反应监测机构开展化妆品不良反应监测工作。

针对我国化妆品监管实际问题，初步提出了化妆品中长期监管科学发展规划基本思路。

通过首批化妆品监管科学行动计划，完成了多项调研报告和规范性文件，形成了一批监管新工具、新标准和新方法，进一步完善了化妆品安全性评价体系，为行业高质量发展及监管能力提升提供了技术支撑。

2021年6月，国家药品监督管理局着手实施中国药品监管科学行动计划第二批重点项目。其研究方案分为化妆品原料质量标准及标准体系发展规划、创新技术新原料安全性评价体系、安全监测与分析预警方法研究、化妆品不良反应判断标准建设以及化妆品检查技术支撑体系构建研究共五大部分。由国家药品监督管理局牵头，中国食品药品检定研究院、药品评价中心、食品药品审核查验中心共同实施，合作单位包括药检机构、高校、医院、省级监管部门等共16家，在多方协作下，目前第二批行动计划还在稳步推进中。

四、化妆品监管科学研究展望

在化妆品监管法规体系不断完善的背景下，随着"中国药品监管科学行动计划"的有序实施，以及化妆品监管科学研究基地和重点实验室持续优化布局，我国化妆品监管科学的发展驶入了快车道。以监管科学服务决策，实现化妆品监管能力建设现代化，已成为化妆品监管领域的共识。为更好地促进化妆品监管科学的发展，在现有监管科学体系建设基础之上，可以从以下两方面继续加强研究，全方位推进我国化妆品监管科学的高质量发展。

1. 加强国际合作交流

为更好地推进化妆品监管科学，有必要加强与其他国家监管机构和国际组织的合作和交流，建立对话和沟通机制，参与重点领域研究，不断提高我国在化妆品领域的监管水平。2020年，国家药品监督管理局以观察员身份参加国家化妆品监管联盟（ICCR）年度会议，加入了ICCR框架下的3个技术工作组，我国化妆品监管的国际影响力和话语权逐步提升。

因此，今后需要继续深化与国外监管部门及国际组织的合作交流，学习、借鉴其监管科学的优势，结合我国化妆品监管现状，在探索中发展形成具有中国特色的化妆品监管科学体系。加强监管科学的国际交流，按照平等互利原则开展项目合作、参与标准制定，不断提升我国化妆品监管能力水平，提升我国的国际影响力，使我国在全球范围内拥有更多话语权，走出一条顺应国际发展趋势、符合中国特色的化妆品监管科学之路。

2. 创新型化妆品原料的监管科学研究

随着技术的发展，基于纳米技术、生物技术等先进技术的创新型化妆品原料越来越多。加之人们对绿色天然概念的青睐，植物原料也逐渐成为化妆品原料中的重要组成部分。《化妆品监督管理条例》鼓励和支持运用现代科学技术，结合我国传统优势项目和特色植物资源研究开发化妆品。原料是化妆品创新的源头，我国的化妆品新原料在基础研究、监管技术等方面还存在许多不足之处，尤其是在植物性原料、纳米原料和生物技术等新原料的风险评估和质量评价方面仍旧十分匮乏。因此，需要根据创新型化妆品原料的特点和监管难点，不断完善相关方法标准、管理清单和技术规范等必要的技术支撑体系，提出科学评价其有效性和安全性的新工具、新标准和新方法，构建创新型化妆品原料的监管科学体系。

未来，在国家药品监督管理局的指导下，我国的化妆品监管科学工作，将充分整合监管科学的技术优势，始终坚持以创新推动监管，从理念、技术、法规等多个方面，推动化妆品监管科学的发展，从而建立起一套高效而有自身特色的涵盖化妆品全生命周期的监管科学体系。始终坚持人民至上，推动我国化妆品产业高质量发展，更好地满足我国人民群众的美丽消费新需求。

（作者单位：中国食品药品检定研究院）

2021年我国化妆品安全评价工作进展

陈亚飞　宋钰　张凤兰

摘要： 化妆品技术审评是化妆品监管中的重要环节和有力支撑，专业性、技术性较强。2021年，面对化妆品新法规变化和不断涌现的新业态、新产品、新问题，中国食品药品检定研究院多措并举，在有序开展化妆品受理和审评、落实新原料注册和备案并行管理、实现化妆品审评外审制向内审制转变、推进审评技术标准体系建设、加强国产普通化妆品备案质量抽查、持续推进智慧申报审评信息化建设等方面开展了大量卓有成效的工作，本文将对上述重点工作做详细介绍。

关键词： 化妆品　技术审评　新原料注册和备案

2021年是化妆品法规建设之年，《化妆品监督管理条例》（以下简称《条例》）于1月1日正式施行，掀开化妆品行业发展的新篇章，20余部《条例》配套规章规范性文件相继出台。为顺应我国化妆品产业的快速发展，满足人民日益增长的美好生活需要，中国食品药品检定研究院（以下简称中检院）针对新法规变化和不断涌现的新业态、新产品、新问题，积极适应对行业规模和监管需求，多措并举，不断优化审评工作程序，提升服务质量和效率，让企业人员少跑腿，切实提高行政相对人满意度。

一、有序开展化妆品受理和审评工作

面对新法规实施带来的挑战，中检院紧跟新形势新要求，积极采取应急保障措施，不断优化审评工作程序，提升服务效率和质量。在新旧法规衔接之际，中检院在审评实践中适时优化内审员岗位分工，加速实现外审转内审，积极调整审评模式，将审评会议转化为专家咨询会议，由审评专家审产品转变为内审员有异义时咨询专家意见，单次会议时间由 5 天缩短为 3 天，每月审评数量由 300 余件增至 500 余件，显著提高了审评效率和工作质量。同时，为应对新旧法规过渡期导致注册人突击申报等困难，中检院内审员经常"白加黑"加点干、"5+2"加班干，最终圆满完成全化妆品注册审评工作，继续保持"零积压"的工作目标，守住了"时限"红线。

（一）受理情况

2021 年共受理化妆品和新原料相关的注册申请共 11509 件次。其中，化妆品注册申请 11503 件次（国产化妆品 8893 件次，进口化妆品 2610 件次），新原料注册申请 6 件次（国产新原料 2 件次，进口新原料 4 件次）。

2021 年化妆品首次申报申请受理量为 5841 件次，占 2021 年全年注册申请的 50.73%，同比增长 1.74%（2020 年为 5741 件次）；补充资料后延期再审、批件变更和批件延续分别占全年注册申请的 23.33%、11.87% 和 11.12%，申请注销等其他类别合计占全年注册申请受理业务量的 2.86%。2021 年化妆品和新原料注册申请受理相关数据见表 1。

表 1　2021 年化妆品和新原料注册申请受理情况

类别	申报类型	旧系统受理数量（件次）	新系统受理数量（件次）	两系统受理数量合计（件次）
化妆品	首次申报	3299	2542	5841
	补充资料后延期再审	2565	121	2686
	批件变更	984	383	1367
	批件延续	562	718	1280
	申请注销等其他	74	255	329
新原料	首次申报	0	2	2
	补充资料后延期再审	4	0	4
合　计		7488	4021	11509

（二）审评情况

2021 年，中检院共完成化妆品注册审评 8990 件，涉及原化妆品行政许可管理系统中的化妆品 8318 件（国产产品 6249 件，进口产品 2069 件），其中首次申报产品 4019 件，占 48.32%；补充资料后延期再审产品 2900 件，占 34.86%；批件变更产品 1124 件，占 13.51%；注销等其他类别产品 275 件，占 3.31%。同时，按照《化妆品注册备案资料管理规定》《特殊化妆品技术审评要点（试行）》要求，完成智慧申报审评系统中的化妆品注册审评 672 件（国产产品 581 件，进口产品 91 件），其中首次申报产品 507 件，占 75.45%；批件变更产品 68 件，占 10.12%；注销等其他类别产品 97 件，占 14.43%。化妆品审评相关数据见表 2。

表 2   2021 年化妆品各类申报审评情况

申报类型	原化妆品行政许可管理系统		智慧申报审评系统	
	件数	百分比（%）	件数	百分比（%）
首次申报	4019	48.32	507	75.45
补充资料后延期再审	2900	34.86	0	0
批件变更	1124	13.51	68	10.12
注销等其他类别	275	3.31	97	14.43
总计	8318	100	672	100

在新旧法规衔接之际，我们发现申请人对规定中有些内容的理解尚不到位，对有些要求的把握尚不准确，对提交注册资料的撰写尚不规范等情况，导致特殊化妆品注册审评通过率低的现象；也有行业低小散乱还未彻底改变的现状，导致申请资料内容不符合相关法规的要求。为此，中检院积极倡导申请人加强对新法规和相关配套规范性文件的学习，了解新内容，掌握新要求，规范撰写申请资料；积极加强与行业的交流和沟通，开展对相关法规文件的宣贯，在有关平台上发布相关释义和政策问答，并就行业关心或有疑惑的地方进行交流与沟通；或调整内部工作程序，将技术审评中发现的共性问题前移至受理阶段，节省申请人补充资料的时间，提高进入审评环节申报资料的质量。

二、落实新原料注册和备案并行管理

积极落实《条例》关于鼓励和支持行业创新发展的有关要求，化妆品新原料拉开注册备案双轨制帷幕，新原料上市提速。化妆品新原料管理模式由过去统一的行政许可制调整为按风险程度高低分别实行注册制和备案制管理。在新法规实施前期，中检院已组织起草了新原料技术审评/审查要点、审评指导原则和备案后审查程序等文件，统一标准，凝聚共识，为新原料审评工作的顺利进行提供技术支撑和指导。自新规实施半年多以来，2021 年有 6 个化妆品新原料备案通过并对外公示，进入安全监测期，与新规实施之前十余年间仅批准 8 个新原料相比，新原料的上市速度明显加快，有效解决了化妆品新原料审批难这一长期困扰我国化妆品行业发展的"卡脖子"问题，为我国化妆品行业创新注入活力，大大激发了新原料企业研发的积极性，同时提升了我国化妆品行业的国际竞争力。在化妆品新原料注册资料受理和备案资料整理阶段，中检院在咨询专家的帮助下，对新原料注册备案范围，新原料情形归属等问题进行综合精准判定，受理新原料注册申请 4 件次，完成新原料注册备案资料整理 70 余件次（涉及 37 个新原料）。在化妆品新原料技术审评核查阶段，对覆盖面广、专业性强的注册备案资料详细研讨，反复论证，严谨出具审评核查结论，切实把好新原料质量安全关。此外，新原料备案通过后，中检院随即按照《化妆品注册备案管理办法》《化妆品新原料注册备案资料管理规定》原则和要求，对上述新原料陆续开展新原料备案后技术审查。

三、实现化妆品审评外审制向内审制转变

中检院化妆品安全技术评价中心刚成立时，主要沿用原国家中药品种保护审评委员会的外部专家大会审评模式，也就是"外审"模式。为推进化妆品审评外审制转内审制改革，中检院多措并举，确保外审制转内审制工作平稳过渡。一是加强队伍能力建设。通过对内审员开展法律法规、审评要点和安全性评价等方面的各种培训，使内审人员具备独立承担审评工作能力；通过初审和复审，切实保证内审工作质量；通过咨询审评专家，不断提高内审工作效率；通过技术审评大会，扎实培养内审人员综合审评能力。通过上述多种举措，内审员能力素质得到大大提升。二是完善各项内控制度。为确保内审制审评体系落地生根，中检院化妆品安全技术评价中心首先制定和完善了一系列化妆品内审工作制度和工作程序，共制定程序文件 14 个和操作规范

32 个。2021 年，根据新法规的变化，再次对相关工作制度和程序进行了修订，同时还结合化妆品技术审评工作的实际情况，制定一系列技术审评要点、指导原则，提升审评工作的公正性、规范性和工作效率。三是建立咨询专家制度。为保证内审工作质量，中检院还建立了化妆品咨询专家制度。2021 年通过遴选，中检院对外公布了化妆品技术审评咨询专家共有 203 人。为加强对审评咨询专家的管理，中检院根据咨询专家审评工作经历、工作质量和表现，并结合专业考核成绩对专家实行分级管理，并将专家分级名单嵌入化妆品智慧申报审评系统，便于今后开展化妆品技术审评咨询工作。四是加强审评廉政风险防控。按照受理日期先后安排审评上会，防止人为"加塞"；签订廉洁保密协议或廉政承诺书，加强化妆品注册备案资料信息的管理；针对性制定审评廉政风险防控管理规定等，明确了内审员廉洁自律禁止性规定或应回避的情形；积极构建"亲""清"新型政商关系，建立化妆品注册申请人注册申请廉洁合规要求提示机制，夯实公正廉洁审评的外部风险防控网。通过一系列制度措施，为内审制审评体系的实施提供了依据和准则，也为提高工作效率、防患风险提供了保障。最终，中检院实现了以内审员为主、专家咨询为辅的"内审模式"，为后续保障审评尺度一致和审评质量高效奠定基础。

四、扎实推进审评技术标准体系建设

在《条例》颁布实施后，将《条例》的各项要求细化好、贯彻好离不开相关的配套文件，需要在《条例》的根基上添砖加瓦、开枝散叶，助力搭建好化妆品法规体系的"四梁八柱"，特别是及时起草发布《化妆品新原料注册备案资料管理规定》和《化妆品注册备案资料管理规定》，对化妆品新原料注册备案资料进行细化规定，促进行业健康规范高质量发展。为此，中检院深度参与了上述配套文件制订。在国家药品监督管理局指导下起草了《化妆品注册备案资料管理规定》和《化妆品新原料注册备案资料管理规定》，对化妆品和新原料注册备案资料内容进行细化规定。发布两个资料规定后，中检院积极派员参加相关法规的宣贯，有力促进了化妆品监管人员和行业从业人员对新法规的理解，有效规范了化妆品和新原料注册备案。同时，中检院还积极强化细化化妆品审评技术标准体系建设，统一审评尺度，完成了包括《特殊化妆品技术审评要点（试行）》《化妆品新原料技术审评要点（试行）》《化妆品新原料备案后技术审查要点（试行）》以及《防晒类特殊化妆品技术指导原则（试行）》《发酵工程来源化妆品新原料技术指导原则（试行）》等10余项化妆品和新原料技术指导原则的起草，进一步提高审评质量和审评效率。下一步，中检院还将计划按照"十四五"规划要求，研究制订化妆品新原料安全评价指南以及有关系列技术指导原则，进一步加快健全完善技术审评标准体系，为化妆品和新原料审评工作提供技术支撑。

五、加强国产普通化妆品备案质量抽查

为规范普通化妆品备案管理工作，确保新旧备案平台有序衔接，中检院于2021年开始首次承担国产普通化妆品备案质量抽查工作。根据《普通化妆品备案质量抽查工作制度（试行）》要求，在国家药品监督管理局化妆品监管司的指导下，圆满完成了本年度质量抽查工作。

2021年，按照新法规要求，普通化妆品备案由事前"保姆式"审核依法回归为事中事后监管，强化企业主体责任。结合化妆品新旧法规交替过渡以及化妆品新旧系统转换的实际情况，将2021年第一和第二季度、第三和第四季度的备案质量抽查工作分别合并开展，并调整抽样时间范围，以便于系统抽样以及问题的分类和统计分析，使该项工作在特殊的法规背景下更具操作性。为客观评价各省备案工作质量，将问题评价分类进一步进行了优化，根据不同情形将问题分为四类，第一、二、三类问题纳入评分范围，第四类问题仅作为待规范或待明确问题提出。本年度共抽取2218个品种，发现问题588个，待规范事项41个。其中，第一和第二季度共抽取旧系统中产品1040件，主要是对备案后技术审查质量进行抽查，审核依据为"国产非特殊用途化妆品备案要求"及历次"国家药品监督管理局关于国产普通化妆品备案质量抽查情况的通报"。第三和第四季度共抽取新系统中产品1178件，主要是对备案受理资料整理阶段质量进行抽查，审核依据为《化妆品注册备案资料管理规定》和国家药品监督管理局综合司2021年9月发布的《关于进一步加强普通化妆品备案管理工作有关事宜的通知》。此次备案质量抽查工作是第一次对备案资料整理环节进行质量抽查，也是新法规实施后开展的第一次备案

质量抽查。通过加强化妆品备案质量抽查，对于统一备案资料尺度、规范备案管理行为、提高备案工作质量，确保上市快、责任清、管得好、质量高等方面发挥了积极作用，对加强全国审评队伍能力建设也具有重要意义。

六、持续推进智慧申报审评信息化建设

为弘扬国家药品监督管理局智慧监管创新理念，加强信息化支撑，方便企业申报，中检院积极建设"化妆品智慧申报审评系统"，有效提高化妆品注册效率和质量。该系统结合条例及配套法规实施，将法规标准智能嵌入系统，首次实现化妆品资料的电子化、规范化填报，打通企业、受理、审评、审批、制证等全流程业务环节电子化。系统平台通过引入数字认证证书和证书授证中心（CA）签章，企业可以电子签章代替实体签章，直接生成具有法律效力的电子资料，除进口产品自由销售证明等极少数第三方证明文件外，企业不再需要递交纸质资料，省去了大量纸质资料的使用。在审评环节，内审员依据企业提交的电子资料可直接出具意见。流程结束后，工作人员由系统将电子资料"一键打印"，与审评审批意见等一并归档。该系统自上线以来，相关资料均通过新平台报送，实现了化妆品电子资料的"直达式"提交和"无缝式"流转，化妆品注册备案管理工作进入新时代。在此基础上，还进一步结合《条例》配套法规和技术文件制修订工作，积极开展智慧审评研究，开展 20 余项数据库的研究整合工作，对各项资料的填报方式进行优化，以智能化手段提升审评效率和审评质量。

该化妆品智慧申报审评系统的上线，不仅改变了资料申报方式，为企业提供切实便利，让数据多跑路、企业少跑腿、群众得实惠，同时也将长远影响我国化妆品技术审评和监管工作模式，极大地提升了全程效率，推动了大数据在化妆品监管中的应用。该系统荣获"2021 年全国药品智慧监管典型案例"。

（作者单位：中国食品药品检定研究院）

2021年我国化妆品标准体系建设工作进展

路勇　孙磊　邢书霞

摘要： 筹建全国化妆品标准化技术委员会，启动技术规范委员组建工作，推动技术规范修订和换版工作，搭建化妆品补充检验方法的组织体系，开展舆情应对及风险分析，参与化妆品国际交流合作，推动标准体系各项工作，支撑化妆品监管工作和行业发展。

关键词： 化妆品　标准　规范　补充检验方法

2021年是我国化妆品"法规建设年"。随着《化妆品监督管理条例》的正式实施，化妆品行业发展工作掀开崭新的一页。标准是监管和行业发展的基础和前提，为确保化妆品各项新规落地实施，2021年，中国食品药品检定研究院（以下简称中检院）以"守底线保安全，追高线促发展"的科学监管理念为宗旨，统筹推动化妆品标准体系各项工作。

一、筹建全国化妆品标准化技术委员会，启动化妆品技术规范委员的组建工作

为保障标准间协调一致、促进行业高质量发展，中检院对现有化妆品和牙膏标准技术委员会的相关职能进行优化整合，拟组建全新的化妆品相关标准化技术委员会，统一承担化妆品和牙膏国家标准管理工作。中检院还与有关部门和行业协会加强沟通协调，按程序申请筹建全国化妆品标准化技术委员会（以下简称标委会），同时启动化妆品技术规范委员的组建工作，在全国范围内公开遴选化妆品技术规范委员会委员，为打造化妆品国家标准和技术规范在内的科学权威的技术标准体系奠定基础。

二、深入推进标准提高计划，推动标准制修订工作

中检院组织召开全体标委会审议通过了《化妆品中甲基异噻唑啉酮等23个组分检验方法》等15项检验方法，已于2021年3月发布纳入技术规范，应用于化妆品监管工作，弥补了化妆品注册工作检验方法的不足。同时对近几年委托未结题的标准方法进行梳理，指导解决标准制修订工作中的问题，推进标准制修订工作尽快完成。完成了《油包水类产品的pH值测定方法》等6项检验方法的结题和公开征求意见，待全体标委会审议通过后即可发布实施。

通过梳理公开征集的近300条《化妆品安全技术规范》（以下简称《技术规范》）修订建议，结合化妆品所根据日常检验工作、注册备案需要及替代方法最新研究进展梳理出的方法修订建议，提出了《技术规范》制修订建议表，共82项，经过标委会研讨审评，确定对其中的29项《技术规范》相关的方法予以立项，包括理化类13项、毒理类15项、人体类1项。经公开遴选、标委会会议答辩、最终无记名投票确定项目承担单位。通过此次标准制修订，基本解决了目前标准之间的冲突和注册备案急需的标准缺失问题。此外，除因特殊原因不宜转化的方法外，经济合作与发展组织（OECD）所发布的化妆品相关替代试验均安排进行转化。

三、启动技术规范的换版修订工作

为落实《条例》及相关配套工作文件的创新制度和监管理念，梳理整合《化妆品安全技术规范（2015年版）》发布以来动态调整的内容，解决监管工作和行业发展存在的不适应问题，启动《化妆品安全技术规范》（以下简称《规范》）的换版修订工作。制定了《规范》修订工作方案，依托国家药品监督管理局和化妆品标委会，由国家药品监督管理局和中检院领导牵头，根据规范各章节内容设置成立八个工作组，每个工作组以标委会秘书处为主体，同时组织邀请多次参与标准方法制修订工作的国家药品监督管理局化妆品重点实验室参与。制定完成后，邀请国家药品监督管理局化妆品重点实验室、化妆

品企业代表和行业协会就主要修订内容征集意见，并组织召开化妆品标委会专家会议对修订内容进行审议，形成《化妆品安全技术规范（2022版）》（征求意见稿）、制修订说明及规范修订内容对照汇总表。

四、搭建化妆品补充检验方法组织管理体系，开展方法制定工作

化妆品补充检验方法主要针对可能掺杂掺假的化妆品，以及可能使用禁止用于化妆品生产的原料生产的化妆品，可用于化妆品抽样检验、质量安全案件调查处理和不良反应调查处置等，其检验结果可作为执法依据。为配合《化妆品监督管理条例》施行，加强工作过程规范化管理，中检院起草了《化妆品补充检验方法管理工作规程》，已于2021年4月正式发布。同时，建立了"国家化妆品补充检验方法和检验项目管理系统"，实现了方法从立项到发布的全过程电子化流转；组建了补充检验方法专家组，确定了83名监管和技术专家；确定了化妆品抽样检验复检机构和化妆品风险监测工作组成员单位共19家机构为化妆品补充检验方法首批验证机构；开展了化妆品补充检验方法工作宣贯，培训约1300人次。

2021年共收到方法申报4项，其中2项已批准发布，特别是《化妆品中本维莫德测定方法》的研制工作，做到了方法申报与审查的无缝衔接，为案件办理提供了及时有效的技术支撑，受到国家药品监督管理局的表彰。

五、针对化妆品舆情信息，开展风险分析研判

针对国际化妆品法规调整，舆情信息、投诉举报、案件调查等突发化妆品安全事件，及时开展专项风险监测和风险评估工作，如限用原料吡硫鎓锌、禁用原料苯、禁用原料黄体酮等，为全面掌握情况、回应社会关切提供技术支持，同时为标准的制修订提供技术储备。

六、追踪国际化妆品监管动态，为我国监管调整提供参考

为及时了解国际化妆品监管法规的最新动态，关注全球化妆品方面的热点问题，中检院以欧、美、日、韩等化妆品行业相对发达国家和地区为对象，开展国际化妆品法规追踪研究工作。重点收集化妆品监管部门发布的法规及其修订案、权威技术机构发布的安全风险评估结果等内容，与我国情况进行对比分析，开展技术发展趋势研究，提出因法规、标准不同我国可能面临的问题，形成各季度追踪报告，为我国监管措施和监管重点的调整等提供参考。

七、起草《条例》配套规范性技术文件，确保新理念落地实施

为落实《化妆品监督管理条例》要求，协助起草了《化妆品安全评估技术导则》《化妆品功效宣称评价规范》《化妆品分类规则和分类目录》等配套技术文件，已于2021年4月正式发布，为化妆品监管新理念的平稳落地提供技术支撑。

八、原料目录等技术规范进一步完善，切实保障产品质量安全

中检院广泛收集、调研行业使用原料情况，参考借鉴《中国药典》《中国植物志》《国际化妆品原料字典与手册》，修订《已使用化妆品原料目录》，收录原料8972种，其中新增189种，重新规范名称信息517种，为7278种原料添加了最高历史使用量或提出按照技术规范的要求使用，为判定新原料提供参考依据，进一步为行业开展安全风险评估提供技术支撑，满足监管和行业发展需要。

结合最新评估结果、国内外化妆品监管要求及变化，遵循从严管理的原则，修订《化妆品禁用原料目录》，共计收录1393个禁用原料，其中新增了18种禁用组分，对14种化妆品禁用原料进行规范或勘误，对27个禁用植（动）

物原料进行统一规范，为严厉打击不法企业添加《化妆品禁用原料目录》中具体药物名称外的药物，对易发生非法添加的抗感染药物、激素和抗组胺药，进行类别管理。

两个目录的更新，强化了风险管理意识，从源头上防范可能影响化妆品质量安全的关键因素。

九、持续深入化妆品国际交流合作，助力提升技术能力

2020 年，国家药品监督管理局以观察员身份加入国际化妆品监管合作组织（ICCR）活动后，中检院深度参与"化妆品原料风险评估整合策略"和"消费者沟通"等工作组的交流活动，并形成阶段性汇报工作机制，对 ICCR 的科学研究成果和监管经验进行研究分析编制工作报告，为进一步增强我国化妆品法规和标准工作的前瞻性、敏锐性、灵活性和适应性提供参考。

为增进中、英、欧三方化妆品行业对我国法规的理解，中检院与英国驻华使馆、中国欧盟商会代表开展了化妆品法规技术领域合作交流，开展化妆品技术和政策交流，充分吸收借鉴有益经验，助力提升我国化妆品行业的安全评价能力。

（作者单位：中国食品药品检定研究院）

2021年化妆品注册和备案检验检测机构能力考评概况

路勇　孙磊　冯克然　吴晓鸣

摘要： 为进一步规范化妆品注册和备案检验工作，2019年，国家药品监督管理局制定发布了《化妆品注册和备案检验工作规范》，提高了注册和备案检验的工作效率，为化妆品安全监管提供了更有力的技术支撑。同时，相关管理措施强化了对注册和备案检验检测机构的"事后监管"。为此，2021年，中国食品药品检定研究院组织开展了化妆品注册和备案检验检测机构能力考评，考评结果满意率为78.0%。通过开展能力考评及后续监督工作，检验检测机构改进提高了自身质量管理水平，进一步保证了检验结果准确、可靠。

关键词： 化妆品　能力考评　能力验证

一、背景及机构管理方式调整

根据原国家食品药品监督管理局发布的《化妆品行政许可检验管理办法》（国食药监许〔2010〕82号）等要求，2010—2019年，化妆品行政许可检验机构、国产非特殊用途化妆品备案检验机构的确定，分别采取资格认定、指定的方式进行，该管理模式在一定时期内有效地支撑了化妆品注册和备案工作，但也逐渐造成了检验资源分配不均，从而导致检验积压、排队现象比较严重，对化妆品产品上市进度造成了一定影响。

为切实深化"放管服"改革，进一步规范化妆品注册和备案检验工作，2019年9月，国家药品监督管理局制定发布了《化妆品注册和备案检验工作规范》（以下简称《工作规范》），取消了原有的机构资格认定、指定，同时规范了检验项目及要求，以期提高检验工作效率，使注册和备案检验为化妆品安全监管提供更为有力的技术支撑。

根据《工作规范》，承担化妆品注册和备案检验的技术机构，必须取得检验检测机构资质认定（CMA），且认定的能力范围应满足化妆品注册和备案检验工作需要等。具备条件的机构可通过"化妆品注册和备案检验信息管理系统"（以下简称信息系统）提交备案信息，对备案信息检查确认后，机构即可承担化妆品注册和备案检验工作。

二、现状及相关监管措施

截至2022年1月末，通过信息系统进行备案的机构共310余家，出具的检验报告达110余万份，有效减少了之前的排队和积压。同时，国家药品监督管理局根据《工作规范》加强了"事后监管"，2020—2021年，组织实施了国家级飞行检查，并安排了省级日常监督检查，国家、各省两级监督检查共依规暂停了14家问题较严重机构的信息系统使用权限，对机构加强自身质量管理起到了督促作用，也对行业内其他机构起到了警示作用。

除监督检查外，能力考评也是对化妆品注册和备案检验检测机构"事后监管"的重要抓手。根据《工作规范》第二十二条，能力考评指利用能力验证、实验室间比对、盲样测试和留样复测等方式，按照预先制定的准则对检验检测机构的能力进行考核评价。中国食品药品检定研究院（以下简称中检院）是中国合格评定国家认可委员会（CNAS）认可的能力验证提供者，可授权开展能力验证计划活动，并按照《合格评定 能力验证的通用要求》（ISO/IEC 17043:2010）进行运作。

2021年，根据相关工作安排，中检院组织第一次开展了化妆品注册和备案检验检测机构能力考评。本次能力考评选取了化妆品注册和备案检验中应用范围最广、机构具备资质最多的理化和微生物检验项目进行能力验证，项目为"化妆品中镉的测定"和"化妆品中耐热大肠菌群检验"。

三、能力考评结果及结果分析

（一）总体情况

在应参加能力考评的化妆品注册和备案检验检测机构中，绝大多数机构按要求报名参加了考评且报送了全部 2 项考评结果，6 家机构无特殊原因未参加，3 家机构报名参加了考评但未报送全部或部分结果，另有 1 家机构受新冠肺炎疫情影响未能报送结果。

在报送了全部 2 项考评结果的机构中，37 家存在不满意结果，另有 12 家为理化项目结果"可疑"；考评结果总体满意率为 78.0%，从行业内多次开展能力验证情况看，大多数项目的结果满意率在 70%~85%，本次考评结果的满意率无异常。

（二）化妆品中镉的测定

通过对各机构提交的能力考评实验原始记录进行分析，从样品前处理方法看，80.8% 的机构采用微波消解法，16.1% 的机构采用湿式消解法，3.1% 的机构采用浸提法，这 3 种前处理方法的最终检测结果满意率无明显差别。从试液检测方法看，58.2% 的机构采用火焰原子吸收法，41.8% 的机构采用电感耦合等离子体 – 质谱法（ICP-MS），运用 t 检验技术进行统计分析，两种检测方法所得结果未见显著性差异。

综合考虑影响该实验结果的关键因素，通过对实验原始记录进行分析，结果不理想的机构主要存在以下问题：标准曲线溶液的浓度设计不合理、标准物质期间核查不到位、仪器性能状态不达标等。

（三）化妆品中耐热大肠菌群检验

经统计，在该项目的不满意结果中，89.3% 为出现假阴性结果，即阳性结果未能检出。通过查看实验原始记录可发现，大多数结果不满意实验室未设置随行空白对照实验（即阴性对照实验）和阳性对照实验来进行实验质控监测。部分机构虽然进行了阳性对照实验，但其阳性对照菌的含量设置过高，而考评样品的阳性菌含量相对略低，从而导致阳性对照的参考性较差。根据《化妆品安全技术规范》（2015 年版），设置对照实验并不是强制性要求，但是实验室在面对能力考评等重要质量评价性活动时，应提高重视程度，尽可能采取质控监测。另外，原始记录显示，部分机构的培养箱温度控制性能不佳、试剂性能下降等可能是造成结果不满意的主要原因。

四、下一步工作打算及建议

（1）中检院将认真总结备案信息检查、开展飞行检查、实施能力考评等的工作经验，不断改进优化工作方式，密切配合做好后续化妆品注册和备案检验检测机构管理工作。

（2）对于在监督检查、能力考评中被发现问题的化妆品注册和备案检验检测机构，建议其认真分析查找原因，采取有针对性的、完善的整改或预防措施，并验证改进效果，进一步提高自身质量管理水平。

（3）根据相关工作安排，下一步将重点关注化妆品注册和备案检验检测机构工作规范化，进一步捋顺管理机制，确保检验结果准确、可靠。

（作者单位：中国食品药品检定研究院）

我国化妆品安全风险监测概况

路勇　孙磊　王海燕　张伟清

摘要： 作为化妆品上市后监管的重要手段之一，化妆品安全风险监测工作在发现化妆品存在的潜在的、系统性的风险，为监管部门制定化妆品质量安全监管及风险控制措施方面提供科学依据，为化妆品标准制定和完善、补充检验方法立项起草提供方向和参考等方面发挥了重要的作用。本文从化妆品安全风险监测工作的法律地位、现状、近期工作及未来的发展方向等几个方面，阐述了我国化妆品安全风险监测工作的概况。

关键词： 化妆品　安全监管　风险监测

化妆品安全风险监测工作是对影响化妆品质量安全的风险因素进行的国家级监测和评价活动，在我国化妆品上市后的安全监管方面发挥着重要的作用。化妆品安全风险监测在为监管部门制定化妆品质量安全监管及风险控制措施方面提供科学依据，同时也为化妆品标准制定和完善、补充检验方法立项起草提供方向和参考，为发现化妆品存在的潜在的、系统性的风险提供技术支撑，保障公众用妆安全。

一、化妆品安全风险监测工作的法律地位

2021年1月1日起施行的《化妆品监督管理条例》（以下简称《条例》），是我国化妆品发展史上具有里程碑意义的法律文件，《条例》的颁布实施，将进一步推进我国化妆品监管科学化、法治化、国际化和现代化进程。《条例》第五十三条明确提出，国家建立化妆品安全风险监测和评价制度，对影响化妆品质量安全的风险因素进行监测和评价，为制定化妆品质量安全风险控制措施和标准、开展化妆品抽样检验提供科学依据。这也是首次赋予化妆品安

全风险监测工作明确的法律地位。

二、化妆品安全风险监测工作现状

自 2018 年以来，化妆品安全风险监测工作从每年 600 批次已发展到目前接近每年 2000 批次的监测规模。安全风险监测类别的选择也从最初的"全面撒网，多点监测"到目前的坚持以问题为导向，向儿童化妆品、祛斑美白类、宣称抗皱祛痘类等高风险重点品种集中，并注重新方法的开发与应用。

近年来，化妆品风险监测的形式与手段也在不断创新，已形成了年度计划监测与专项监测相结合的安全监测新模式，既确保了化妆品安全风险监测年度任务的连续性和计划性，又兼顾了化妆品应急监管需要的机动性和灵活性。随着我国对化妆品安全监管力度的不断加大及监管形势的变化，化妆品安全风险监测的问题发现率呈逐年下降趋势，化妆品上市后的质量安全呈逐年向好态势。

三、2021 年化妆品安全风险监测工作情况

2021 年化妆品安全风险监测工作对面膜类化妆品、保湿类化妆品、网红护肤类化妆品、婴幼儿和儿童化妆品等 18 个类别化妆品的安全性问题进行了监测。由中国食品药品检定研究院（以下简称中检院）具体组织实施，中检院、上海市食品药品检验研究院（以下简称上海院）、湖南省药品检验检测研究院（以下简称湖南院）、广东省药品检验所（以下简称广东所）、四川省食品药品检验检测院（以下简称四川院）和深圳市药品检验研究院（以下简称深圳院）6 家化妆品风险监测成员单位共同完成。

主要对近年监管工作发现问题较多、宣称功效易于发生非法添加、使用方式和使用原料存在较高安全风险、国外法规调整涉及的化妆品和牙膏产品进行监测，采样场所兼顾线下和线上，线下重点对批发市场、零售连锁店、美容美发机构等存在问题较多的场所进行采样，线上覆盖淘宝、天猫、京东等主要化妆品电子商务平台，并对抖音、小红书等新型社交销售平台也进行了尝试性采样。

各监测机构积极应用新技术，开展新检测方法研究，共开发非标检测方法 11 项，利用标准检验方法及自建非标检验方法对样品进行监测，对各机构监测结果进行分析和分类，形成条理清晰的若干风险点，涉及非法添加、化妆品原料安全、化妆品生产（含标签标识）和流通环节等，并归纳出检测方法、限值等方面问题，提出以下较为针对性的监管建议。

（1）部分产品存在非法添加风险，建议加强补充检验方法体系建设，提高打击非法添加能力。

（2）部分原料存在降解或杂质引入风险物质，建议采取相应管理措施。

（3）生产环节部分企业存在不按注册或备案配方生产、微生物控制不到位等问题，建议对多次违规企业加强监管和处罚力度。

（4）监管薄弱的流通环节问题相对突出，建议针对性重点监管。

（5）部分检测方法缺失和部分成分尚无合理限值，建议及时纳入检测方法制修订计划，制订合理限值和使用范围。

四、化妆品安全风险监测未来发展方向

随着化妆品相关法律法规的不断完善，化妆品监管模式和手段不断丰富创新，我们在实践中也会积极尝试，不断地探索化妆品安全风险监测工作的方式方法，以便更快更好地发现化妆品潜在的、系统性的风险。

未来的化妆品安全风险监测已不再仅仅局限于检验检测的"狭义"化妆品安全风险监测，而是向着着眼于标准风险和产品风险的"广义"化妆品安全风险监测发展。建立健全化妆品安全风险监测机制，形成一个以风险识别、风险研判、包含计划监测及专项监测内容的风险监测、风险评估、风险预警后处置及风险交流为关键点的闭环体系，强化风险监测和预警管理职能。

（一）风险识别

化妆品风险信息来源包括投诉举报、执法监管、不良反应监测、主动风险监测、媒体网络、国内组织通报、境外组织通报、行业协会掌握的行业信息等。对于媒体网络、国内组织通报、境外组织通报、行业协会掌握的行业信息由行业协会按月整理形成风险信息报告；投诉举报、执法监管、不良反

应监测等来源的风险信息由国家药品监督管理局相关单位按要求上报；其他自主监测发现的风险信息由风险监测机构根据监测任务及时上报。

（二）风险研判

对收集的风险信息进行汇总整理后，启动风险研判程序，由化妆品领域相关专家进行集体会商，对风险信息进行分级分类，并提出相关监管建议。

（三）风险监测

根据化妆品监管需求及风险识别信息，制定化妆品安全风险监测计划，包括确定监测品种、项目、数量及方法开发，实施采样、检验、结果分析，寻找存在的潜在风险点，并提出相关建议。为应对突发的监管需求，必要时增加专项监测。

（四）风险评估

根据监测结果以及日常检查、投诉举报、科学数据等信息，对危害因素进行分析和评价，确定风险程度、风险趋势和其是否在可承受范围的过程，定期召开风险研判会，必要时开展风险评估工作。

（五）风险预警及后处置

风险预警与发布是在风险监测和风险评估基础上，发现危害或风险问题，提示产品存在的质量安全风险和潜在危害。

对于行业性产品质量安全风险，及时通报主管部门和行业协会等部门，加强行业规范和自律；基于风险研判结果，对存在的区域性的不符合安全标准要求的，组织开展地方集中整治；对涉及标准问题的，及时反馈给标准制修订部门，推动完善标准体系；对存在质量安全问题的，督促企业进行召回；对涉嫌违法的，及时进行执法查处。基于以上工作基础，逐步建立风险通报预警系统。

（六）风险交流

风险交流是指将化妆品安全风险信息通报监管部门，周知社会。加强不同部门间的风险交流，实现对风险的快速反应和处置，避免发生系统性、区域性、行业性质量安全问题。建立风险交流制度，构建预警警示、新闻发布、信息公开、科普教育等风险交流机制，实现风险交流的规范化、制度化。实现化妆品安全社会共治的目标。

五、结语

经过近些年来化妆品监管部门及行业的不断努力，化妆品安全风险监测的问题发现率呈逐年下降趋势，我国化妆品上市后质量安全呈逐年向好态势。但不容忽视的是，化妆品安全风险点也呈现出隐蔽性更强、现有检测方法无法精准打击违法行为的特点。因此，不断创新化妆品安全监管思路与手段，建立健全化妆品安全风险监测机制，加快相关检测方法的开发，将是未来努力的方向。相信在《条例》的指引下，在各方共同努力下，化妆品安全风险监测工作将会更好地发挥其在化妆品上市后监管方面的作用，保障群众用妆安全。

（作者单位：中国食品药品检定研究院）

2021 年我国化妆品不良反应监测情况概述

摘要：化妆品不良反应监测是产品上市后监管的重要手段之一。《化妆品监督管理条例》规定国家建立化妆品不良反应监测制度，《化妆品不良反应监测管理办法》进一步细化完善相关要求，明确化妆品注册人、备案人应当建立化妆品不良反应监测和评价体系，主动收集其上市销售化妆品的不良反应，及时开展分析评价，并向化妆品不良反应监测机构报告，落实化妆品质量安全主体责任。本文总结了 2021 年国家药品不良反应监测中心开展的工作，分析了我国化妆品不良反应监测工作面临的问题，并对下一步的工作提出意见。

关键词：化妆品　不良反应监测　主体责任

化妆品不良反应监测，是指化妆品不良反应收集、报告、分析评价、调查处理的全过程。化妆品不良反应监测是化妆品上市后监管及保障公众安全用妆的重要手段。

一、化妆品不良反应监测法规制度不断完善

2020 年 1 月，《化妆品监督管理条例》（以下简称《条例》）经国务院第 77 次常务会议审议通过，2020 年 6 月 29 日由国务院公布，并自 2021 年 1 月 1 日起正式施行。

《条例》第五十二条规定："国家建立化妆品不良反应监测制度。化妆品注册人、备案人应当监测其上市销售化妆品的不良反应，及时开展评价，按照国务院药品监督管理部门的规定向化妆品不良反应监测机构报告。受托生产企业、化妆品经营者和医疗机构发现可能与使用化妆品有关的不良反应的，应当报告化妆品不良反应监测机构。鼓励其他单位和个人向化妆品不良反应监测机构或者负责药品监督管理的部门报告可能与使用化妆品有关的不良反

应。化妆品不良反应监测机构负责化妆品不良反应信息的收集、分析和评价，并向负责药品监督管理的部门提出处理建议。化妆品生产经营者应当配合化妆品不良反应监测机构、负责药品监督管理的部门开展化妆品不良反应调查。"《条例》强调了化妆品注册人、备案人的主体责任，要主动监测其持有产品的不良反应并及时评价和报告。同时，《条例》第十八条规定的化妆品注册人、备案人应当具备的条件也包括"有化妆品不良反应监测与评价能力"。这些规定都明确了化妆品注册人、备案人在化妆品不良反应监测中承担着重要责任。

2022 年 2 月，国家药品监督管理局发布了《化妆品不良反应监测管理办法》（以下简称《办法》）的意见。《办法》详细规定了各个主体在化妆品不良反应监测中的责任和义务，明确了化妆品不良反应监测要求，同时突出了化妆品注册人、备案人的主体责任，并明确了严重化妆品不良反应及可能引发较大社会影响的化妆品不良反应的定义，对化妆品不良反应监测体系的建设作出了顶层设计。

二、2021 年化妆品不良反应监测工作持续深入

（一）化妆品不良反应监测工作服务监管

2021 年，国家药品不良反应监测中心通过收集化妆品不良反应报告，开展分析评价，及时发现风险信号并上报。基于化妆品不良反应监测提供的线索，国家药品监督管理局先后发布了"关于暂停生产、经营标示委托方为'广州透然生物科技有限公司'的'TOURAN 透然净颜套'系列化妆品的通告""关于暂停经营标识名称'恺岚朵生姜植萃润黑露'假冒化妆品"等 9 个通告。通过监测、检验、检查的联动机制，使得化妆品监管部门能够及时发现并调查处置化妆品风险信号，快速有效控制风险。

（二）推进化妆品不良反应监测体系能力建设

2021 年，国家药品不良反应监测中心不断加强化妆品不良反应监测体系建设，通过开展监测业务培训、与省级监测中心和国家化妆品不良反应监测评价基地开展课题研究等方法，提升化妆品不良反应监测人员的专业能力。

开展监测业务培训是提升业务人员对化妆品不良反应监测的认识及加强对化妆品不良反应监测相关法律法规的理解的重要手段。国家药品不良反应监测中心近年来一直通过培训的形式来提高各省级监测中心及其他相关人员的专业知识和专业能力。2021年，国家药品不良反应监测中心举办了监测业务培训班，通过培训指导从事化妆品不良反应监测的工作者准确把握《条例》下不良反应监测工作要求，为各个相关方开展化妆品不良反应监测工作打下坚实基础。

同时，国家药品不良反应监测中心配合国家药品监督管理局遴选出第二批国家化妆品不良反应监测评价基地。第二批基地由来自13个省份的17家医疗机构组成，与第一批基地共同构成了覆盖19个省份的基地网络。国家化妆品不良反应监测评价基地是由国家药品监督管理局遴选确定的高水平医疗机构，为化妆品不良反应监测工作提供技术支持，参与省级以上药监部门和监测机构对严重和可能引发较大社会影响的化妆品不良反应的分析评价，协助开展化妆品不良反应监测宣传、培训、研究、技术指导等工作，促进了化妆品不良反应监测工作水平提升。

（三）着力开展科普宣传

2021年，按照国家药品监督管理局统一部署和指导，国家药品不良反应监测中心主办了以"安全用妆，美丽有法——关注儿童用妆安全"为主题的2021年全国化妆品安全科普宣传周"5•25爱肤日"宣传活动，旨在引导消费者正确认识儿童化妆品的不良反应和安全使用知识。活动设计了"5·25爱肤日"科普宣传动画、化妆品宣传知识手册、展板等宣传资料，宣传活动范围基本覆盖所有地市级城市，全国共举办线上线下各类宣传活动3300余场，惠及群众超过2000万人，发放宣传资料超过147万份。各省市通过线上线下各类传统媒体和新媒体资源，开展了内容丰富、形式多样、各具特色的宣传活动，为构建化妆品社会共治格局起到重要推动作用。

同时，国家药品不良反应监测中心积极跟进国际化妆品安全信息最新动态，每月在国家药品不良反应监测中心官网上发布1期《化妆品警戒快讯》，提示公众安全使用化妆品。

三、我国化妆品不良反应监测工作面临的问题

化妆品不良反应标准体系亟需完善。目前，我国主要通过化妆品不良反应监测自发报告系统收集来自全国的化妆品不良反应报告并对其进行分析和评价。报告的来源广泛，受上报者专业知识、经验等影响，存在信息不完整、皮损形态判断不准确等问题。1997年，原国家技术监督局和原卫生部联合发布《化妆品皮肤病诊断标准及处理原则》等化妆品皮肤病诊断相关国家标准，主要对化妆品皮肤病的临床诊断和治疗进行规范化，内容上侧重于临床诊疗，尚缺乏化妆品不良反应关联性评价标准。

化妆品生产经营者履行主体责任亟待加强。随着我国化妆品监管法规体系的不断健全，以及相关配套制度和办法等文件的逐步出台，化妆品生产经营者相关法律责任日益明确。但化妆品注册人、备案人作为化妆品不良反应监测的责任主体，在化妆品质量安全监测体系中发挥的作用亟待加强。当前，多数化妆品注册人、备案人在产品安全风险研究、敏感人群警示、安全使用宣传、监测信息收集等方面存在诸多问题，对自身产品风险的发现和管控的能力均有待加强。

四、对我国化妆品不良反应监测工作的思考

进一步完善化妆品不良反应标准体系。化妆品不良反应判断标准的建立，可以规范化妆品不良反应报告工作，为化妆品不良反应监测人员提供指导，为后续分析评价化妆品不良反应，挖掘信号风险奠定基础。

进一步强化对化妆品注册人、备案人的指导。在《条例》和《办法》出台的背景下，引导化妆品注册人、备案人加强对化妆品不良反应监测工作重要性和必要性的认识，落实主体责任。同时加大对化妆品注册人、备案人的指导，制定相关指导原则、指南等技术文件，指导化妆品注册人、备案人积极主动做好监测工作，及时开展分析评价。

（国家药品不良反应监测中心供稿）

化妆品生物源原料质量研究与评价进展

刘学　曹玉华　杨成

摘要：随着生物技术的不断进步，为了满足消费者日益增长的美好生活需要，生物技术来源的原料在化妆品中的应用日益增多，许多采用生物技术制造，与人体有高亲和力的生物制品被加入到化妆品中，以补充、修复或调整细胞因子来起到抗衰老、修复皮肤屏障等效果。本文概述了化妆品生物源原料的涵盖范围，分析了我国化妆品生物源原料的使用及质量控制与评价的现状，提出科学定义化妆品生物源原料是对其质量研究与评价的第一步，同时对化妆品生物源原料的合理分类与归属，也是进行质量研究与评价时要解决的问题。

关键词：生物源原料　质量控制　评价

化妆品生物源原料在大部分人的认知中象征着更高的技术水准以及有更显著的功效性，但目前我国对化妆品生物源原料的明确定义和分类暂无相关标准和法规，相关领域的监管手段也尚处空白，其安全性和功效性方面的问题也备受关注，急需研究相应的管理制度和技术支撑体系。

一、化妆品生物源原料的涵盖范围

1982 年，国际合作及发展组织定义生物技术是应用自然科学和工程学的原理，依靠微生物、动物、植物体作为反应器，将物料进行加工以提供产品为社会服务的技术。《生物多样性公约》对生物技术的定义为利用生物系统、活性物体或者其衍生物，为特定用途而生产或改变产品的技术。随着生物技术的发展，现代生物技术一般是指人们用现代生物科学、工程学和其他基础学科的知识，按照预先的设计，对生物进行控制和改造或模拟生物及其功能，用来发展商业性加工、产品生产和社会服务的新兴技术领域，包括基因工程、细胞工程、胚胎工程、酶工程、蛋白质工程和发酵工程等。

美国个人护理产品协会（PCPC）出版的《国际化妆品原料字典和手册（第16版）》中对所收录的化妆品原料的来源进行了标注，但也指明并不包括全部可能的来源。提及生物来源相关的两类原料，一类是生物制剂原料（biological materials），包括经过分离纯化和化学表征的特定成分（以透明质酸、磷脂酰胆碱、鞘氨醇、赖氨酸等为代表），以及一些来自动物组织的提取物、微生物代谢物、蛋白质水解物等，比如鱼血清提取物、人脐带提取物、动物乳汁、肝脏细胞提取物、卷枝毛霉菌油、水解燕麦蛋白、燕麦氨基酸类等；还有一类主要是在工业化制备过程中使用微生物或单细胞进行培养的原料，所涉及的微生物包括细菌、酵母、藻类等，制备技术包括发酵、生物代谢、水解、溶胞、酶促等，比如酸乳、结冷胶、黄原胶、葡萄酒、出芽短梗霉发酵产物、糖鞘脂类、β-葡聚糖、透明质酸钠、二裂酵母发酵产物滤液、乳酸杆菌发酵溶胞产物、高山火绒草愈伤组织提取物、黄褐色被孢霉油、小球藻油、细小裸藻多糖等。

我国《化妆品新原料注册备案资料管理规定》指出，化妆品原料来源包括化学原料、植物原料、矿物原料、生物技术原料（如基因工程、细胞工程、发酵工程、酶工程和蛋白质工程来源等）等。因此，化妆品生物来源原料可以初步定义为以现代生物技术（包括基因工程、细胞工程、发酵工程、酶工程和蛋白质工程等），借助或利用微生物、细胞等生物体及各种组织（动物、植物）或液体，进行定向设计、生产加工，满足化妆品质量要求，用于化妆品领域的原料。

二、化妆品生物源原料的使用及质量控制与评价的现状

目前在我国《已使用化妆品原料目录（2021年版）》中共收录了8972种化妆品原料，参考前述定义，结合目前所查阅的资料信息，经初步筛选可纳入生物来源原料种类的原料有430余种，约占总数的5%，其中发酵工程来源的原料以微生物发酵后的混合物或单体化合物为主，约170种；酶工程来源的原料包括酶水解工艺相关的原料110余种，酶21种；细胞工程来源的原料

包括植物愈伤组织细胞等 14 种，另外蛋白质工程相关原料约 100 种，以及其他菌类提取物、动物分泌物、动物器官提取物等约 20 种，包括氨基酸、肽、蛋白质、酶、辅酶、DNA 或 RNA 的碱基、DNA、多糖、维生素等各类生物活性物质，以及微生物发酵产物、植物愈伤组织培养物滤液、（动物）脐带提取物、（动物）胎盘蛋白等复杂体系。另外，一些具有多种来源的化妆品原料，比如原儿茶酸等同时有植物提取分离、化学合成和微生物生物发酵来源的原料均统计在内，同时由于资料不全以及相关制备技术的更新也会有多来源原料暂未统计在内。整体看来，一些化妆品生物源原料的名称含糊不清，比如发酵工程技术来源的化妆品原料，以稻米发酵产物滤液、乳酸杆菌/大豆发酵产物提取物、乳酸杆菌/大豆提取物发酵产物滤液、乳酸杆菌/牛奶/镁/锌发酵溶胞产物等为例，存在缺乏发酵菌种名称、发酵底物信息等问题。

另外，在行业协会协助下，对相关企业进行了问卷调查。从问卷反馈来看，在质量控制方面，涉及经发酵后提纯的产品，如透明质酸、聚谷氨酸钠、曲酸等，均有相关含量控制方法；但涉及发酵混合体系，如乳酸杆菌发酵溶胞产物、假交替单胞菌发酵提取物、米褐毛酶发酵提取物、HyaCare、RHEANCE One、紫芝发酵溶胞产物、大米发酵产物滤液、纳豆发酵滤液等，暂没有明确活性物标示，也未见相关有效物含量检测的方法。对于风险物质的监控，除《化妆品安全技术规范》规定的重金属和微生物指标，各企业均未提供其他风险物质的信息。

目前，对于生物源原料，特别是复杂体系的原料，评价化妆品生物源原料质量的手段，一般通过进行化妆品某方面的功效测试，用以说明其在诸如保湿、美白、抗衰老等方面的效果。而其物质组成犹如黑箱，因此如何对此类原料进行更科学合理的质量控制和评价仍是一道难题。

三、化妆品生物源原料质量研究与评价的趋势

对化妆品生物源原料进行科学的质量控制，首先最迫切需要解决的问题是明确化妆品生物源原料的内涵与外延，因此科学定义化妆品生物源原料是对其质量研究与评价的第一步。使用相同的生物技术，或相似的菌种、底物、生产工艺等获得的生物源原料，其相关质量控制和评价的方法往往也具有相

通性。因此，对化妆品生物源原料的合理分类与归属，也是进行质量研究与评价时要解决的问题。

化妆品生物源原料中大部分在制备过程中都有微生物的参与，鉴于化妆品生物源原料中微生物使用的标准处于空白状况，按照化妆品风险零容忍的原则，可以借鉴食品用菌种安全管理相关标准和规定。截至 2020 年，我国已批准的食品用菌种有 52 种，包括细菌 45 种（双歧杆菌属 10 种，乳杆菌属 22 种，链球菌属 1 种，乳球菌属 3 种，明串球菌属 1 种，丙酸杆菌 2 种，片球杆菌 2 种，葡萄球菌 3 种，芽孢杆菌 1 种）、酵母 4 种、真菌 3 种。GB 29921—2013《食品安全国家标准 食品中致病菌限量》规定了食品中致病菌指标、限量要求和检验方法。

对于我国无传统食用习惯的食品用菌种，均需要按照《新食品原料申报与受理规定》进行申报。申报的材料应包括研制报告、安全性评估报告、生产工艺、执行的相关标准（包括安全要求、质量规格、检验方法等）、标签及说明书、国内外研究利用情况和相关安全性评估资料等技术资料和相关文件，同时还需要提供未启封最小包装的样品等。对于菌种的申报，还需要提供微生物耐药性试验报告和产毒能力试验报告。

世界卫生组织（WHO）和联合国粮食与农业组织（FAO）于 2002 年联合发布了《食品中益生菌评价指南》。该指南提出了目前被广泛认可的益生菌的定义，还规定了食品用益生菌的评价准则和要求，指出对于益生菌的评价应主要关注菌株的鉴别（包括形态和基因）、安全性评估、功能特性评估、健康声称和标签等。其中在安全性评估部分，需要关注理论上可能引起的副作用，包括系统性感染、有毒有害的代谢活动、易感人群的过度免疫刺激以及耐药基因转移。

2007 年，欧盟正式提出了安全资格认证（QPS）理念，旨在对添加到食品及饲料中的微生物实施上市前的风险评估。QPS 评估包括 4 项核心内容，即分类学地位（taxonomy）、知识体系（body of knowledge or familiarity）、致病性（pathogenicity）以及最终用途（end use）。QPS 文件中明确指出了禁止使用具有普遍致病性的菌种类别，同时还规定，若致病性仅限于特定菌株，并且致病机理已经明了且有相应的检测手段，则该菌种可以通过备注限制条件的方式纳入 QPS 列表。这种管理方式已经应用于诸如枯草芽孢杆菌（*Bacillus subtilis*）的菌种管理。

美国食品药品管理局（FDA）于1997年提出了"公认安全"（GRAS）的管理模式。该模式采用"企业自我认可，FDA备案"的方式对申报菌种的安全性进行评价。1958年以前有食用历史的菌株，即可列入GRAS名单，并作为普通食品原料用于食品生产加工。1958年之后在食品中使用的菌株，则需要由申请者向FDA的食品安全与应用营养中心（CFSAN）提交申请材料。该申请材料应包括信息描述、应用条件、鉴定和特性信息、用于指定用途的依据，以及化学、毒理学、微生物学信息和其他相应的支持数据或文献等。

在澳大利亚和新西兰,《澳新食品法典》中对于需要申报的食品用菌种，将根据现有的动物与人体毒理学资料进行全面的安全性评估。主要有以下内容：①在其他国家作为食品使用的历史；②成分和组成；③制备方法及质量规格；④潜在致敏性；⑤成分的代谢或毒代动力学研究；⑥成分的动物毒理学研究；⑦成分的人类耐受性研究。

加拿大《食品和药品条例》B部分的规定，食品用菌种可作为食品原料使用。对于没有食用历史的菌种，采取上市前审批制度。

以上为目前国内外相关监管机构对于微生物在食品领域使用时的质量评价相关的规定与要求，但食品与化妆品的产品属性以及它们对人体产生作用的途径等方面都有着巨大的差异。首先，食品需经过胃肠道强酸性环境，而化妆品使用对象的皮肤弱酸性环境不同，作用机制不同；其次，皮肤或头发的菌群与肠道菌群也显著不同。因此，安全性风险也不同，在致敏性、代谢或毒代动力学、耐药性等方面，不可照搬食品用菌种的各项标准和规定，应对化妆品用微生物的安全性进行全面评估。

微生物发酵是极其复杂的生物化学过程，它的产物极其复杂，某些微生物的代谢产物可能存在生物毒素、激素、抗生素等化妆品禁用物质，必须进行筛查，为生物发酵来源原料生产的控制和化妆品原料安全使用提供科学依据。另外，由于微生物发酵产物原料是混合体系，成分类别复杂，含量低，各成分含量差异极大，各成分分子质量差异也极大，按照常规方法对活性成分进行定量检测，进而进行质量评价和控制是不可行的，必须研究新的方法进行质量评价和控制，研制全新的检测方法。

生物技术日益发展，化妆品生物源原料不断创新，层出不穷。但生物源性原料在生产制备和应用中具有不同于传统化妆品原料的特殊性。当前，关于化妆品生物源原料的定义和范畴暂无明确的法规或标准，对其质量研究与评价应由上而下，系统规划，搭好化妆品生物源原料标准体系的框架。鉴于化妆品生物源原料的标准体系目前在国内外还处于空白阶段，对于化妆品生物源原料定义、分类、命名、微生物禁用与准用原则等的标准应先行研究，打好基础。因此应首先开展对使用量大、潜在风险大的生物源原料进行质量控制与安全性评价方面的研究，同时兼顾化妆品生物源原料各类别，进行标准体系建设。

（作者单位：江南大学化妆品质量研究与评价重点实验室）

化妆品用植物原料现状分析及监管建议

何一凡　孟宏　董银卯　佟文鑫　左敏　黄先开

摘要： 我国有着悠久的植物原料使用历史，在化妆品中有使用记录的植物提取物原料有3000多种，占《已使用化妆品原料名称目录》（2015年版）的三分之一以上。为更好规范行业的发展，保障消费者的用妆安全，本文从概念及术语、环境问题溯源、研发及生产加工过程、流通环节及上市后应用等环节，梳理化妆品植物原料的现状及存在的问题；结合欧盟、美国、日本、韩国化妆品植物原料的监管现状，分析总结经验，提出我国化妆品植物原料监管制度方面的建议，为化妆品植物原料科学监管提供思路和参考。

关键词： 化妆品用植物原料　现状及问题　国外监管

伴随着我国改革开放进程的推进，我国化妆品行业飞速发展，但总体上我国化妆品行业起步较晚，还存在一些发展不完善、不协调的地方。化妆品使用的各类原料，包括化妆品用植物原料，既是化妆品行业发展创新性的核心承载，是消费者使用化妆品改善皮肤健康美丽状态的核心，但也是消费者使用化妆品重要的风险来源。

一、化妆品植物原料的现状及存在问题

（一）化妆品植物原料概念及术语现状及问题

基于目前化妆品行业监管现状，在当前具有法律效力的文件中，无法找到明确的关于化妆品用植物资源、化妆品用植物原料的概念。同时，对于承载和呈现形式（包括但不限于植物提取物、植物粉、植物原液、植物汁、植物水、植物油等），也缺少明确的概念及范畴。

通过调研，目前，我国化妆品植物原料需要明确概念及术语的名词信息

见表1。

表1 化妆品植物原料需明确的概念及术语

名词	概念或释义（讨论稿）
化妆品用植物资源	可用于化妆品中的植物资源，通过一定的加工后，可制作化妆品用植物原料
化妆品用植物原料（植物提取物类原料）	指直接来源于植物（包括藻类）且没有经过化学修饰的、用于化妆品生产的原料 换言之，就是采用适当的溶剂或方法，以植物（植物全部或者某一部分）为原料提取或加工而成的、不改变其原有化学成分结构的物质
植物提取物	是指经溶剂提取所获得的产物
植物粉	是经机械粉碎获得的原植物粉
植物汁	是经机械压榨获得的产物（液体）
植物水	经水蒸气蒸馏获得的含挥发油的水溶液
植物油	是经水蒸气蒸馏获得的挥发油，也可以是经机械压榨获得的脂肪油

（二）化妆品植物原料环境溯源问题

随着工业化进程的不断深化，环境正经历前所未有的挑战。环境的变化可能会对化妆品植物原料的安全性及质量稳定性产生较大影响。关于化妆品用植物资源及植物原料的环境溯源可以从空气、水、土壤三个方面开展溯源研究。

1. 空气

庞大的植被是大气污染物进入地表系统的重要过滤层，植被表面是污染物与植物相互作用的界面，气孔与植物角质层是植物叶面吸收污染物的两种主要途径，植物角质层因其疏水性组成、精细微观结构及与植物有机体的紧密联系，是污染物跨叶面运输过程中的重要载体。有研究表明，菠菜（*Spinacia oleracea* L.）叶对纳米砷（As-NPs）的吸收与转运，结果发现菠菜（*Spinacia oleracea* L.）叶面吸收的砷有40%~50%向根组织转移，表明As-NPs在叶面的沉积和吸收可能是砷在植物不同部位（茎和根）中积累的重要来源。因此，在评价化妆品植物原料质量安全时，要考虑空气污染对于植物资源质量安全的影响。

2. 水源

水是植物主要的组成成分，植物体的含水量一般为 60%~80%，有的甚至可达 90% 以上，没有水就没有生命。水是很多物质的溶剂，土壤中的矿物质、氧、二氧化碳等必须溶于水后才能被植物吸收和在体内运转。水还能维持细胞和组织的紧张度，使植物器官保持直立状况，以利于各种代谢正常进行。

植物生长的水源环境直接影响植物有益和有害成分的富集，水源环境的控制，对用于生产加工的化妆品植物原料的质量安全有着深远影响，如重金属、农残以及其他各种风险物质的影响等。因此，在评价化妆品植物原料质量安全时，要考虑水源环境对于植物资源质量安全的影响。

3. 土壤

土壤也是植物赖以生存的基础。植物生长的土壤环境直接影响植物有益和有害成分的富集，土壤环境的控制，对用于生产加工的化妆品植物原料的质量安全有着深远的影响，如重金属、农残以及其他各种风险物质的影响等。因此，在评价化妆品植物原料质量安全时，还要考虑土壤环境对于植物资源的安质量安全的影响。

（三）化妆品植物原料研发及生产加工过程质量控制问题

化妆品植物原料的研发及生产加工过程，是化妆品植物原料质量安全保障最关键的环节。需要从植物品种确定及鉴别、制备工艺、质量规格、安全风险评估及稳定性等多角度进行综合考量。

目前，关于化妆品植物原料研发及生产加工过程质量控制主要存在的问题如下。

1. 植物品种问题

用于化妆品植物原料开发使用的植物的种属鉴定、专属性鉴别问题。

2. 工艺过程中的质量控制

（1）不同的提取溶剂（如水、乙醇、油等）得到的水提物、醇提物或者油提物，对应的都是《已使用化妆品原料名称目录》中的 ××× 提取物，无法形成统一的质量规格和通用标准。

（2）市场上流通的化妆品植物原料，多含有不同的助剂或者载体（如液体载体有水、甘油、丁二醇、丙二醇、油脂类等，固体载体有环糊精、海藻糖、甘露糖醇等），助剂不同，用于化妆品植物原料的实际成分也存在较大差别。

（3）化妆品植物原料中，植物提取物的含量计算是按照植物投料量计算，或是按照提取到的干物质计算，或是按照标志性成分含量计算，目前没有统一的规范、标准及要求。

（4）化妆品植物原料关键性成分质量控制，目前没有统一的标准和规范。有用类别活性成分（总糖、多糖、蛋白质、黄酮、多酚含量等），也有用特征性化学成分（单一的化学成分）。化妆品植物原料中的这些成分是通过提取得到，还是人为添加至产品中，目前也没有统一的要求和规范。

（5）化妆品植物原料量-效关系的确定，通常情况下最高添加量可参照安全剂量及实际应用情况制定，但对于最低起效量的制定，目前没有统一的标准；各种维度（生化、细胞、组织、人体）的试验得到的量-效关系，目前没有统一的标准和参照。

（6）化妆品植物原料的安全评估，目前没有统一的标准。如果参照美国化妆品原料评价委员会（CIR）及欧盟相关做法，很多化妆品植物原料可能需要开展系统毒性评估，成本高昂。

（7）化妆品植物原料稳定性通常采用破坏性试验、加速试验、长期试验等方面，但质量控制标准中与稳定性相关的指标需要充分的研究，包括但不限于原料性状（如颜色、气味、状态）、理化性质、成分含量等。化妆品植物原料稳定性重点考察项目应根据原料的理化特性和质量要求设置，应选择在原料保存期间易于变化，可能影响原料质量安全的项目，以便客观、全面地评价原料的稳定性。

（8）不同原料研发及生产厂商，研发及生产的同样组成的化妆品植物原料，往往在颜色、外观、质量标准等多维度存在较大差异，无法形成统一的行业标准。

（四）化妆品植物原料流通环节中质量控制问题

化妆品植物原料进入流通环节中，仓储、物流、储存、运输等条件均与化妆品植物原料的质量安全密切相关。如何制定化妆品植物原料在流通环节的质量控制要求，目前也没有统一的行业规范及标准。

对化妆品植物原料在流通环节的质量控制，可考虑建立相关规范和技术要求，明确化妆品植物原料在流通环节需要控制的关键因素。

（五）化妆品植物原料上市后应用环节跟踪问题

化妆品植物原料添加至化妆品中上市应用后，对消费者皮肤健康产生的影响，目前缺乏较为系统的跟踪及检测体系。

对化妆品植物原料在化妆品中的应用情况，可考虑建立定期报告制度，以跟踪和检测化妆品植物原料对消费者皮肤健康产生的影响。

二、国际化妆品植物原料监管的现状

（一）欧盟关于化妆品（植物原料）监管现状

1. 管理机构

欧盟化妆品法规是目前参考和使用国家和地区最多的化妆品法规。目前，已知东盟、南方共同市场、俄罗斯、印度、大洋洲的化妆品监管法规都是在其基础上改变的。

相关机构如下。

（1）欧盟消费者安全科学委员会（SCCS），负责对消费品（非食品）提供健康和安全风险的专业意见。

（2）欧洲化妆品协会（COLIPA），代表行业发声。

（3）德国联邦风险评估研究所（BFR），负责产品安全性评估。

（4）欧洲动物试验替代实验室（ECVAM），负责开发动物测试的替代方法。

（5）欧洲化妆品成分联合会（EFfCI），发出的是欧洲化妆品原料工厂的声音，向该行业引入良好操作规范（GMP）指导。

2. 管理方式

依据欧盟《化妆品法规 1223/2009》，化妆品被定义为用于接触人体外部（表皮、毛发系统、指甲、嘴唇和外部生殖器）或者牙齿和口腔黏膜，专门或者主要使其清洁、具有香气、改变外观、起到保护作用、保持其处于良好状态或者调整身体气味的物质或者混合物。

欧盟主要通过提高化妆品原料的安全性来保证成品的安全性，侧重于化妆品原料的分类及管理。

3. 管理特点

欧盟化妆品法规以保障人体健康为目的，强调"市场中"，即产品上市后监管，提倡行业、企业自律。

（二）美国关于化妆品（植物原料）监管现状

1. 管理机构

美国食品药品管理局（FDA）负责食品药品医疗器械化妆品的日常管理、法规制定等。

美国个人护理产品协会（PCPC），前身是美国化妆品协会（CTFA），是企业与政府部门的桥梁。

美国化妆品原料评价委员会（CIR），是在美国 FDA 和美国消费者联盟的支持下，由 PCPC 出资成立的，独立于政府和企业的第三方，主要负责原料安全性的评估。

2. 管理方式

美国《联邦食品、药品和化妆品法》规定，化妆品为预计以涂抹、喷洒、喷雾或其他方法使用于人体，能起到清洁、美化、增进魅力或改变外观目的的物品（含有碱性脂肪酸盐且未宣称清洁之外功能的肥皂除外）。

严格从法律角度来讲，美国对化妆品只有 7 个禁用原料、3 个限用原料和 1 类限用防晒剂，这一点和欧盟化妆品法规相差甚大。

作为法规的补充，美国 CIR 已经完成了大部分原料的安全评估，相关资料可以在 CIR 官方网站查询。也就是说，虽然美国 FDA 没有制定很细的原料使用法规，但是作为制造商仍要按照 CIR 对相关原料的评估来制作配方，如防腐剂的使用限制。

美国法规中，没有关于化妆品植物原料单独的条款和要求。

3. 管理特点

企业自律、原料的使用，要根据 CIR 的安全评估的规范和要求进行。政府抽查，有问题的产品，要实行召回制度。

（三）日本关于化妆品（植物原料）监管现状

1. 管理机构

日本厚生劳动省。

普通化妆品用的植物类原料，日本厚生劳动省没有设置专门的管理机构。

2. 管理方式

日本法规对于化妆品采取分类管理，将化妆品分为普通化妆品和医药部外品两类。在日本《医药品、医疗器械等品质、功效性及安全性保证等有关法律》（简称《药机法》）中，化妆品被定义为以涂抹、喷洒或其他类似方法使用，起到清洁、美化、增添魅力、改变容貌或保持皮肤或头发健康等作用的产品，对人体使用部位产生的作用是缓和的；作为医用、药用目的使用的产品不属于化妆品。

企业根据情况，开展化妆品植物原料技术标准、功效性及安全性评估。

3. 管理特点

企业自律。

（四）韩国关于化妆品（植物原料）监管现状

1. 管理机构

韩国保健福利部 食药厅。

对化妆品植物原料，没有专门的评价及管理机构。

2. 管理方式

在韩国的相关法规（《化妆品法》）中，对化妆品也采用分类管理的措施。韩国将化妆品分为两类：一种是一般化妆品，另一种是功能性化妆品（美白、改善皮肤皱纹或者防止紫外线对皮肤的伤害）。

有禁用、限用原料清单。

功能性化妆品，开展安全性及功效性审核。

3. 管理特点

（1）化妆品原料基准。

（2）韩国化妆品原料集（KCID）。

（3）国际化妆品原料集（ICID）。

（4）欧盟（E.U.）化妆品原料集。

（5）韩国《食品法典》与《食品添加剂公典》（限于天然添加物）。

（6）食品医药品安全厅长认定的工艺书登载的原料。

（7）按照《化妆品法》第4条第3项的规定，经标准及安全性审核的原料（新原料审核）。

（8）限用原料：防晒剂、防腐剂等。

三、我国化妆品植物原料监管建议

（一）我国化妆品植物原料监管管理制度方面的建议

1. 以安全风险评估为主的化妆品植物原料监管制度

化妆品的风险主要来自于化妆品原料的风险，可参照国际化妆品原料管理理念，参照美国CIR及欧盟化妆品原料安全评估指南，结合我国化妆品植物原料现状，建立健全化妆品植物原料安全风险评估制度。

基于决策树理念，结合化妆品植物原料毒理学数据，根据化妆品安全风险评估技术导则要求，设计化妆品植物原料安全评估体系（系统毒性评估、风险物质、局部耐受性试验等）。

2. 建立化妆品植物原料质量标准制定通用要求

基于我国化妆品植物原料的现状，同时鼓励化妆品植物原料的科技创新，建议建立基于全生命周期理念的化妆品植物原料质量标准制定的通用要求，从化妆品植物原料的概念及术语、环境溯源、植物品种、研发生产过程、质量规格及标准、功效性、安全性及稳定性评价全生命周期，明确化妆品植物原料的质量规格的制定所必须包含的内容和要求。

3. 建立信用等级制度，引导行业自律

结合国际通用管理规则，结合我国化妆品植物原料发展现状，建议建立化妆品植物原料相关企业信用等级制度，根据安全风险评估及通用技术要求，引导行业及相关企业自律管理。

（二）我国化妆品植物原料监管技术支撑方面的建议

1. 化妆品植物原料风险评估指导原则研究的制定

结合我国化妆品植物原料现状及国际化妆品原料安全风险评估理念和方法，研究制定我国化妆品植物原料风险评估指导原则。

2. 化妆品植物原料关键技术与检测方法的研究与应用

基于全生命周期理念的化妆品植物原料质量标准制定的通用要求，开展化妆品植物原料关键技术的研究与应用，尤其是有关检测方法的研究与应用。

（作者单位：北京工商大学化妆品监管科学研究基地）

动物替代方法在化妆品安全性评价中的应用进展

谢珍　桑晶　何立成　匡荣

摘要：目前，我国化妆品安全性评价方法仍以动物试验为主。随着动物"3R"（替代、减少、优化）原则得到社会认可，化妆品动物试验禁令持续推行，以及在科技发展的驱动下，动物替代方法在化妆品安全性评价领域受到越来越多的关注。我国在替代方法的标准认可方面跟随国际标准的发展趋势，化妆品替代检验方法的研究及验证工作不断加快，相关国家标准和行业标准持续完善。本文概述了化妆品安全性评价中替代方法的应用进展，分析了国内替代方法的应用和研究面临的挑战，并对化妆品替代方法的发展趋势进行展望。

关键词：安全性评价　替代方法　标准

中国已成为世界上第二大化妆品消费市场，化妆品产业作为大健康产业的重要组成部分，其安全性（如过敏性、刺激性等）备受关注。目前，我国化妆品安全性评价方法以动物试验为主。随着动物"3R"（替代、减少、优化）原则得到社会认可，化妆品动物试验禁令持续推行，以及在科技发展的驱动下，动物替代方法在化妆品安全性评价领域受到越来越多的关注。

一、替代方法研究现状

在以欧盟为代表的化学品和化妆品法规的推动下，替代方法成为在法规倡导下的热点研究领域，许多国家和地区均积极开发替代方法，同时验证机构、标准化组织和监管机构也加快了替代方法的研究和认可速度，除了近年来经济合作与发展组织（OECD）验证认可的替代方法外，还有很多新方法正处于开发阶段或验证程序中。

中国在替代方法的标准认可方面也跟随了国际标准的发展趋势。2016年，《化妆品用化学原料体外 3T3 中性红摄取光毒性试验方法》被纳入《化妆品安全技术规范》（2015 年版）（以下简称《规范》）；2018 年，中国食品药品检定研究院成立全国化妆品替代方法验证工作组，并联合多家权威机构，进一步加快研究及验证化妆品替代检验方法的工作。目前，纳入《规范》中的动物替代试验方法共有 7 项，检验范围为化妆品用化学原料，与 OECD 测试指南一致，还包括《化妆品用化学原料离体皮肤腐蚀性大鼠经皮电阻试验方法》《化妆品用化学原料体外兔角膜上皮细胞短时暴露试验》《化妆品 皮肤变态反应 局部淋巴结试验：DA》《皮肤变态反应：局部淋巴结试验：BrdU-ELISA》《化妆品用化学原料体外皮肤变态反应：直接多肽反应试验》和《体外哺乳动物细胞微核试验》，极大推动了毒理学动物试验替代方法在我国化妆品安全性评价中的应用。

除了《规范》中纳入的毒理学动物试验替代方法相关标准外，还有化妆品体外安全性评价相关的系列国家标准和行业标准，通过在"中国政府网国家标准信息查询"等公开渠道搜索相关标准信息并进行汇总，搜集到相关标准共 22 项，其中国家标准 9 项，行业标准 13 项（表 1）。

表 1　国内发布的化妆品替代方法

毒理学终点	标准号	名称
皮肤刺激性 /腐蚀性试验	SN/T 4577—2016	化妆品皮肤刺激性检测　重建人体表皮模型体外测试方法
	GB/T 27829—2011	化学品　体外皮肤腐蚀　膜屏障试验方法
	GB/T 27828—2011	化学品　体外皮肤腐蚀　经皮电阻试验方法
	GB/T 27830—2011	化学品　体外皮肤腐蚀　人体皮肤模型试验方法
	SN/T 3948—2014	化学品　体外皮肤刺激：重组人表皮试验
	SN/T 2246—2009	化学品　体外皮肤腐蚀　经皮电阻试验
	SN/T 2245—2009	化学品　体外皮肤腐蚀　人体皮肤模型试验
急性眼刺激性 /腐蚀性试验	SN/T 3084.2—2014	进出口化妆品眼刺激性试验　角膜细胞试验方法
	SN/T 3084.1—2012	进出口化妆品眼刺激性试验　体外中性红吸收法
	SN/T 2329—2009	化妆品眼刺激性 / 腐蚀性的鸡胚绒毛尿囊膜试验

毒理学终点	标准号	名称
皮肤光毒性试验	GB/T 21769—2008	化学品体外 3T3 中性红摄取光毒性试验方法
	SN/T 3824—2014	化妆品光毒性试验　联合红细胞测定法
皮肤变态反应试验方法	SN/T 4029—2014	化妆品皮肤过敏试验　局部淋巴结法
	SN/T 4154—2015	化学品　皮肤变态反应　局部淋巴结试验：DA
	GB/T 21827—2008	化学品　皮肤变态反应试验　局部淋巴结方法
鼠伤寒沙门菌 /回复突变试验	GB/T 21786—2008	化学品　细菌回复突变试验方法
体外哺乳动物细胞染色体畸变试验	GB/T 21794—2008	化学品　体外哺乳动物细胞染色体畸变试验方法
体外哺乳动物细胞基因突变试验	GB/T 21793—2008	化学品　体外哺乳动物细胞基因突变试验方法
体外哺乳动物细胞微核试验	GB/T 28646—2012	化学品　体外哺乳动物细胞微核试验方法
其他	SN/T 4030—2014	香薰类化妆品急性吸入毒性试验
	SN/T 3715—2013	化妆品　体外发育毒性试验　大鼠全胚胎试验法
	SN/T 2330—2009	化妆品胚胎和发育毒性的小鼠胚胎干细胞试验

二、面临的问题与挑战

虽然国际上动物替代方法研究盛行，我国该领域同样发展迅猛，但由于种种原因，国内替代方法的应用和研究还面临很多挑战，具体表现在以下几个方面。

1. 缺乏跨部门的国家级的验证机构

国外很多国家均组建了相关的替代方法研究机构，如欧洲替代方法验证中心（ECVAM）、美国替代方法验证部门间协调委员会（ICCVAM），欧洲动物试验替代方法合作组织（EPAA）以及日本（JaCVAM）、韩国（KoCVAM）和巴西（BraCVAM）替代方法验证中心等。这些机构的建立对替代方法的开发、验证及认可起到了积极的推动作用。

2. 方法的适用性问题

在 OECD 测试指南中，这些方法是用于检测单一的化学物质或成分简单的混合物。在欧盟化妆品风险评估的管理体系下，替代试验的检测对象主要是化妆品原料，OECD 测试指南可以满足欧盟化妆品安全风险评估的要求。我国的特殊类化妆品，在上市前需要对终产品进行许可检验，目前验证的替代方法不适用于化妆品产品。此外，我国化妆品原料中很多是动植物提取物，这类原料成分复杂、组分繁多，由这些原料混合成的化妆品产品更是形态复杂，颜色多样，并不符合 OECD 指南中"化学物"的概念，无法用目前的替代方法为安全评估提供毒理学数据。因此无论是基于中国化妆品法规对产品的检测要求，还是基于中国化妆品原料的特点，国际上通行的替代试验方法在转移至我国实际应用过程中，还需要进一步评估和确认其是否可以预测化妆品配方及产品的安全性。

3. 缺乏解决全身毒性的替代方法

在化妆品安全性评价中，替代方法多集中在局部毒性评价方面，包括皮肤刺激性 / 腐蚀性、眼刺激性 / 腐蚀性、皮肤光毒性、皮肤致敏性等方法，在全身毒性方面（致癌性 / 致畸性 / 致突变性、胚胎毒性等），至今缺乏相应的替代方法。随着生物材料、微流控、组织工程和生物传感等技术的发展，器官芯片（OOC）在模拟人体不同组织器官主要空间结构和功能特征方面具有巨大的潜力。通过控制细胞在体外培养过程中的生物学行为，对器官功能予以在芯片上的再现，通过器官芯片研究不同器官和不同细胞之间的交互作用，从而开展安全性的系统评价。

4. 其他方面

较为前沿的皮肤吸收、内分泌干扰等方面的替代方法在我国的研究相对较少。在组合策略方面，目前我国仍主要处于研究和建立单一方法的技术发展阶段。未来，组合策略的研究应用将成为一项重要课题。

三、替代方法发展趋势

近年来，化妆品替代方法的发展呈现以下几个趋势。

一是有害结局路径（AOP）的运用，大量新发现和新方法不断涌现。每个 AOP 代表关于分子起始事件、中间事件和个体或群体水平的有害结局之间的联系。皮肤致敏的整合策略是首个成功应用 AOP 概念进行法规应用的案例，OECD 已建立了皮肤致敏的 AOP 框架并于 2016 年通过。该 AOP 包括四个关键事件：分子启动事件是化学物质（包括代谢物或非生物转化产物）与皮肤蛋白亲核性氨基酸残基的共价结合，为分子水平的表达；第二个关键事件是角质形成细胞的活化，为细胞水平的表达；第三个关键事件是树突状细胞（DC）的活化，为细胞水平的表达；第四个关键事件是 T 细胞活化和增殖，为组织器官层次的系统性表达。基于致敏产生机制，针对 AOP 顺序链上的关键事件设计相对应的致敏性检测方法。2014 年，OECD 发布了 AOP Wiki，借助互联网技术为 AOP 的开发提供高效共享、协调互补的平台，其发布的有害结局和提出的关键事件可为替代方法的开发提供新思路。

二是整合测试与评估方法（IATA）的开发。鉴于单一替代方法的不足和局限性，应把单一的方法合理科学地组合使用以获得毒理学全面评估，组合模式可参考 OECD 发布的 IATA 指南。IATA 不仅考虑了现行有效的方法，还加入了计算机预测方法、化学结构特征信息、人群暴露等。此外，对于复杂的毒性终点，也建议采用 IATA，以避免单一的替代方法无法完整覆盖 AOP 全过程的局限，如可根据各方法的检验能力、灵敏度、局限性及使用条件等，通过把导致皮肤致敏发生的 AOP 不同阶段的替代方法组合起来设计组合策略，以提高致敏性风险预测的准确性。

三是安全评估的应用。化妆品安全评估是指利用已有的科学成果对化妆品中危害人体健康的已知或潜在的不良影响进行科学评价，能有效反映化妆品的潜在风险，是化妆品安全性评价的重要技术手段之一。国际上，欧盟、美国、日本等国家或地区已普遍将安全评估手段用于化妆品监管，建立了科学的评估工作程序，并发布了指导性的文件。近年来，化妆品安全评估理念在我国得以广泛普及和应用。2010 年，原国家食品药品监督管理局将安全风险评估概念引入到化妆品内可能存在的安全风险物质的管理之中，标志着安全风险评估成为我国化妆品监管的科学方法之一。2013 年，原国家食品药品监督管理总局发布《关于调整化妆品注册备案管理有关事宜的通告》，明确指出"国产非特殊用途化妆品风险评估结果能够充分确认产品安全性的，可免予产品的相关毒理学试验",这既有助于确保化妆品安全,又能有效减少毒理学检测的安全风险评估方法的使用。2010年原国家食品药品监督管理局印发《化妆品中可能存在的安全性风险物质风险评估指南》,明确了化妆品中可能存在的安全性风险物质的风险评估程序;2015年,原国家食品药品监督管理总局发布了《化妆品安全风险评估指南》(征求意见稿),对化妆品安全风险评估工作给予监管和指导;2020年,《化妆品监督管理条例》出台,明确规定化妆品及新原料注册、备案前,注册申请人、备案人应当自行或者委托专业机构需开展安全评估;2021年5月1日,《化妆品安全评估技术导则》(2021年版)正式施行,该导则旨在规范和指导我国化妆品安全评估工作。

我国在动物替代技术研究和方法推行方面起步较晚,尽管近年来已取得了可喜的成绩,但还有很多事情要做,笔者建议主要进行以下几方面工作。

(1)建议成立跨部门(如药监、环保、农业等部门)、跨学科(如药物毒理学、化妆品毒理学、化学品毒理学、农药毒理学)的联合验证工作组,统筹协调相关研究工作。

(2)建议在化妆品安全性评价策略以及新方法的开发验证方面,加快体外重组3D模型的研究,加强替代试验方法的研究技术储备,利用AOP理念,建立适应我国国情的化妆品替代试验方法,并进一步制定相应的技术指南,满足化妆品安全性评价及风险评估的要求。

(3)器官芯片的构建和应用将会是未来的发展方向,为全身毒性的体外评价提供新方案。建议应加大力度推动我国器官芯片的科学研究和产业化进展,使器官芯片这一新兴的生物芯片技术在化妆品全身毒性评价中得以有效应用。

相信随着替代技术的日益成熟,我国化妆品安全性测试将逐步缩小与发达国家和地区的差距,替代方法的技术水平也会相应提高,应用范围也会相应扩大,并将逐步实现自主创新,形成中国特色。

(作者单位:浙江省食品药品检验研究院、国家药品监督管理局

化妆品动物替代试验技术重点实验室)

化妆品人体评价研究分析与展望

华薇　李利

摘要：化妆品人体评价能够最直接、最真实地反映化妆品的安全性和功效性，在化妆品评价中有着不可替代的作用。2021年5月1日，《化妆品功效宣称评价规范》正式实施，化妆品行业进入功效性评价时代。本文分析了当前化妆品人体功效性评价技术研究进展，对未来化妆品人体评价发展趋势进行了预测。

关键词：化妆品　人体评价　功效宣称

2021年5月1日，《化妆品功效宣称评价规范》正式实施，要求"化妆品的功效宣称应当有充分的科学依据，功效宣称依据包括文献资料、研究数据或者化妆品功效宣称评价试验结果等"，自此化妆品行业进入功效性评价时代。化妆品功效人体试验一般以人体面部、手臂内侧、背部作为测试区域，根据实验目的筛选合适的志愿者，将测试样品直接作用于人体皮肤上，进而对皮肤特征指标进行分析测试。科学严谨的实验方案设计是提高人体功效性评价结果真实性和可靠性的关键。

一、化妆品人体功效性评价技术研究进展

化妆品人体评价能够最直接、最真实地反映化妆品的安全性和功效性，在化妆品评价中有着不可替代的作用。类似药物临床试验，人体评价也是化妆品安全性和功效性的最强证据。反映皮肤状况的一些指标，如粗糙度/平滑度、干燥度/湿度、硬度/松弛度、弹性、延展性、抵抗力、光泽度/暗淡度、温度等，可以直接通过观察、接触和气味进行分析。随着皮肤科学、电学、光学、电磁学和信息学等学科技术发展，用于无创测量皮肤结构、代谢与分

泌等生理指标的仪器被研发出来，目前可以通过可视化和相对客观的方法来对皮肤中的真皮、血管、附属器等结构进行测量，进而对化妆品进行更准确、更多维度的评价。

皮肤无创检测技术的发展为化妆品人体功效性研究提供了有力的科学支撑。在化妆品领域，它主要应用在以下几个方面：一是通过接触式探头对皮肤表面生物物理学指标进行采集，比如角质层水分含量、皮肤颜色黑色素、血红素、皮肤弹性、皮肤表面皮脂量等。二是依托不同的成像技术，不仅可以观察并定量分析皮肤表观形态（比如斑点、皱纹毛孔），还可以追踪皮肤深层结构的变化（例如真皮层厚度、胶原蛋白密度等）。另外，皮肤检测技术也在逐渐走向市场化，手机拍照分析皮肤状态的各类 APP 也是层出不穷，虽然这类 APP 的精确性尚不高，结果受影响因素多，但具有方便、可远程操作的优势，未来有望通过该技术的进一步发展，成为化妆品评价的有效方法。

本文对化妆品人体评价最常用的皮肤生物物理学指标及图像检测技术进展做一概要介绍。

（一）皮肤生物物理学指标检测技术

目前，皮肤表面生物物理学指标有很多，在实际应用中，不同的功效宣称可以综合不同的指标来评价。

1. 角质层含水量（SCH）检测

目前最常用的角质层含水量测量技术是根据水及其溶解物质的电学特性，测量皮肤电容量、电导量或电阻量，间接反映皮肤角质层含水量。此外还有一些可直接测量皮肤水分的技术，如近红外光谱成像技术（NII）、共聚焦拉曼光谱技术（CRS）、光学相干断层成像技术（OCT）、核磁共振波谱技术（NMR）等，这些方法可以直接反映皮肤中水分含量，精确度高，但价格昂贵，目前还未广泛应用。

2. 皮脂检测

目前常用的皮脂测量方法是利用纸或胶带吸收油脂后透光度改变的原理间接测量。透光度的改变与皮脂高低成比例变化，以此可以计算出皮脂含量（$\mu g/cm^2$）；还可运用皮脂能够溶解于一些溶剂（如乙醚）的特性，测量溶剂重量的变化，从而测出皮肤皮脂量 [（$\mu g/（cm^2 \cdot min）$]。如要对皮脂内成分进行分类分析，可用氰基丙烯酸酯剥离法采集，液相色谱仪分离后进行分类检测，检测方法有苯甲酰化－紫外检测法、荧光标记－荧光检测法、蒸发光散射检测法、质谱法等。

3.经表皮失水（TEWL）检测

TEWL的测量方法分为开放法和封闭法，测量的原理均为测试探头内水蒸气压力的变化，测试参数单位为 $g/(h \cdot m^2)$。由于TEWL与皮肤角质层的含水量相关，因此TEWL常与角质层含水量的检测结合在一起，来评价保湿化妆品的效果。目前有诸多宣称"屏障修复"功效的化妆品，TEWL是常用的检测指数。

4.皮肤颜色检测

评价皮肤颜色的方法通常有以下三种。①形容词比较法：如Hrdlieka法，其特点是用形容词将皮肤分成若干等级。②肤色模块比较法：如Luschan肤色模块，由36个不同颜色的色块组成，按色块编号，可将肤色归纳为5级。③测色仪测量法：用各种测色仪测量皮肤颜色，用一组数据表示某一特定颜色。测量皮肤颜色的仪器按照原理分为三刺激值色度仪、窄谱简易反射分光光度计、扫描式反射光光度计及数字成像系统等。皮肤颜色的变化对于反映化妆品美白祛斑、舒缓功效评价有重要意义。

5.皮肤微循环检测

目前用于反映皮肤微循环的技术主要有激光多普勒血流仪、激光多普勒成像技术、光脉冲体积描记术、经皮氧/二氧化碳分压、电视毛细血管镜等。现有很多化妆品或激光治疗均是通过调节皮肤微循环达到功效，如舒缓类化妆品。

6.皮肤弹性检测

根据皮肤有受外力后会变形再回复的特性，设计了一系列通过施加不同形式的外力，如扭转力、负压吸力等，测量皮肤对压力的反应的仪器。皮肤弹性的无创检测可用于评估抗皱类化妆品的功效。

（二）皮肤图像分析技术

图像分析法是评价化妆品功效的主流方法之一，具有不直接接触皮肤、受环境（温度、湿度）影响较小、可视化强等优点。常见的图像采集设备以数码相机扫描仪为主，借助仪器自带分析软件，使用图像分离、图像融合等技术对皮肤表观特征进行提取和定量分析。此外，还可以对采集的图像进行再运算，得到符合视觉观察的结果。

1. 皮肤轮廓检测

皮肤轮廓包括微观的皮肤纹理和整体外观轮廓两个方面。近年来，市面上不断有应用机械、光学等原理研制的皮肤轮廓仪（profilometry）问世，对皮肤表面复制品或活体皮肤直接扫描，再用图像处理系统对扫描图像进行数据化分析，皮肤纹理或皱纹客观量化评价得以实现。目前已有的技术包括机械性、光学、激光皮肤轮廓测量技术，干扰条纹光投影技术，共聚焦激光扫描显微镜技术，透视皮肤轮廓仪。运用皮肤轮廓分析仪能对激光、注射、抗衰老化妆品的疗效进行评价。

2. B 超成像

这一技术的原理是记录被皮肤结构的不同成分反射的高频超声波。由位于皮肤表面的传感器产生超声波，超声波进入皮肤结构并被不同皮肤层面间的界面和某些结构元件（如真皮胶原束）反射，根据皮肤的图像，可直接测定声波通过整个皮肤所需的时间。这一时间乘以声波穿过组织的速度（1540m/s），即为皮肤厚度，其测量准确度高。年龄、糖皮质激素、结缔组织病、皮肤过敏和刺激均可引起皮肤厚度的变化。抗皱类化妆品的功效性评估可采用此项技术。

3. 核磁共振成像（MRI）

MRI 技术的原理是所施加的磁场与质子自旋之间的相互作用。目前特殊梯度线圈的使用已经使不同皮肤层面的较好成像和各种皮肤结构的特征性分析成为可能。较好的设置使深度分辨率可达 20~80μm。此项技术目前主要用于皮肤老化、皮肤水化梯度的测定、化妆品作用及某些物质（如透明质酸）在皮肤内的定位等研究方向。

4. 共聚焦显微镜（CM）成像技术

CM 即皮肤 CT（电子计算机断层扫描仪），可十分准确地测定角质层（SC）厚度及存活表皮的厚度，还能很好地对比观察到自然环境下的单个细胞，对其加以计数，并精确测定其直径。真皮 – 表皮交界也很容易研究，原因是黑色素的反射率较高。通过计数给定单位区域的乳头数，可估计出表皮和真皮之间的交错结合情况。

当 CM 与拉曼（Raman）技术结合，是用于皮肤内水分、天然保湿因子、神经酰胺等成分的定量检测的前沿技术。

5. 光学相干断层成像（OCT）

OCT 是一类基于低相干光的干涉特性，获得微米级的空间分辨率及较高时间分辨性，用于测量活体组织表面 2~3mm 深度组织的微观结构，实现三维成像的技术。目前已有研究报道可使用 OCT 成像来研究抗皱类化妆品的功效。

6. 皮肤镜

又称为表皮透光显微术、入射光显微术等，是一种利用镜头的放大作用细微地显示活体皮肤结构和颜色的工具。皮肤镜观察有浸润法及偏振光法。镜下所见的图像是由皮下多种组织结构的轮廓和色彩彼此叠加而成的，其中最主要的结构是色素和血管。在化妆品领域，皮肤镜可用来反映色斑的变化，皮肤的纹理等。

二、化妆品人体评价发展趋势

（一）市场需求的井喷与检测行业现状

近两年，化妆品领域多项新规陆续颁布，预示着中国化妆品正式进入证据先行、科学发展的时代。以人体作为受试对象的评价方法，更贴近产品的实际用途，功效性评价方法更明确了未来产品开发的研究内容，促进功效性产品的发展。从行业的反应来看，无论是进行功效性评价还是安全性评估，新规也将直接把化妆品检测机构推向顶峰，检测行业正在经历空前爆发。

据国家药品监督管理局官网数据显示，目前化妆品注册和备案检验检测机构数量达 323 家，其中涉及人体评价项目的机构从 2019 年的 3 家迅速增加到了 36 家。

市场需求急剧增加，但当前化妆品检测机构的水平用"参差不齐"来形容也不为过。据中研普华研究报告《2020—2025 年版化妆品检测行业兼并重组机会研究及决策咨询报告》分析显示，我国的化妆品检测机构在质量监督体系建设上，如检测机构的建设、检测人员的培养、检测技术的提高等方面都需要发展提高。近来对于检验检测机构的监督抽查，也提示多家机构存在未依据相关标准、技术规范或者约定方法进行检验检测，基本条件和技术能力不能持续符合资质认定条件和要求，超出资质认定证书规定的检验检测能力范围，擅自向社会出具具有证明作用数据、结果等较严重的违法违规行为。尤其是人体检测机构，本身对检验机构要求高，且现存机构大部分起步晚，检测机构报告数据的权威性、真实性将很大程度地影响品牌在市场的话语权，由此加大对第三方检测机构的监管力度，确保机构公正、规范，这也是未来重要的工作。

（二）评价方法亟待规范

化妆品评价方法可以分为标准化检测方法和非标准化检测方法。在《化妆品安全技术规范》中规定的方法即为标准化检测方法，包括斑贴试验、人体试用安全性评价试验、防晒相关（SPF、PA、防水）试验、美白祛斑功效评价和防脱功效评价试验。此外，关于皮肤保湿测试的行业标准 QB/T 4256—2011 也可算标准方法之一。其他功效评价项目如祛痘、抗皱、修护、紧致、滋养、温和等，尚没有法规规定的方法，也没有国家标准或行业标准，目前仅有部分宣称在近几年内制定了一些团体标准。这些项目在检测过程中需要有良好的实验室规范，保证检测结果的真实可靠。

另外，针对不在现有化妆品宣称分类目录中的新功效、不在法规内的实验方法，需经两家及以上的化妆品注册和备案检验机构进行方法验证后，才可用于功效宣称评价中。目前从产品发展的趋势来看，产品新的创新和突破很大程度上可能来自产品的新功效，由此来看新功效评价方法的开发极为重要。

（三）未来的评价技术及模式

在新药研发中，药物在上市前进行的前三期临床试验是对较小范围、特殊群体的患者进行的药品评价，患者是经过严格选择和控制的，因此有很多例外。而在新药上市后，许多不同类型的患者将接受该药品的治疗，所以很有必要重新评价药品对大多数患者的疗效和耐受性。上市后的药物研究在国际上多数国家称为"Ⅳ期临床试验"。在上市后的Ⅳ期临床研究中，数以千计的经该药品治疗的患者的研究数据被收集并进行分析。在上市前的临床研究中因发生率太低而没有被发现的不良反应就可能被发现。这些数据将支持临床试验中已得到的数据，可以使药厂让医生能够更好地和更可靠地认识到该药品对"普通人群"的治疗受益／风险比。

化妆品上市后的评价，是更大样本量的人体功效性和安全性评价。但由于化妆品与药物的不同，其具有快消、自主使用、追踪困难等特点，在过去大量的真实世界数据很难被采集。随着影像采集、图像分析、健康大数据、可穿戴设备等技术的发展，未来化妆品的真实世界研究可能促进化妆品安全性和功效性人体评价技术进一步发展，从而推动真正有益于皮肤健康美丽产品的出现。

化妆品人体评价机构将向着三种模式发展：第三方专业评价机构，医院皮肤科临床评价和化妆品企业内部评价。如前所述，第三方专业评价机构中，可以开展人体评价的检验检测机构已有36家，特殊类化妆品的评价必须由这类机构完成。普通类化妆品的评价可以选择第三方专业检测机构，也可以选择一般的皮肤科或企业内部的评价部门。第三方评价机构有完善的质量标准体系，增加了评价结果的权威性和公正性。但从经费上考量，企业内部建立化妆品人体评价部门也是未来发展趋势。

（作者单位：四川大学华西医院、国家药品监督管理局化妆品人体

评价和大数据重点实验室）

浅谈化妆品原料的安全性及其科学监管

石钺　张宏伟　赵华

摘要： 化妆品通常是由多种原料按照配方设计经加工制备而成的混合物，化妆品原料的安全性一定程度上决定了产品的安全性，科学认识化妆品原料的安全性，知悉化妆品原料安全性的影响因素，加强化妆品原料的安全管理，可以从源头上有效控制化妆品的质量安全，有利于行业高质量健康发展。我国对化妆品原料安全的监管要求是一以贯之的，在化妆品原料安全管理方面制定了较为系统、全面的管理法规，实施了一系列科学监管措施，对化妆品原料的安全管理正在不断细化与加强。

关键词： 原料　安全性　监管

随着人民生活水平的不断提高，化妆品已逐渐成为人们日常生活的必备之物，社会对化妆品安全性的关注度也日益提高。化妆品通常是由多种原料按照配方设计经加工制备而成的混合物，可以说化妆品原料的安全性一定程度上决定了产品的安全性。因此，科学认识化妆品原料的安全性，知悉化妆品原料安全性的影响因素，加强化妆品原料的安全管理，可以从源头上有效控制化妆品的质量安全，有利于行业高质量健康发展。

一、科学认识化妆品原料的安全性

化妆品原料是指化妆品配方中使用的成分。从《已使用化妆品原料目录（2021年版）》（以下简称《目录》）可以看出，化妆品原料种类繁多、结构多样。根据原料的来源特征，化妆品原料主要包括化学合成原料、天然原料（如植物、动物和矿物质）、生物技术原料。根据《化妆品安全技术规范》（2015年版）（以下简称《规范》）的要求，化妆品原料应经安全性风险评估，确保在正常、合理及可预见的使用条件下，不得对人体健康产生危害。

化妆品原料的安全性，是指化妆品原料在固定的使用方式和用量条件下，对人体健康不产生任何损害，既不引起急性、慢性中毒，也不对接触者及其后代产生潜在危害。原料的安全性是化妆品产品安全的前提条件。化妆品原料的安全性与其自身的化学结构和/或组成、理化性质、生产工艺以及在化妆品中的使用量等密切相关。有些化学物质基于其本身的结构特点，确定会对人体健康产生危害，如苯、丙烯酰胺、二噁烷、亚硝胺等，因此被列入化妆品禁用原料目录；有些曾经可以使用的原料，随着对其安全性的科学认知，已不能作为化妆品原料使用，因此被纳入了化妆品禁用原料目录，如甲醛、非那西丁、硼酸、氢醌、万寿菊花提取物等。

同一名称的原料，若其生产工艺不同，安全性特点也不一样。如苯氧乙醇，若是由苯酚与环氧乙烷在催化剂的存在下通过缩合反应制成，则会带入安全风险物质苯酚和二噁烷；若是由苯氧乙酸在催化剂作用下通过还原制成，则不会带入安全风险物质苯酚和二噁烷。又如茶叶提取物，用水提取和用乙醇提取时，其所含化学成分差异较大，水提取时主要含有多酚类、花色素类、蛋白质和氨基酸类、多糖类等成分，可作为传统饮品，具有较强的抗氧化作用；而乙醇提取时主要含有小分子生物碱类、黄酮类、有机酸类等成分，不可食用，抗氧化作用较水提物弱。

原料名称为"某某植物提取物"形式的，原则上表示该植物全株及其提取物均为已使用原料。需要注意的是，植物的提取物形式比较复杂，对于不同提取部位，由于其所含化学成分存在差异，也会影响其安全性。例如，苦参根可以使用，但苦参种子则为禁用。此外，某种植物在提取时，由于目标产物不同，其纯化处理的程度也不同，获得产物的安全性会有很大差异，如魔芋的全株有毒不可用，但若通过提取、精制而获得的葡甘露聚糖则无毒可用。

影响化妆品原料安全性的风险因素，大致包含两个方面：原料本身以及可能带入的风险物质。

化妆品原料的安全性与其暴露量密切相关，原料的暴露量越大，其安全风险也会随之增大。如某种原料用于驻留类产品，则其暴露量大于用于淋洗类产品；如某种原料全身使用，则其暴露量大于面部使用。有些原料经过安全评估后，需在某些限定的条件下使用，才能保证其使用安全。《规范》通过对某些限用原料设定限制使用条件进行安全管理中。例如，羟乙二磷酸只能用于发用产品，最大允许使用浓度为 1.5%；又如吡硫鎓锌，作为去屑剂，用于去头屑淋洗类发用产品时，最大允许使用浓度为 1.5%，用于驻留类发用产品时，最大允许使用浓度为 0.1%，而若作为防腐剂，则只能用于淋洗类产品，最大允许使用浓度为 0.5%。

原料可能带入的风险物质是指原料带入的可能对人体健康造成危害的物质，这些物质已明确会对人体健康产生危害，不得作为化妆品原料使用，但由于技术上不可避免的原因可能随原料带入，如甘油可能带入的二甘醇，聚丙烯酰胺可能带入的丙烯酰胺，乙醇可能带入的甲醇，滑石粉可能带入的石棉，聚山梨醇酯 –20 可能带入的二噁烷和二甘醇，三乙醇胺可能带入的二乙醇胺和亚硝胺等。

随着科学技术的发展，还会有其他的风险物质被认知，如何确保化妆品原料的安全性逐渐成为行业面临的突出问题。因此，清晰了解化妆品原料的化学结构和 / 或组成、理化性质、生产工艺、可能带入的安全风险物质以及在化妆品中的使用量等安全相关信息，建立健全化妆品原料的安全性风险评估机制及相应的监管措施，从源头上把控化妆品产品的安全性，势在必行。

二、欧美化妆品原料管理及我国原料管理面临的挑战

欧美等国家和地区主要通过设立专业性评审和监管组织对化妆品原料的安全与风险进行评价，实行源头管理。欧盟消费者安全科学委员会（SCCS）是欧盟化妆品法规修订的主要技术支撑机构，制定《化妆品原料安全性评价测试指南》和《欧盟化妆品法规 1223/2009》附录，对化妆品原料实施清单管理。化妆品原料评价委员会（CIR）是美国进行化妆品原料风险评估的社会组织机构，其评估报告对于化妆品生产企业的原料选择具有重要参考意义。《国际化妆品原料字典和手册》（INCI）是由美国个人护理产品协会（PCPC）出版，在世界范围内实现了化妆品原料名称的统一性、规范性和系统性。

我国对化妆品原料安全的监管要求是一以贯之的，在原《化妆品卫生监督条例》框架下，对原料安全就有较为严格的要求。1999 年《化妆品卫生规

范》推出禁限用原料清单，实施分类目录管理；2003 年发布《中国已使用化妆品成分名单》；对新原料实行审批制，对安全风险较高的原料要求提供原料质量规格证明等。2021 年实施的《化妆品监督管理条例》（以下简称《条例》）更是强化了对化妆品原料的科学监管，推行基于风险的分类管理，发布《化妆品禁用原料目录》，建立化妆品原料安全相关信息报送制度，实行从原料准入到使用的全流程管理等。

化妆品原料种类多样，来源涵盖化工、食品、药材等行业，不同行业对原料的质量规格要求存在差异，给原料的安全监管带来了很大的挑战。各种天然动植物提取物和生物发酵原料的研发是近年来化妆品市场的新热点，然而，其组成成分的复杂性也给化妆品原料的安全风险评估带来了一定的挑战。因此，对化妆品原料的认知和监管需要在发展中不断完善。如在《规范》禁限用组分和准用组分目录中，禁用组分缺少限值数据、准用组分是否可以以其他目的使用缺少说明等。此外，化妆品原料领域还存在基础研究薄弱、质量标准特异性差、安全信息数据短缺等问题。

三、我国化妆品原料的科学监管措施

《条例》规定，我国基于风险管理的原则，在把好产品质量安全源头关的基础上，延续了原法规体系下的做法，对化妆品新原料分类实施注册和备案管理，即对具有防腐、防晒、着色、染发、祛斑美白功能的化妆品新原料实行注册管理，对其他化妆品新原料实行备案管理。对于其他风险程度较高的新原料，如国内外首次使用的防脱发、祛痘、抗皱（物理性抗皱除外）、去屑、除臭功能以及其他国内外首次使用的具有较高生物活性的化妆品新原料（包括寡肽、多肽、蛋白质类新原料以及纳米新原料），安全性要求等同于注册管理的新原料；而对于能够提供充分的证据材料证明在境外上市化妆品中已有三年以上安全使用历史的新原料，以及具有安全食用历史的化妆品新原料，则可以减免部分毒理学试验项目。《条例》确定的风险分级、分类管理方式，不仅推动实现更科学的监管，更能以此鼓励化妆品行业积极创新，推动行业高质量发展。

《规范》是我国原料安全管理最重要的技术标准之一，其重点强调了对化妆品禁限用原料和准用原料实施目录管理。为贯彻落实《条例》，进一步加强化妆品原料管理，《规范》已动态更新了部分内容，首先是更新了《化妆品禁用原料目录》，其中，化妆品禁用原料目录，共 1284 种；化妆品禁用植（动）物原料目录，共 109 种。随后还将全面梳理限用原料目录和准用原料目录（包括准用防腐剂、准用防晒剂、准用着色剂和准用染发剂）；并将已发布的 22 种检验方法纳入《规范》，其中包括 10 种理化检验方法、2 种毒理学试验方法、2 种人体功效评价检验方法、8 种动物试验替代方法。《规范》的修订，将进一步推动适合国情和与国际接轨的化妆品标准体系建立，为行业发展和安全监管奠定技术基础。

国家药品监督管理局发布的《目录》，是对在我国境内生产、销售的化妆品已使用原料的客观收录，国家药品监督管理局未组织对已使用的化妆品原料安全性进行系统评价，化妆品注册人、备案人在选用本目录所列原料时，应当符合国家有关法律法规、强制性国家标准、技术规范的相关要求，并承担产品质量安全责任。需要注意的是，《目录》中收载的原料最高历史使用量，仅仅是化妆品产品安全评估报告（简化版）可采用的证据之一，当其他证据类型均不能评估时，最高历史使用量可为评估提供参考，并非是其安全限量。《目录》中的某一类别原料因其包含了来源不同的众多原料，如植物油、氢化植物油、藻提取物、植物氨基酸类、香精等，因此，其最高历史使用量不能作为安全评估的参考；产品配方中所用植物原料，如果与《目录》中所列植物原料的使用形式或使用部位不同，其最高历史使用量也不能作为安全评估的参考。另外，需要注意的是，有些可食用或者在食品中广泛存在的物质，用于化妆品未必安全。在评估这些原料的安全性时，应关注其化学结构、毒理学特征和暴露情况，尤其需对其皮肤刺激性、皮肤致敏性、光毒性、光敏性等进行毒理学评估，有些原料因上述安全性问题已被纳入禁用原料目录，如魔芋、白芷、维生素 D_2 和 D_3、维生素 K_1、视黄酸等。通过梳理、细化已使用原料目录，为判定新原料和安全评估提供技术支撑。

数量众多的不同化妆品都是由有限数量的原料制成的。通过对化妆品所有原料和风险物质开展安全评估，可以基本确定原料的安全使用量及风险物质的可接受暴露水平，进而保障产品的安全性。国际上对于化妆品原料的安全管理制度和框架，大多以风险评估为基本技术手段。为贯彻落实《条例》

相关要求，规范和指导化妆品安全评估工作，国家药品监督管理局发布了《化妆品安全评估技术导则（2021年版）》（以下简称《技术导则》）。鉴于目前我国化妆品行业整体的安全评估能力较薄弱，国家药品监督管理局在发布《技术导则》时特别指出，《技术导则》提供了化妆品产品安全评估报告的完整版和简化版示例，在2024年5月1日前，化妆品注册人、备案人可以按照《技术导则》相关要求，提交简化版产品安全评估报告。这一政策的出台，既考虑了行业发展现状，又在一定程度上把握了化妆品原料和产品安全的底线，有利于监管政策的可持续性。

为进一步细化化妆品原料的科学监管，国家药品监督管理局搭建了原料安全信息报送平台，在产品注册备案环节客观收集原料安全信息，同时明确了原料安全相关信息的报送具体内容，包括原料的组成、化妆品中建议添加量、原料使用限制、原料性状、物质化学性质描述、生产工艺类型描述、原料质量控制要求、国际权威机构评估结论、其他行业使用要求简述、风险物质限量要求等。《国家药品监督管理局关于实施〈化妆品注册备案资料管理规定〉有关事项的公告》结合行业发展现状，提出了逐步完善化妆品原料安全相关信息报送的具体要求，第一阶段（自2021年5月1日起），应当填报产品配方原料的来源和商品名信息，其中涉及《规范》中有质量规格要求的原料，还应当提交原料的质量规格证明或者安全相关信息；第二阶段（自2022年1月1日起），应当按照《化妆品注册备案资料管理规定》的要求，提供具有防腐、防晒、着色、染发、祛斑美白功能原料的安全相关信息；第三阶段（自2023年1月1日起），应当按照《化妆品注册备案资料管理规定》的要求，提供全部原料的安全相关信息。此前已经取得注册或者完成备案的化妆品，注册人、备案人应当在2023年5月1日前补充提供产品配方中全部原料的安全相关信息。原料安全相关信息的报送，从制度设计上增加了保密的技术措施，如无法提供原料组成，可不填写，但应当提交相关说明资料；如无法提供质量控制要求，可不填写，但应当提交相关说明资料等。通过在产品注册备案环节客观收集原料安全信息，不仅可以帮助化妆品注册人、备案人科学认识原料的安全风险，从政策上加强上下游企业信息传递的准确性及可追溯性，而且有助于逐步构建我国化妆品原料安全数据库，建立健全化妆品原料标准体系，从源头上更有效地控制化妆品质量安全，促进行业健康有序发展。

四、化妆品原料安全的监管建议

目前，我国在化妆品原料安全管理方面虽已制定了较为系统全面的管理法规，但随着科学技术和化妆品行业的快速发展，对化妆品原料的安全管理还有待进一步细化和加强。

建议加强化妆品原料安全信息采集。《目录》中共收载原料8965种（禁用原料除外），但其中原料的基础信息十分缺乏，尤其是安全信息基本是空白。《目录》中同一名称的原料，可能由于来源不同，带入的风险物质不同，安全性表现也会不同；类别原料定义不清，所包含的具体原料不清，难以针对性地开展安全评估。因此，加强化妆品原料信息采集，建立化妆品原料安全信息库，不仅可以实现监管部门、原料企业及化妆品生产企业信息互通，而且可更好地服务于企业，保障化妆品原料合规、安全和可追溯性。

建议注重化妆品原料质量安全标准体系建立。标准是法规的重要技术支撑，此项工作的开展对我国化妆品原料安全监管具有重要意义，不仅能够提供权威的标准体系和技术支撑，而且可以通过制定化妆品原料标准来提高化妆品产品的安全性。但由于化妆品原料基础性研究相对薄弱，大多数原料质量标准特征性不强，尤其缺乏安全性标准；且化妆品原料的种类过于繁杂，不可能对每一种原料都建立质量安全标准。近些年来发生的化妆品安全事件提醒我们，加快标准体系建设刻不容缓。因此，建议按照风险程度对化妆品原料分门别类，逐步建立不同类别的化妆品原料安全标准体系。对存在或具有潜在安全性风险的原料，可由国家监管部门制定强制性国家标准。而对于安全风险较低的一般性化妆品原料，可提倡行业协会或企业协商形成国家推荐标准、行业标准或团体标准，以及通过化妆品生产企业和化妆品原料生产企业自行建立本企业所用原料的技术要求等方式予以规范和明确。

建议完善国家层面的化妆品原料安全评估机制。国际上对于化妆品原料的安全管理制度和框架，大多以风险评估为基本技术手段。在欧盟，化妆品原料的安全评估等相关工作是由欧盟消费者安全科学委员会（SCCS）负责开展，主要针对正列表和禁止及限制列表中的成分，针对某个技术过程或者特殊物质的安全性事件进行评价，并根据所掌握的科学资料和具体使用情况进行随时调整，保持动态变化。SCCS 的决议具有强制性，但是，最终的决定物质准入或者删除需要由欧盟委员会和成员国共同决定。在美国，化妆品原料评价委员会（CIR）是美国进行化妆品原料风险评估的社会组织机构，其选择进行评估的成分一般基于其潜在的生物活性、在化妆品中的使用频率、皮肤渗透程度以及其他因素。经过了评价的成分，CIR 的意见会在科学文献中发布。CIR 的结果没有法律效应，但是美国食品药品管理局（FDA）通常支持其结果。目前，我国化妆品行业整体的安全评估能力仍有待提升，国家层面的化妆品原料安全评估机制有待建立完善。建议培育一支专业、稳定的国家级化妆品原料评估队伍，通过对重点化妆品原料进行评估，逐步积累评估经验，进而完善评估程序和方法，搭建化妆品原料安全评估技术交流平台，深入开展化妆品原料安全监管研究，完善化妆品原料标准、安全评估等制度建设。

（作者单位：石钺，中国医学科学院药用植物研究所；张宏伟，中国
　　疾病预防控制环境与健康相关产品安全所；赵华，北京工商大学）

化妆品监管队伍建设实践与展望

摘要： 化妆品监管队伍是保障人民群众用妆安全、推动我国化妆品行业高质量发展的重要力量之一。2018 年机构改革以来，我国化妆品监管队伍逐渐出现了人力资源结构性紧缺和绝对数量紧缺的问题。本文总结了近年来国家药品监督管理局高级研修学院在化妆品监管队伍建设方面开展的实践，分析机构改革后化妆品监管队伍现状及存在的问题，对下一步化妆品监管队伍建设提出构建教育培训体系、提升教育培训可及性及覆盖面、探索化妆品专业人才长期培养途径的思考和建议。

关键词： 化妆品　监管队伍　人才培养

自 2018 年机构改革以来，我国化妆品监管事业鼎故革新、开基立业，随着《化妆品监督管理条例》（以下简称《条例》）的发布实施，化妆品制度化、法制化、规范化管理时代开启，化妆品法规体系的"四梁八柱"正在逐步完善。如何科学、有效、持续地推进监管创新，加强监管队伍建设，是监管系统一直在思考的问题。

一、近年来化妆品监管队伍建设实践

近年来，国家药品监督管理局高级研修学院（以下简称高研院）在服务化妆品监管队伍建设方面开展了以下几方面探索实践，取得了一定的成效。

（一）以《条例》颁布为契机，做好新法规政策宣贯

高研院全程参与了《条例》宣贯工作方案的制定，配合国家药品监督管理局化妆品监管司完成《条例》宣贯解读相关事项；配合组建《条例》宣讲团，为 12 个省（区、市）的宣贯工作提供了师资支持；举办两期《条例》宣贯师

资培训班，培训师资 155 人次；面向行业宣贯培训 440 余人次；《化妆品注册备案管理办法》及配套文件的宣贯培训近 1200 人次。

（二）以化妆品检查员大纲编制为抓手，提升监管专业化水平

自 2019 年开始，高研院积极探索研究检查员大纲编制工作，起草了《化妆品检查员入职培训大纲》，并积极推进实践应用，举办各级化妆品检查员培训 10 期，培训各地检查员 2040 余人。

2021 年，高研院启动了新一轮药品检查员大纲的编制工作，并将检查员岗前培训大纲的编写作为首要目标。目前，《药品检查员岗前培训大纲——化妆品分册》已经多方论证，编制修改完成。

此外，高研院充分发挥药监系统教育培训机构的职责，2018 年以来，共举办各级化妆品监管人员培训 28 期，培训监管人员 3700 余人次，这些专业人才已逐渐成为保障化妆品质量安全的重要力量。

（三）以创建化妆品教学基地为突破口，夯实教育培训基础

经过大量前期工作，严格遴选，高研院实地培训考查评估，确定东方美谷企业集团股份有限公司、上海中翊日化有限公司、伽蓝（集团）股份有限公司和美妆小镇（浙江湖州）作为高研院化妆品教学基地并正式授牌。教学基地的建设为化妆品监管队伍培训和行业关键岗位人员培训做好了准备，同时为以后教学形式的丰富创新，提升化妆品培训质量夯实了基础。

（四）以化妆品安全科普宣传周公益培训为品牌，推动构建社会共治新格局

自 2019 年以来，高研院连续三年参与化妆品安全科普宣传周主题活动，积极参与"化妆品安全科普宣传周"方案设计，并在宣传周期间举办各种形式公益培训，成为宣传周的重要组成部分。

2019 年举办化妆品企业质量安全负责人高级研修班，遴选 72 家大型国内化妆品企业及有代表性的电商平台质量安全负责人参加学习；2020 年创新性开展"化妆品质量安全管理公益网络培训"，上线 1 个月，学习人数达到 24548 人，收集各类问题 1158 条；2021 年开展"化妆品安全科普宣传周公益

直播"，直播当天同期上线学习人数达到 53.8 万余人次。

二、机构改革后化妆品监管队伍现状及存在的问题

2018 年的机构改革对监管机构、职能和队伍进行了调整。随着改革的不断推进，化妆品监管队伍逐渐出现了人力资源结构性紧缺和绝对数量紧缺的问题。

（一）监管专业人才流失

截至 2021 年，省级层面已有 25 个省级局单独设置化妆品处，6 个省级局未单设化妆品处；有 16 个省份设置了药品监管派出机构，包括检查分局、监管分局或者直属分局等；或者参照国家药品监督管理局配置了相应的技术支撑机构。监管人员、执法人员、技术审评机构、检验机构人员等均有大量的培训需求。市县层面不再单设药监局，部分市县级药品监管部门压缩核减了一部分编制，原来承担药品、医疗器械、化妆品生产的专业监管人员，不少是经验丰富、专业性强的监管人才，由于机构改革，原科室被撤销或合并而面临转岗，专业人才流失情况比较普遍，对监管队伍的稳定性造成了很大影响。

（二）现有人员与业务要求尚有差距

从化妆品监管职能来看，国家药品监督管理部门负责化妆品新原料的注册、备案，特殊化妆品的注册和进口普通化妆品的备案工作；省级药品监督管理部门负责普通化妆品的备案、化妆品生产环节的许可、检查和处罚；市县两级市场监管部门负责化妆品经营环节的检查和处罚。由此可见，省级药品监管部门职能扩大了，但是监管手段和行政编制资源却没有实质提升。新划转人员，虽然具备行政工作经验，但大多缺乏一线化妆品相关检查稽查经验，需要重新学习相关法律法规和业务知识；专业背景不同、工作经历不同，对如何开展监管工作的认知和理解差别较大，特别是在自由裁量、法律适用、情节认定等方面，还无法进行比较专业的判断。

与此同时，市场主体数量不断增加，新的经济业态不断出现，监管任务的复杂性和监管压力激增，出现了人员业务能力与工作需求不匹配的现象。长此下去，既不利于监管工作权威性的建立，也不利于促进产业高质量发展。

（三）《条例》时代背景下的监管工作有了新使命、新要求

《化妆品生产经营监督管理办法》（以下简称《办法》）提出，"负责药品监督管理的部门应当充分发挥行业协会、消费者协会和其他消费者组织、新闻媒体等的作用，推进诚信体系建设，促进化妆品安全社会共治。"这对《条例》时代背景下监管队伍的建设提出了新要求、新挑战。

具体来说，要求监管部门成为既要切实提升监管法治化、专业化水平；又要担负起促进化妆品安全社会共治的责任：发挥注册人（备案人）、经营使用单位在化妆品安全社会共治中的主力军作用，督促他们带头落实化妆品相关法律法规要求，切实履行主体责任，自觉规范生产经营行为；鼓励行业协会成为化妆品安全社会共治的纽带；引导媒体和消费者在化妆品安全社会共治中发挥助推器的作用。借助全社会力量共同促进行业高质量发展，更好保障消费者用妆安全。

三、对化妆品监管队伍建设的思考和展望

"十四五"时期是开启全面建设社会主义现代化国家新征程的第一个五年，也是《条例》正式实施的第一个五年，两个重要历史节点凸显了新时代我国化妆品产业高质量发展的重要意义，也为人才队伍的建设赋予了新的使命。

2021 年，国务院办公厅发布《关于全面加强药品监管能力建设的实施意见》，聚焦当前药品监管体系和监管能力存在的瓶颈问题，着眼长远，要求按照强基础、补短板、破瓶颈、促提升的思路和科学化、法治化、国际化、现代化的方向发展。围绕"能力建设"这条主线，笔者就进一步加强化妆品监管队伍建设提出以下思考和建议。

（一）突出目标引领，加快构建化妆品监管队伍教育培训体系

教育培训是增强能力的基础手段，交流学习是能力提升的重要途径，规范建设是队伍建设的长远举措。一是加快编制《职业化专业化检查员培训大纲——化妆品分册》，构建我国化妆品检查能力标准化培训体系，有计划、有重点地培养高层次检查员，促进一把尺子量到底，实现核心监管人才数量、质

量"双提升"，为全国监管一盘棋提供人才基础和保障；二是加强化妆品师资队伍建设，培养和挖掘一批专业素质过硬、实践能力强、教学经验丰富、表达能力好的"双一流"师资；三是加强化妆品培训教材建设，逐步构建化妆品监管人员和检查员培训所需的基础知识与监管实务类的教材体系，持续推进《化妆品生产经营监管》《化妆品稽查》等实务类教材的编写与出版；四是积极开展调研，围绕化妆品监管重点工作，开展培训需求、制度设计等方面的调查与研究，提高培训工作的时效性、针对性和专业性，为监管工作提供决策支持。

（二）突出创新驱动，提升教育培训可及性和覆盖面

化妆品行业日新月异，新业态层出不穷；监管理念、监管方式不断创新，教育培训的技术方法也应不断创新。一方面充分运用信息化技术，建设并推广使用云平台，创新教育培训形式，积极探索并尝试网络培训、"直播"等多种手段，量身打造学习计划和学习方案，因地制宜开展培训；另一方面推广和应用探究式教学，灵活运用案例分析、交流研讨和实训模拟等教学方法，不断增强教学的吸引力，巩固培训效果。

（三）突出资源整合，探索化妆品专业人才长期培养途径

监管队伍建设是一项系统工程。我国化妆品行业起步较晚，化妆品专业人才，尤其是专业的监管人才匮乏，更应该加强人才队伍建设的长远谋划。高等院校具有较强的科研水平和先进的理论知识，同时也是人才的培养和孵化平台，能够为化妆品行业培养高质量专业技术人员，也能为监管部门培养专业人才。目前，国内已有北京工商大学、华东理工大学、江南大学、上海应用技术大学、广东药科大学等高校开设化妆品相关学科教育；2018年，中国药科大学还率先增设工业药学方向化妆品与皮肤健康研究生专业，充分结合各学科优势，为培养适应化妆品产业的综合性人才奠定学科基础。未来可以探索建立集各级监管部门、教育培训机构、科研机构、行业企业等多方资源，多维度、多途径创新化妆品专业人才培养模式，以适应新形势下专业人才定位，搭建信息互通、经验共享的平台。

（国家药品监督管理局高级研修学院供稿）

关于化妆品社会共治体系建设的思考

陈多培　陈立群

摘要：法律是公共幸福的制度安排。《化妆品监督管理条例》引入社会共治理念，坚持企业主体责任制度、政府监管制度和社会共治制度有机统一，着力形成化妆品监管的强大合力。本文结合工作实践，就省级药监部门如何推动构建企业主体责任、政府监管、行业自律、社会监督的社会共治格局，如何加强人才培养、履职尽责、监督企业落实主体责任，以及有效推动与相关部门、机构联动等方面进行思考探讨，以期助推新规落地见效，引导鼓励与化妆品相关的不同社会领域、不同主体共同参与日常监督，共同规范化妆品生产经营行为，科学推动信息公开，共同促进行业健康发展，打造"多兵种联合作战"的化妆品社会共治体系，切实保障公众用妆安全。

关键词：化妆品　安全监管　社会共治

化妆品是满足人民对美的需求的日用消费品，与人民群众生活息息相关，事关百姓生命健康安全。党中央、国务院高度重视化妆品质量安全。化妆品监管工作是一项民生工程，也是一项政治工程。《化妆品监督管理条例》（以下简称《条例》）等新规奠定了化妆品监管的"四梁八柱"。现就化妆品社会共治体系建设谈几点认识。

一、实现化妆品社会共治，人才是第一资源

千秋基业，人才为本。国务院办公厅《关于全面加强药品监管能力建设的实施意见》提出，要提升监管队伍素质，强化专业监管要求，严把监管队伍入口关，优化年龄、专业结构。加大培养力度，有计划重点培养高层次审评员、检查员，加强高层次国际化人才培养，实现核心监管人才数量、质量

"双提升"。化妆品科学涉及生物学、化学、医药学、物理学、经济学、法学、心理学、材料学、农学、美学、管理学等多门学科，这对监管人员、技术人员的专业知识、工作经验和能力素质提出了很高要求。

当务之急是加强化妆品新规培训师资、检查员、检验检测员、安全性评价审评专家等四支队伍建设。一是加强思想政治建设，切实增强监管人员干事创业的积极性、主动性、创造性，强化履职尽责的责任感、使命感、荣誉感。二是树立正确用人导向。坚持"人事相宜、人岗相适、以事择人、量体裁衣"，建立有利于人才脱颖而出、充分施展才能的选人用人机制，鼓励监管人员锐意进取、担当作为。三是健全人才评价激励机制，激先敦后，规范人才业绩考核、职称评定办法，充分发挥各类人才的创造力。四是拓宽培训渠道。通过干部大讲堂、集中培训、师带徒等多种形式，做好传帮带。

总之，多措并举，将政治上靠得住、工作上有成效、作风上得过硬、贯彻落实上有实招的干部放到关键岗位，充分发挥作用，成为"干一行爱一行钻一行"、政策通业务精的多面手、"智多星"，成为开拓"美丽事业"的老黄牛、拓荒牛，成为推动化妆品共治体系建设的"千里眼""顺风耳"，扭转"新办法不会用，老办法不管用，硬办法不敢用，软办法不顶用"的被动局面。

二、实现化妆品社会共治，药品监管部门是监管与普法的第一责任人

《条例》明确，省级药监部门负责普通化妆品的备案、化妆品生产许可工作。《国家药品监督管理局职能配置、内设机构和人员编制规定》明确，省级药监部门负责化妆品生产环节的许可、检查和处罚。因此，省级药监部门在化妆品监管中具有承上启下的重要作用，必须提高政治站位，找准工作定位，明确事权划分，深化新规培训宣贯解读，完善政策措施，实现监督检查、抽检检验、风险监测和评价、不良反应监测、投诉举报和违法查处等上市后监管"五驾马车"并驾齐驱、有效衔接，保证新规平稳落地见效。为此，省级药监部门监管人员要努力成为联通国家药品监督管理局与市州监管部门的"联络员"、服务基层和企业的"服务员"、带领协调本级人员履行职能职责的"战斗员"、督促指导市县监管部门履职尽责的"指挥员"、及时发现处置安全风

险的"安全员"、解读宣传化妆品新规的"宣传员",发挥催化引领作用,推动化妆品社会共治体系建设。

三、实现化妆品社会共治,部门联动是重要基础

加强与卫生健康、公检法司、科技、网信等部门沟通协调,建立健全跨部门协同监管、信息共享、联动执法、联席会议等制度机制,完善各司其职、各负其责、相互配合、齐抓共管的协同监管机制,共同发力,同频共振,形成化妆品监管的强大合力,防止"各吹各的号、各唱各的调"。

(一)与卫生健康部门建立协作机制,开展联合督导检查

联合卫生健康部门发文、开展联合专项督导等,指导医疗机构开展化妆品不良反应监测,提升报告的数量和质量;对美容场所开展检查,摸底排查,联合查处美容场所违法违规行为,保障公众用妆安全和身体健康,促进美容美发行业健康有序发展。

(二)与网信、市场监管等部门建立协调沟通机制,加强对化妆品电子商务平台经营者的有效监管

《条例》和《化妆品生产经营监督管理办法》(以下简称《办法》)对电子商务平台经营者的义务作出规定。《办法》明确,化妆品电子商务平台经营者应当设置化妆品质量管理机构或者配备专兼职管理人员,建立平台内化妆品日常检查、违法行为制止及报告、投诉举报处理等化妆品质量安全管理制度并有效实施。因此,要加强与网信等部门协调沟通,实施对化妆品电子商务平台经营者的依法科学监管。

(三)加强与公、检、法、司等部门沟通,强化行政执法与刑事司法衔接

建立会商机制,健全行刑衔接、案件移送机制。从制定制度、共商对策、联合行动等方面入手,与公、检、法、司等部门会商案情,达成共识,严查非法添加、制售假劣化妆品案件,严厉打击非法添加激素、抗生素、抗过敏

药物等严重危害消费者健康的行为。如对有重大嫌疑的企业或地下加工窝点，监管人员与公安民警联合出击、同时取证，公安民警现场控制嫌疑人、讯问调查取证，监管人员及时控制问题产品，防止嫌疑人脱逃、不法产品转移、证据灭失。通过联合执法、综合治理，重典治乱，形成震慑，实现"查处一案、警示一批、教育一片、规范一方"之目的。

（四）加强与工信、科技等部门沟通，加强科学监管研究

为高等院校、科研院所、检验检测机构打造交流平台，通过产学研互融、校企联动，挖掘潜力、激发活力、增强合力，帮助化妆品生产企业开展技术攻关，鼓励企业创新发展，促进科研成果转化，实现"产学研教"合作共赢。

四、实现化妆品社会共治，压实企业主体责任是题中应有之意

企业是产品质量的第一责任人。以新规实施为契机，药监部门要督促企业严格管控化妆品原辅料质量，强化全过程质量管理，加强不良反应监测，提升企业管理水平和风险防控能力；督促化妆品生产经营企业，注册人、备案人落实主体责任，规范生产经营行为，履行产品质量安全主体责任、提升保证产品质量安全的基本能力。

创新是化妆品产业发展的动力。通过举办高端论坛、研讨会、交流会等形式，为企业、高等院校、科研机构、医疗机构等多方专家学者打造交流平台，为企业创新牵线搭桥。立足本省植物资源丰富、产业链不长、经济欠发达、化妆品研发能力不强等现状，推进"产学研教"深度融合，促进创新要素向企业集聚，鼓励支持运用现代科学技术，结合特色植物资源研究开发化妆品，加快推进植物资源种植优势向化妆品产业优势转变，推动产业升级，提升民族品牌。

五、实现化妆品社会共治，行业协会是重要桥梁

《优化营商环境条例》规定，行业协会商会应当依照法律、法规和章程，

加强行业自律，及时反映行业诉求，为市场主体提供信息咨询、宣传培训、市场拓展、权益保护、纠纷处理等方面的服务。《条例》明确，化妆品行业协会应当加强行业自律，督促引导化妆品生产经营者依法从事生产经营活动，推动行业诚信建设。因此，充分发挥化妆品行业协会的桥梁作用至关重要。一是行业协会尽快建章立制，通过协会章程、行规行约，明确行业自律规范，建立行业内部自律、奖惩机制，推动行业诚信体系建设，树立良好行业信誉。二是积极发挥引导和督促作用，引导督促成员不断完善内部管理制度，合法开展生产经营活动。三是加强行业与消费者的沟通，提升消费者对化妆的科学认知和安全意识，依法维护成员合法权益，推动行业健康发展。

六、实现化妆品社会共治，宣传是重要措施

一是开展普法宣传。成立宣讲团，深入市县、企业开展普法宣传，提升监管人员、化妆品企业的法治意识，强化企业责任，确保新规平稳落地、顺利实施。

二是加强科普宣传。坚持"科普宣传周"集中宣传与平时科普宣传相结合、线上与线下相结合，创新丰富"化妆品安全科普宣传周"活动载体，发挥省级化妆品科普专家优势，打造群众喜闻乐见的科普宣传品牌，通过海报、短视频、电视访谈、制作宣传节目、科普文章、在高等院校开设"合理用妆"公开课等方式，以及科普宣传进学校、进社区、进机关、进党校、进军营、进企业、进农村、进幼儿园"八进"等活动，加大对化妆品监管新规、安全用妆知识的宣传力度，提升公众认知水平，引导消费者科学选用、合理消费化妆品，合理预期化妆品功效。

三是发挥媒体正面宣传和舆论监督作用。建立与新闻媒体的沟通合作机制，打造化妆品普法、科普主阵地，通过媒体进行全面、科学、客观、公正地宣传报道，发布科普知识，引导消费者合理选购化妆品，理性认知化妆品不良反应及其预防措施，引领全社会关心关注支持化妆品监管工作。同时，充分发挥新闻媒体的舆论监督作用，依法曝光化妆品安全违法犯罪行为，有力震慑不法分子，营造激浊扬清、惩恶扬善的舆论氛围。

七、实现化妆品社会共治，安全风险防控是重要保障

"图之于未萌，虑之于未有"。务必牢牢守住、有效防控化妆品系统性、区域性风险这一底线。

（一）健全应急管理机制

整合化妆品技术审评审批、监督抽检、现场检查、不良反应监测、投诉举报、舆情监测、执法稽查等方面的风险信息，构建统一完善的风险监测系统，形成协调联动、步调一致、运转高效的工作机制，逐步实现化妆品安全风险的及时监测、准确研判、科学预警和有效处置，提升化妆品风险监测能力。加强舆情监测研判，做到早发现、早预警、早报告、早处置。

（二）开展应急演练

印发省级化妆品安全突发事件应急预案、应急演练方案和脚本，开展应急演练，探索化妆品安全突发事件的特点和规律，加强风险识别、情报预警、风险评估，有效预防、积极应对、及时控制化妆品安全突发事件，科学有效组织应急处置工作，从最坏处着眼、做最充分的准备，争取最好的效果，最大限度降低事件危害，保障公众健康和用妆安全，维护正常社会经济秩序。同时，加强调研，细化职责，指导市州制定化妆品安全突发事件应急预案，开展较大化妆品安全突发事件应急演练，建立省内跨市州化妆品安全突发事件应急处理机制，全面提升风险研判和应急处置能力，有效防控化妆品系统性、区域性风险。

（三）加强技术支撑体系建设

省级检验检测机构加强与中国食品药品检定研究院沟通汇报，学习先进经验，补齐自身短板。同时加强对市州检验检测机构的业务指导，开展能力达标建设。

首先，加大抽检力度。优化抽检方案，提升抽检"靶向性"，加大抽检力度，加强抽检结果分析应用，加大对抽检不合格产品的查处力度，充分发挥

监督抽检在化妆品上市后监管中的支撑作用。

其次，提升化妆品风险监测能力。《条例》强化化妆品全生命周期管理，规定注册人、备案人生产自查制度、化妆品电商平台销售管理制度、不良反应监测评价和报告制度，以及上市后安全再评估制度，有效防控化妆品安全风险。建立风险信息"直通车"制度，构建统一完善的风险监测系统，形成协调联动的工作机制。建立省级化妆品安全风险研判专家库，提升化妆品安全突发事件应急处置能力和不良反应分析评价水平。

第三，提升不良反应监测能力。制定省级化妆品不良反应监测程序，规范化妆品不良反应收集、报告、分析、评价、调查、处理等工作，提升化妆品注册人、备案人、生产经营企业主动监测、主动上报意识和能力。强化培训，提升监测人员对化妆品不良反应的监测、识别、评估和控制能力，提升化妆品不良反应报告数量和质量，实现监测数据有效利用。前移监测关口，指导消费者主动有效防范化妆品不良反应，及时发现上报不良反应。

第四，建立风险交流平台。探索建立由相关部门、风险监测机构、风险评估专家、化妆品生产经营企业、行业协会、消费者协会、新闻媒体机构、消费者及其他利益相关方参与的化妆品风险交流平台，实现安全信息共享、安全风险共治。

"孤举者难起，众行者易趋"。化妆品监管工作是一项复杂的系统工程。做好"美丽事业"监管责任重大、使命光荣。破解监管任务繁重与监管力量不足的矛盾，构建化妆品社会共治体系任重而道远，需要多方努力、协调联动、多管齐下、多措并举，实现由"单一兵种作战"向"多兵种联合作战"转变。

（作者单位：陈多培，甘肃省药品监督管理局；
陈立群，甘肃省兰州市人力资源和社会保障局）

2021年中国化妆品风险交流工作进展及思考

赵华　谢志洁

摘要： 本文阐述了风险交流的内涵和作用，总结了2021年中国化妆品风险交流工作的主要进展，并从理论研究、机制完善、平台建设等方面对未来化妆品风险交流工作提出了建议。

关键词： 化妆品风险交流　制度建设　平台建设

完善的风险交流制度，对于推动政府与社会各方进行及时有效的互动沟通、引导公众理性认知化妆品安全风险、矫正媒体的不良报道，以及保障化妆品行业的有序发展都具有极其重要的作用。2021年，中国化妆品风险交流工作坚持以科学为准绳，以维护公众健康权益为根本出发点，将服务化妆品安全工作大局的初心贯穿于全年化妆品工作的始终。

一、中国化妆品风险交流的制度建设

风险交流是指在风险分析过程中，监督管理部门、生产经营者、社会组织、消费者、媒体围绕风险认知、风险评估结果、管理决策等进行互动式交流的过程。其主要目的是促进各利益相关方积极主动参与安全风险分析，强化各方对安全风险评估问题的认知，提高风险管理决策制定的透明度、一致性，为质量安全管理决策的顺利实施提供保障。所以，风险交流是质量管理决策制定的依据，也是对安全风险评估结果的进一步详细解释。

2021年实施的《化妆品监督管理条例》（以下简称《条例》）指出，国家建立化妆品安全风险监测和评价制度，对影响化妆品质量安全的风险因素进行监测和评价，为制定化妆品质量安全风险控制措施和标准、开展化妆品抽样检验提供科学依据。《条例》同时指出，国务院药品监督管理部门建立化妆品质量安全风险信息交流机制，组织化妆品生产经营者、检验机构、行业协会、消费者协会以及新闻媒体等就化妆品质量安全风险信息进行交流沟通。

《条例》的实施，是国家首次从立法角度对化妆品质量安全风险信息交流的主体、机制和内容进行全面、系统地界定，为化妆品质量安全风险信息交流工作提供了制度保障，是化妆品安全风险管理和社会共治原则的政策依据。

二、2021年中国化妆品风险交流工作进展

（一）常态化的风险交流工作

1. 与国内外政府机构、行业组织和民间团体建立常态化交流机制

（1）先后与中国欧盟商会、中国美国商会、韩国食品药品管理局、日本化妆品工业联合会等就化妆品监管的法规和技术问题进行了沟通和交流。与印尼食品药品管理局签署了《中华人民共和国国家药品监督管理局与印度尼西亚共和国食品药品管理局关于药品和化妆品监管合作谅解备忘录》，以加强双方在药品和化妆品监管领域的信息交流与技术合作，共同保护和促进两国公众健康。

（2）与进出口管理部门、市场监督管理部门等建立了良好的沟通机制。

（3）定期进行化妆品行业协会（学会）座谈会。2021年12月21日，就包括《条例》在内的一系列法规落实情况和遇到的问题，与部分省市药品监督管理局、行业协会进行了交流。

2. 增加政策制订的透明性，强化法规宣贯工作

国家药品监督管理局在法规制订过程中有意识地吸纳化妆品生产经营企业、行业专家参与，听取他们在实际工作中遇到的问题，广泛征求意见，以使法规能体现科学性、先进性，并能最大化地满足各方诉求。

2021年1月14日，国家药品监督管理局组织了《条例》实施新闻吹风会，介绍了《条例》出台的背景、意义和特点，并就一些关键问题进行了阐述。

2021年5月26日，在国家药品监督管理局化妆品监管司指导下，国家药品监督管理局高级研修学院组织承办了"2021年化妆品安全科普宣传周公益培训"。课程主要包括法规政策解读、质量安全管理经验分享、化妆品相关专

业知识讲解等。参训学员涵盖化妆品监管人员、企业从业人员、社会监督员、网络销售平台和研发机构相关人员，以及部分媒体和消费者，是近年来化妆品培训中参训人员范围最广、人数最多的一次，在线学习人数达 538438 人次。

3. 化妆品安全科普宣传周已形成品牌

2021 年全国化妆品安全科普宣传周于 5 月 24 日在山东济南启动。宣传周主题为"安全用妆，美丽有法"，旨在进一步加强化妆品监管相关法规的宣传贯彻，落实企业质量安全主体责任，提升公众对儿童化妆品安全使用的认知水平，引导消费者科学合理地使用化妆品。

同时，湖北、浙江、陕西、广东等省的药监局分别在杭州、武汉、西安、广州 4 个分会场启动 2021 年化妆品安全科普宣传周活动。宣传周活动期间，陆续开展了"为民办实事，法规宣贯万里行""化妆品包材绿色回收活动""5·25 爱肤日"、网络公益培训、实验室开放活动、生产企业开放活动、科普大讲堂活动、高质量发展论坛等重点活动。

2019 年以来，国家药品监督管理局每年 5 月均举办以"安全用妆"为主旨的"化妆品安全科普宣传周"活动，树立了化妆品科普宣传品牌。前两届宣传周共组织各类活动 3000 余场，有效提升了监管效能和公众对化妆品安全的认知水平。2021 年的宣传周是国家药品监督管理局举办的第三届全国化妆品安全科普宣传周，也是国家药品监督管理局"学史力行，我为群众办实事"实践活动的重要内容。

4. 充分发挥行业协会在风险交流工作中的作用

在《化妆品新原料注册备案资料管理规定》《化妆品注册备案资料管理规定》《化妆品分类规则和分类目录》《化妆品功效宣称评价规范》《化妆品安全评估技术导则（2021 年版）》《化妆品标签管理办法》《化妆品生产经营监督管理办法》《儿童化妆品监督管理规定》等《条例》配套法规的起草制定过程中，主动吸纳各行业协会会员的意见和建议，共同讨论相关法规执行过渡期的确定等问题。

通过行业协会听取行业对《条例》配套法规执行过程中遇到的问题，共同商讨监管原则。通过行业协会组织新法规的宣传培训工作，帮助会员学习法规知识，掌握法规内涵，自觉遵守法规。

（二）政策解读和科学普及

国家药品监督管理局网站开设化妆品专栏，包括"化妆品监管动态""化妆品法规文件""化妆品抽检通告""假冒化妆品通告""化妆品飞行检查""化妆品媒体报道"等，及时披露监管信息，解读法规文件，解答监管常见问题和难点问题，发布监督检查通告；开设"化妆品科普"，向大众普及安全用妆知识；开设"化妆品查询"栏目，方便查询化妆品原料、产品、生产企业、检验机构等信息。同时，适时开通了"中国药品监管"APP，实现了新闻动态、政务信息和公开数据的及时更新和实时查询功能。

国家药品监督管理局官方发布的"化妆品监管"APP，为社会公众提供了界面友好、查询方式灵活的化妆品信息查询权威渠道，既有法规解读、科普知识和监管动态，也有化妆品、生产企业、检验机构的信息查询功能，可有效提高化妆品监管数据利用效率和数据公开水平，极大地提升了监管效率，使社会监督更加广泛可行，目前用户已超过200万。

三、对完善化妆品风险交流工作的思考

（一）开展化妆品风险交流理论和方法研究

风险交流具备主体互动性、信息不确定性、感知差异性、内容传播性、目标多样性、策略因应性等综合属性。化妆品风险交流需要在以往工作经验基础上，加以总结和积累，逐步建立和完善系统的理论和方法。

（1）将自然科学和社会科学相融合，吸纳化妆品领域以及法律法规、新闻传媒与社会心理等领域的专家进行跨学科合作，共同开展化妆品风险交流理论和方法的研究。

（2）及时了解公众对风险认知的程度。将传统调查方式与现代互联网技术相结合，了解公众对化妆品风险的认知水平，对风险交流工作效果进行评价，根据调查结果更有针对性地制定或调整风险交流的内容及方式。

（3）在受众分析基础上，根据不同性质的化妆品风险，有针对性地建立风险交流策略。尤其是对化妆品行业热点、难点问题，如新原料申报、生物原料管理、原料安全信息报送、安全性评估、功效性评价以及儿童产品等问题，建立风险交流策略，合理选择信息公开的方式。

（二）完善化妆品风险交流机制

逐步建立和完善政府监督、企业自律、公众参与、社会共治等多主体参与的化妆品安全风险交流机制，引导各方积极、有序地参与治理，凝聚化妆品安全保障的强大合力。发挥专家专业优势，坚持科学、求真、务实的精神，在风险交流、科普宣传、引导公众理性认知方面积极传递正能量；提升化妆品注册人及备案人的风险交流责任意识和积极性。

（三）建立健全化妆品风险信息共享平台

进一步完善风险监测系统，做到早监测、早预判，畅通风险上报渠道，共享风险监测数据，设立安全风险红线，共同坚守化妆品安全风险的底线，打造一个健全的化妆品风险信息共享平台，为化妆品经营企业、监管行业、消费者及媒体提供透明、清晰的风险信息。

（作者单位：赵华，北京工商大学；谢志洁，中国药品监督管理研究会、广东省药品监督管理局二级巡视员）

行业发展篇

中国化妆品行业生态与发展方向

张毅

摘要： 随着居民消费水平的提升以及生活质量的改善，化妆品的使用愈发普遍，在人们的日常生活中发挥着重要作用。近年来，我国化妆品市场规模持续扩大，并越来越受到资本市场的关注。在行业整体向好的大环境下，国产品牌快速成长，男性消费市场逐渐升温，直播带货异军突起，为行业发展营造出了良好的生态环境。本文分析了近年来中国化妆品行业现状和热点，对未来发展方向进行了预判。

关键词： 化妆品国产品牌　男颜经济　直播电商

艾媒咨询统计数据显示，2021 年中国化妆品市场规模达到 4553 亿元，同比增长 15%；预计在 2023 年将突破 5000 亿元大关，达到 5169 亿元。未来，中国化妆品行业将集中探索和发展本土化妆品品牌，从拓展国内消费者群体及海外市场两方面共同发力，加速中国化妆品行业发展。

一、中国化妆品行业现状分析

（一）中国化妆品市场规模及预测

随着中国消费水平不断升级，居民消费能力的提升带动了化妆品市场规模的持续扩大。2020 年受新冠肺炎疫情影响，中国化妆品市场增长速率有所放缓，市场规模降至 3958 亿元。但从整体来看，中国化妆品行业发展前景向好，市场规模整体呈现上升态势。数据显示，2021 年中国化妆品市场规模达到 4553 亿元，同比增长 15%；预计到 2023 年将突破 5000 亿元大关（图 1）。

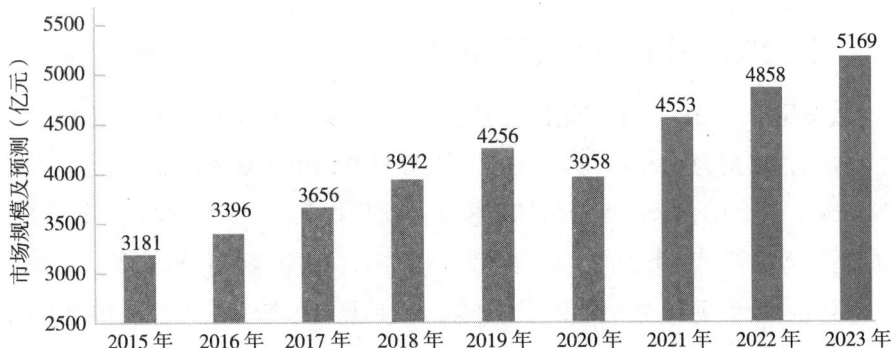

图 1 2015—2023 年中国化妆品行业市场规模及预测

数据来源：iiMedia Research（艾媒咨询）。

（二）中国化妆品行业投融资数据监测

数据显示，2020 年之前，中国化妆品行业投融资数量较多，但都是较小金额投融资，投融资数量最多集中在 2016 年，全年投融资数量达到 70 起。2020 年之后，中国化妆品行业出现金额较大的投融资事件，特别是在 2020 年，中国化妆品行业投融资金额接近 200 亿元（图 2）。由此可见，中国化妆品行业备受资本关注。

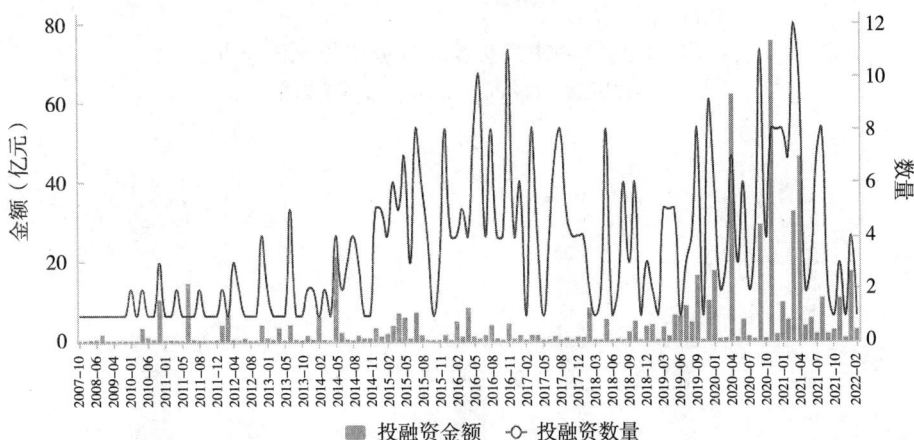

图 2 2007—2022 年中国化妆品行业投融资数据监测

数据来源：iiMedia Research（艾媒咨询）。

（三）中国化妆品细分市场构成

数据显示，2019年中国化妆品细分市场中，护肤品是市场规模占比最大的细分领域，比例为51.2%，其次是洗护发和彩妆，市场规模占比分别为11.9%和11.6%，其余的化妆品细分市场规模所占比例均低于10%（图3）。由于护肤品的适用人群较其他类型产品而言更为广泛，其所占市场份额也较多。

尽管彩妆市场规模占比仅有11.6%，但其复合增速是所有品类中最高的，在2019年达到了19.4%（图4），比行业平均增速多出9.4%，同时，也比份额最多的护肤品高出9.3%，由此可以看出，彩妆市场目前发展速度较快，未来成长空间较大。

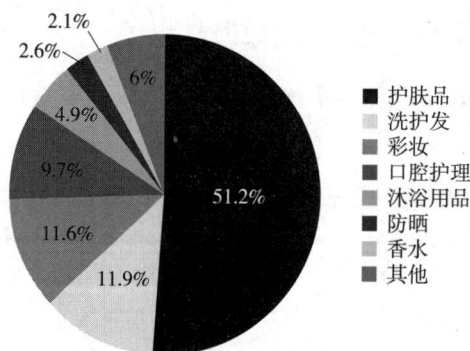

图 3 2019年中国化妆品细分市场规模分布

数据来源：iiMedia Research（艾媒咨询）。

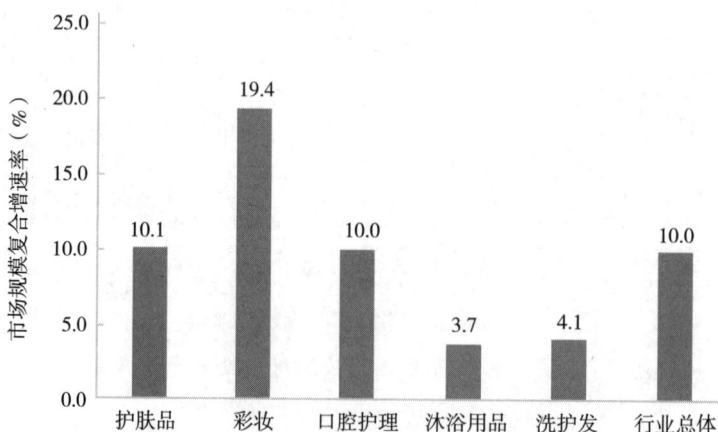

图 4 2019年中国化妆品细分市场规模复合增速情况

数据来源：iiMedia Research（艾媒咨询）。

（四）中国化妆品及洗护用品进出口数据监测

海关数据显示，2021年中国化妆品进口金额为2492.5亿元，超过2020年全年进口金额；出口金额为485.2亿元，贸易逆差为2007.3亿元（图5）。虽然，中国化妆品出口正在逐年增加，但与进口相比，差距较为悬殊，且差距还在不断扩大，国产化妆品与海外品牌同台竞争时，依然处于相对弱势的地位，国产品牌的消费者认可度和市场竞争力均有待加强。

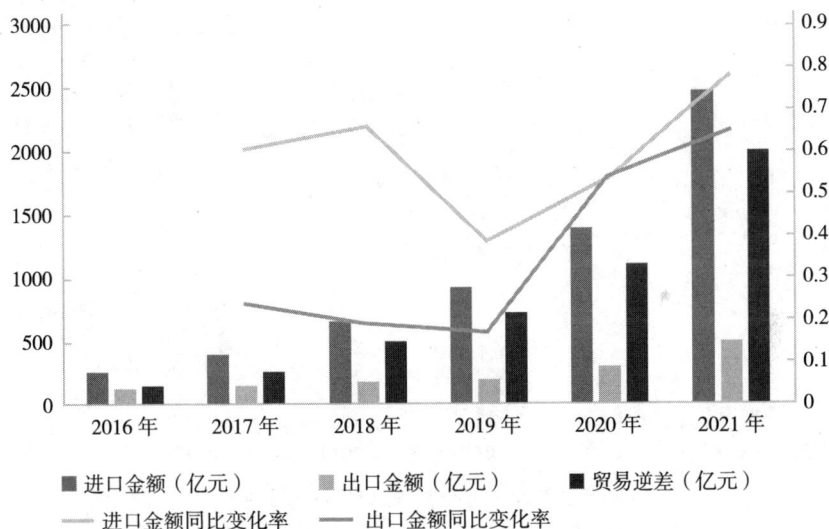

图5 2016—2021年中国化妆品及洗护用品进出口金额
数据来源：中国海关。

二、中国化妆品行业热点分析

（一）国产化妆品品牌时代已经来临

海关数据显示，在2020年之前，中国化妆品及洗护用品的进出口量差距较小，2020年，出口量实现爆发式增长，达到99.9万吨，同比增长375.7%，是进口量的2.2倍。2021年，中国化妆品及洗护用品累计进出口量分别为47.4万吨和96.8万吨（图6），延续了去年的进出口格局，出口量同样是进口量的2倍以上。与进出口金额的逆差不同，进出口量呈现出明显顺差。随着化妆品国产品牌的崛起，中国出现了一批优秀的化妆品品牌。例如，2018 年玛丽黛佳 COLOR STUDIO 偏光派对限量版系列产品在新加坡丝芙兰上市，成为第一个以品牌身份走出国门的彩妆品牌。同时，国产化妆品品牌在国内也逐渐增大了国民认可度，在 2021 年"双 11"阿里平台美妆旗舰店销量排行榜中，排名前三的品牌分别为薇诺娜、欧莱雅和完美日记，其中薇诺娜和完美日记均为国产品牌。虽然还未形成类似国外高端定位的化妆品品牌，但国内化妆品行业凭借其性价比高等优势快速崛起并逐渐走向世界舞台。

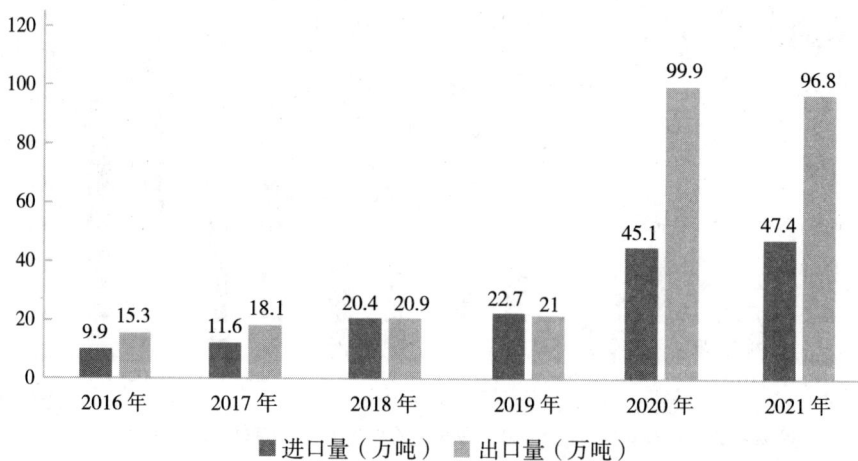

图 6 2016—2021 年中国化妆品及洗护用品进出口量

数据来源：中国海关。

（二）化妆品"去性别"化，男性市场逐渐呈现抬头趋势

随着人们生活品质的提高，越来越多的中国男性更加关注自身的形象管理。2021 年，天猫将"男士"升级为一级类目，男性消费力在逐渐崛起。其中，"男颜经济"作为迅猛增长的一级，让商家们看到了男性在护肤、彩妆乃至医美方面的消费潜力。数据显示，2021 年中国男女消费者化妆品月均消费价格有所差异，男性更偏于在化妆品上月均消费 500 元以下。月均消费 200 元以下的男性消费者比例为 19.5%，女性消费者比例为 12.3%。月均消费 200~500 元的男性消费者和女性消费者接近，比例均约 30%。男性消费者在高端化妆

品上消费金额可观，月均消费 1000~2000 元的男性消费者所占比例为 23.3%（图 7）。随着"男颜经济"在中国的不断崛起，男性对化妆品的需求不断扩大，未来的化妆品市场将迎来更大爆发。

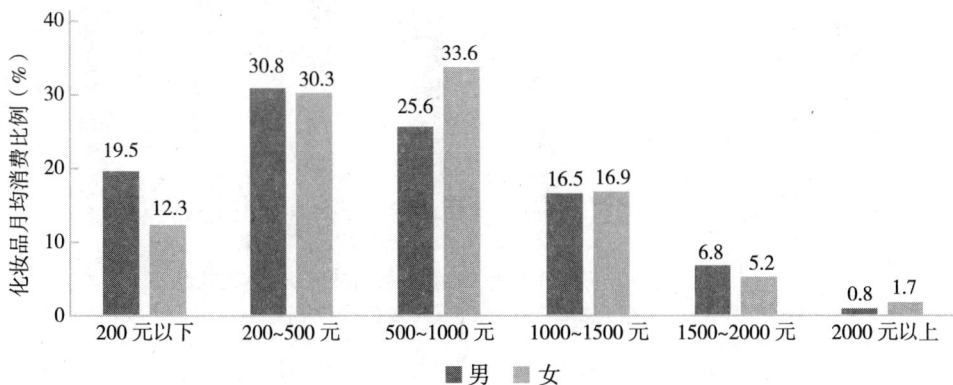

图 7　2021 年中国男女消费者化妆品月均消费对比

数据来源：iiMedia Research（艾媒咨询）。

（三）直播带货助力中国化妆品发展

直播带货在 2020 年强势爆发，展现出可期的蓬勃之势。数据显示，2020 年中国直播电商市场规模达到 9610 亿元，同比增长 121.5%，2021 年，中国直播电商总市场规模超过 10000 亿元（图 8）。在这个万亿生意蓝海中，美妆成为增长最快速的类目之一。2021 年天猫"双 11"带货榜中，美容护肤 / 美体 / 精油销售额高达 292.2 亿元，成为商品类目中销售额最高的商品类目。不过，直播在火热的同时，也乱象频出：刷单、卖假货、流量造假、退货率居高不下，同时，也伴随一些平台头部主播因直播不符合规范、违反法律等问题受到处罚。对此，政府部门出台了多项法规，如《关于加强网络秀场直播和电商直播管理》，希望通过这些政策的监管和约束，能帮助化妆品直播带货更健康地发展。

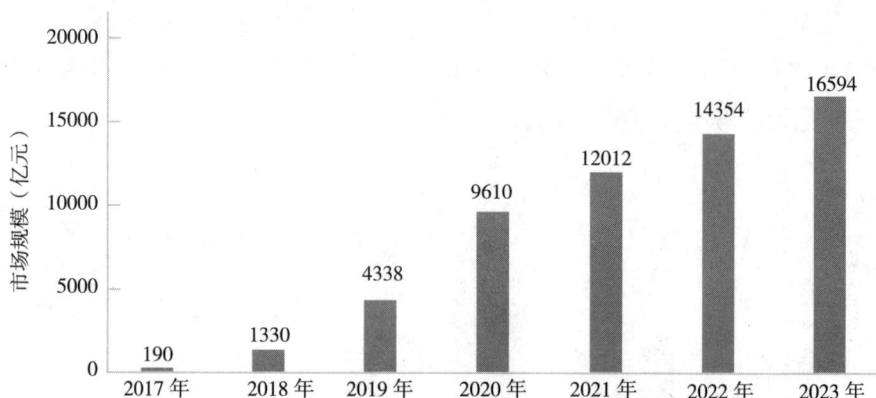

图 8 2017—2023 年中国直播电商市场规模及预测
数据来源：iiMedia Research（艾媒咨询）。

（四）"成分党""功效控"消费者群体占主导，功效化妆品受欢迎度高

在购买化妆品或护肤品时，绝大多数消费者希望品牌能主动说明产品的相关成分及对应功效。数据显示，2021 年中国消费者在购买化妆品时，首要的考虑因素是其产品效果，比例为 63.9%（图 9）。而且，随着大众的消费理念趋于理性，越来越多的消费者关注产品成分的来源，他们追求天然、绿色、健康、安全的产品，而非只关注品牌本身。因此，部分化妆品品牌考虑到个别群体的肌肤特点推出功效性化妆品，如针对特殊肤质而推出具有除皱、祛斑、祛痘作用的功效性化妆品，相比起普通化妆品来说，功效性化妆品在某方面的能力较为突出。

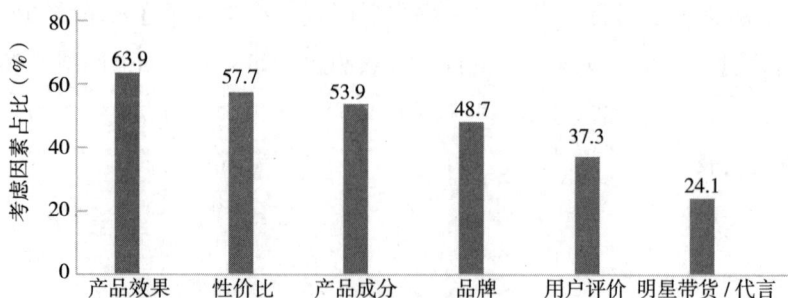

图 9 2021 年中国消费者购买化妆品的考虑因素调查
数据来源：iiMedia Research（艾媒咨询）。

中国化妆品行业的蓬勃发展也为功效性化妆品的发展奠定了基础。同时，功效型化妆品由于其特殊功能对自然植物提取要求较高，而中国拥有世界上独特的中草药资源，如许多种中草药均具有抗衰老的功效，包括熊果酸、沙棘油和霍霍巴油等。目前，国际上化妆品行业常用的药妆品原料，均从中国药用植物中提取。功效性化妆品作为化妆品中的一个新生力量，目前正处于快速成长期，其发展前景广阔。

三、中国化妆品行业发展趋势预判

当前，国产化妆品已经达到较高生产水平，再配合上贴近中国人心理的营销方式和低线城市的广泛渠道推广，国产化妆品能够在大众市场中提升地位，并且逐渐走向海外市场。但也应看到，品牌力的塑造不是一蹴而就的，而是产品、营销、渠道的反复迭代，同时需要研发及营销的长期投入，以便在激烈的市场竞争力脱颖而出。

（作者单位：广州艾媒数聚信息咨询股份有限公司）

2021年全球化妆品行业发展现状
与前景分析

张毅　刘倩

摘要： 全球经济整体呈现增长趋势，人口结构变化、收入水平提升等所带来的消费升级、消费习惯的改变、核心消费人群的增加以及化妆品消费理念的增强，促进了全球化妆品行业的增长，为化妆品市场提供了巨大的发展潜力。数据显示，2021年全球化妆品市场规模达到4808.6亿美元，全年投融资金额高达222.1亿元。本文对2021年全球化妆品行业发展现状、竞争格局进行了分析，对未来全球化妆品行业发展趋势进行了预判。

关键词： 全球化妆品行业　国际化妆品品牌

一、全球化妆品行业发展现状分析

（一）全球化妆品市场规模

随着全球消费的升级以及高收入阶层的崛起，再加上越来越多的消费者对自身外貌要求提高，他们对化妆品的需求也大大提高。数据显示，2020年暴发的新冠肺炎疫情对全球各行各业都造成了一定冲击，包括化妆品行业，但是全球化妆品行业市场规模的整体趋势仍然逐渐上升。数据显示，2021年全球化妆品行业市场规模达到4808.6亿美元，同比增长率为3.8%，预计在未来的四年中，全球化妆品行业市场规模的同比增长率将保持稳步上升的态势（图1）。

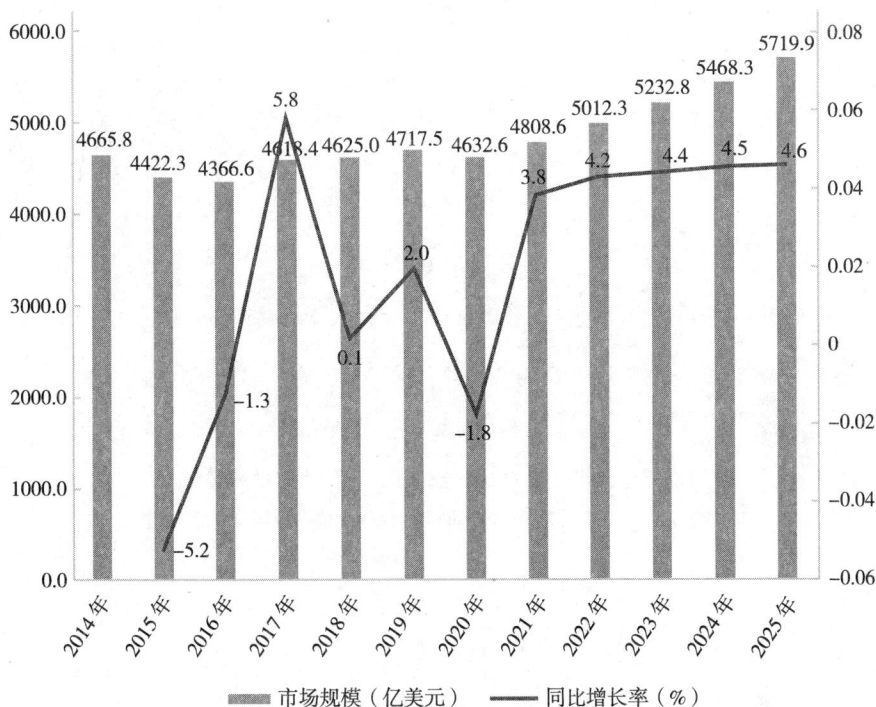

图1　2014—2025年全球化妆品市场规模及同比增长率

数据来源：iiMedia Research（艾媒咨询）。

（二）全球化妆品投融资情况

数据显示，在2018年之前，全球化妆品行业投融资金额较小，全年投融资金额均未达到50亿元，投融资数量也不明显，仅在2015—2018年每年平均发生了60起以上的投融资事件。然而在2019年之后，全球化妆品行业投融资备受资本关注，全球化妆品投融资数量集中在2021年，全年投融资事件发生87起，而投融资金额最多集中在2020年，全年投融资金额达到222.1亿元（图2）。

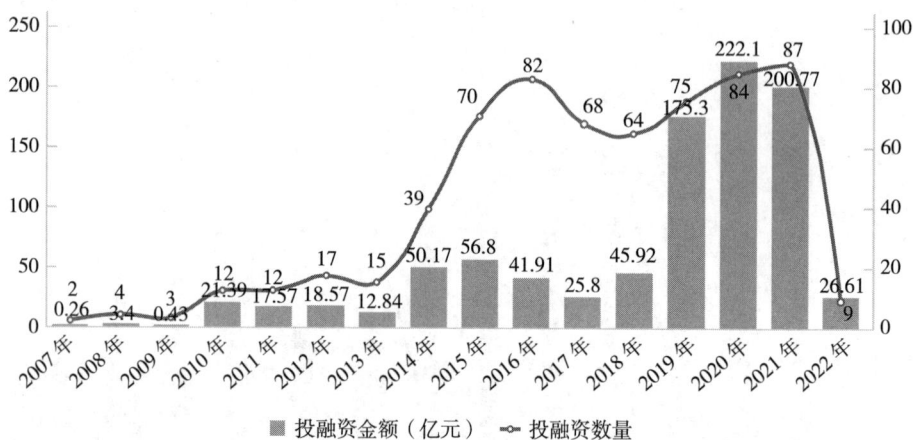

图 2　2007—2022 年全球化妆品行业投融资情况

数据来源：iiMedia Research（艾媒咨询）。

二、全球化妆品市场竞争分析

（一）全球化妆品市场份额占比分析

在"颜值经济""看脸时代"的背景下，人们对护肤消费的需求不断增加，不同年龄段人群开始注重护肤已经成为一种趋势。与此同时，随着全球老龄化进程的加快，老年人口逐渐增多，但同时也更加注重美颜保养。数据显示，2011—2019 年，护肤品的市场份额一路上升，从 2011 年的 31% 上升到 2019 年的 40%，占据了化妆品较大的市场（图 3）。

除了面部护理，发型也成为影响整体颜值的一个关键因素，全球消费者对美发护发产品需求也极高。但护发产品的市场份额出现逐年下降的趋势。2019 年其全球市场份额占比达 21%，相比 2011 年下降了四个百分点（图 3）。

然而，美妆市场份额却持续上升，美妆的市场份额虽然不及护肤品和护发品，但其前景可观。随着社交分享平台加速人们对美妆的了解度，年轻一代对即时性美容需求的不断提升，美妆产品需求量逐步上升，2019 年，全球美妆的市场份额接近两成，逐渐接近护发品，有望成为全球化妆品行业第二大细分市场（图 3）。

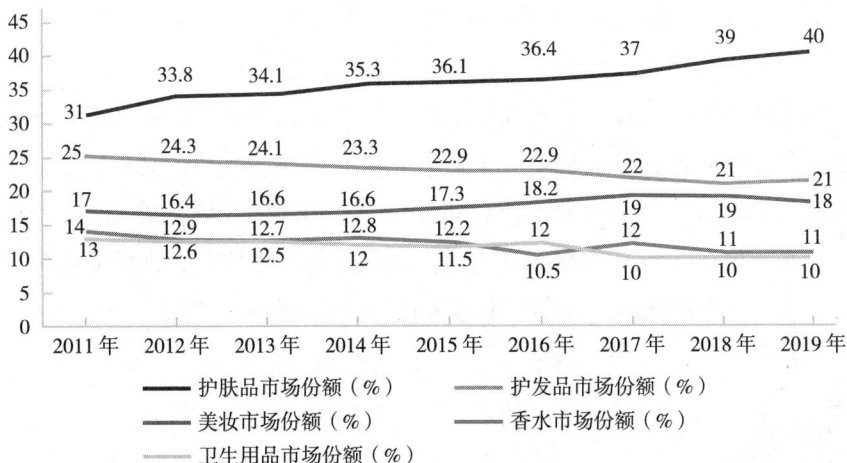

图 3　2011—2019 年全球化妆品细分市场份额

数据来源：iiMedia Research（艾媒咨询）。

（二）全球化妆品行业竞争格局

全球化妆品品牌主要分为三个梯队。由于欧美化妆品品牌创立时间久，且不断通过收购其他品牌来提高市场竞争力，处于第一梯队的化妆品品牌以欧美品牌为主，主要有欧莱雅、宝洁、雅诗兰黛、联合利华、资生堂、科蒂

图 4　全球化妆品品牌主要梯队

等；第二梯队主要是包含一些日韩化妆品品牌，如花王、高露洁和 LG 健康生活等；第三梯队有狮王、高丝、谜尚等（图 4）。

从全球主要的化妆品企业收入统计来看，2020 年，法国化妆品巨头欧莱雅集团营业收入高达 334 亿美元，其次是联合利华、雅诗兰黛、宝洁、资生堂和科蒂。联合利华和雅诗兰黛化妆品销售额分别为 225 亿美元和 159 亿美元。欧莱雅集团由于其细分产品类型、价格定位等多样化，能满足不同消费者的需求，在全球化妆品行业中占据了较大的市场份额（图 5）。

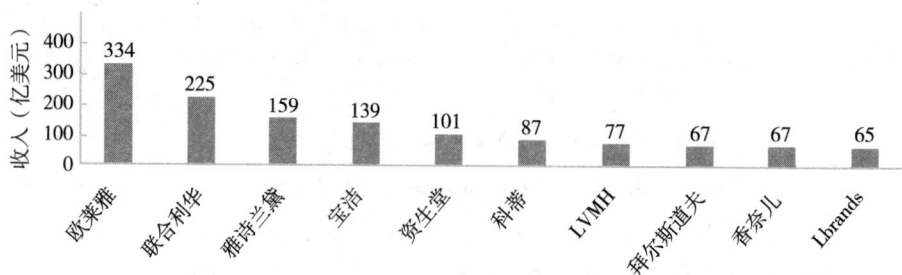

图 5　2020 年全球典型美容产品制造商收入统计

数据来源：iiMedia Research（艾媒咨询）。

（三）全球化妆品市场区域分布

从全球化妆品市场区域划分来看，亚太地区（亚洲地区和太平洋沿岸地区）是目前最大的化妆品消费市场，且发展潜力较大。数据显示，2011—2019 年全球化妆品在亚太地区的市场占比逐年上升，2019 年所占比例已经达到 41%，预计在接下来的几年中比例还会持续上涨；紧随其后的是北美、西欧和拉丁美洲地区，2019 年占比分别为 24%、18% 和 8%；东欧地区和非洲及中东地区化妆品市场所占比例较少，均未达 10%。全球化妆品品牌可根据亚太地区以及北美地区的消费者肤质等因素，推出适合他们条件的化妆品，进一步拓展在这些地区的市场（图 6）。

图 6　2011—2019 年全球化妆品市场的地理区域所占比例

数据来源：iiMedia Research（艾媒咨询）。

（四）国际化妆品市场渠道分析

化妆品的销售渠道主要分为两大类，分别是线下销售和线上销售，其中，线下销售占据主导地位。数据显示，2016—2020 年，线下销售渠道占整体的八成左右，但其比例在逐年下降，2020 年线下销售的比例为 74.4%，相比 2016 年下降了 6.7%（图 7）。

由于近些年人们消费习惯的改变，社交电商如小红书、微博等已成为消费者获取美妆信息的重要来源，直播、短视频平台的拓展更是让时尚美妆类的 KOL（关键意见领袖）数量不断增加。KOL 作为化妆品信息传递链条中关键的驱动因素，其带货方式也从种草、推荐、评价向电商导购延伸，形成完整的营销闭环。同时，由于新冠肺炎疫情的影响，电商成为重要的销售渠道，全球化妆品线上销售比例快速上涨。数据显示，全球化妆品线上销售比例由 2016 年的不足 20% 增长到 2020 年的 24.8%（图 7）。

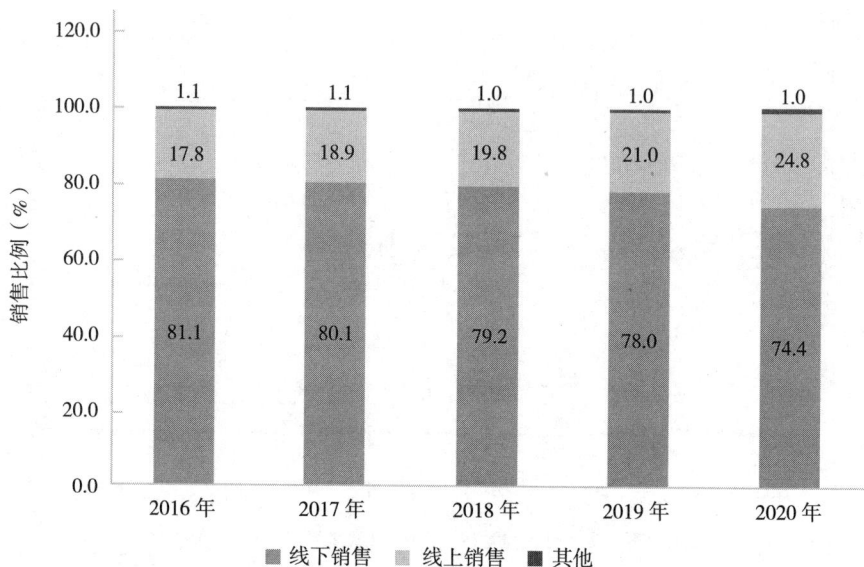

图 7　2016—2020 年全球化妆品销售渠道变化情况

数据来源：欧莱雅、iiMedia Research（艾媒咨询）。

（五）国际化妆品产品研发潮流

随着消费者需求的多样化，不同皮肤问题需要更具针对性的解决方案。在全球化妆品市场中，从小众品牌到国际大牌，产品效果成为他们共同追求的目标。数据显示，2021 年，63.9% 的消费者在购买化妆品时最看重的因素是产品效果；其次是性价比，占比为 57.7%；占比超过 50% 的还有产品成分，具体比例为 53.9%。在全球化妆品市场中，由于消费者对产品效果的追求，促使他们对于成分的研究不断加深，从而获取了更多选择适配产品的方法和技巧。而在这样的风潮下，更多品牌通过打出"成分党"的标题来吸引消费者，研发功效性化妆品也成为了当下一种营销方式。

三、全球化妆品行业发展趋势

（一）全球化妆品市场总体保持增长趋势

随着社会的发展和科技的进步，人们的生活水平不断提高，人均可支配收入进一步提高。越来越多消费者开始注重自己的外貌，从而带动了化妆品领域市场规模的持续增加。近几年来，全球化妆品零售总额逐年增长，尤其是在护肤品方面，占据全球化妆品较大的市场份额。

（二）化妆品消费对象逐年扩大

长期以来，化妆品消费群体主要集中在女性的年轻群体中。但从近几年的发展来看，这一格局正在发生改变，从消费对象区域划分来看，化妆品消费群体逐渐从城市走向乡镇；从年龄来看，消费群体逐渐向高龄群体延伸；从消费群体性别来看，随着"男颜经济"的崛起，男性化妆品已成为化妆品行业中一大增长点，女性将不再是化妆品的主导群体。

（三）化妆品销售渠道多样化

近年来，化妆品逐年走出商场的传统销售模式，开始多样化的经营。同时，全球各个国家及地区的贸易往来日益频繁，商品的进出口已经成为带动国家经济发展的重要方式，化妆品行业也在这种大趋势下迅猛发展。消费者可以在家通过手机下单海外化妆品产品，仅需几天的时间就能收到货物。跨境电商和化妆品行业的融合不仅扩大了全球化妆品的销售渠道，也拓展了各大化妆品品牌在海外的市场。

（四）全球化妆品挑战与发展机遇共存

全球化妆品行业的发展受到多方面因素的影响，一方面，全球新冠肺炎疫情、经济"内卷化"等大环境，对行业发展形成更多束缚；另一方面，消费者需求高涨和资本热情入局等，也让行业保持强劲生命力，仍能高速增长。因此，化妆品行业应结合当下全球环境，加强行业规范性、积极进行数字化转型、引入电商布局美妆市场等，促进全球化妆品行业的良好发展。

（作者单位：广州艾媒数聚信息咨询股份有限公司）

2021年我国化妆品进出口形势分析及未来展望

李辉　柳燕

摘要： 随着国民经济的发展和人民生活水平的提高，我国化妆品产业在消费需求的推动下不断壮大。在"稳外贸稳外资促消费"政策引领下，2021年我国化妆品行业有效应对复杂环境变化，进出口贸易表现亮眼，并有望继续保持高速增长态势。当前，我国化妆品市场规模位列全球第二，市场规模增速排名全球第一，随着国内化妆品市场消费升级以及"宅经济"兴起，新业态、新营销模式不断涌现，我国化妆品产业迎来新的发展机遇，发展空间巨大。

关键词： 化妆品进出口　消费　市场

当前，全球新冠肺炎疫情形势不确定性仍较大，世界经济复苏困难，外部环境更趋复杂严峻，再加上物流中断、人民币升值等影响，海外贸易不确定性只增不减。在"稳外贸稳外资促消费"政策引领下，我国化妆品行业有效应对复杂环境变化，2021年实现进出口两旺，并创下历史新高，难能可贵。

中国海关统计数据显示，2021年，我国化妆品进出口贸易总额达297.9亿美元，同比增长21.6%。其中，进口额为249.3亿美元，同比增长23.2%；出口额为48.5亿美元，同比增长14.4%。

一、化妆品进出口概况

（一）进口市场

我国化妆品的进口来源主要集中于欧、美、日、韩等国家和地区，进口额排名前十位市场的进口额之和占据了我国化妆品进口份额的93%。按进口额数量级划分，日本、法国、韩国、美国、英国属于第一梯队，意大利、比利时、西班牙、德国、瑞士属于第二梯队。我国从第一梯队来源地进口的化妆品总额约是第二梯队的 9 倍，且这一比例在近三年来基本保持不变。自第一梯队进口额的两年复合增长率为 27.8%，高于第二梯队 2 个百分点（图 1）。

日本是我国化妆品进口第一大市场，且常年保持领先地位，2021 年进口额达 62.4 亿美元，同比增长 24.4%。自法国进口额在 2019 年排名第三，自 2020 年超越韩国成为我国化妆品进口第二大市场后，迅速拉开与韩国的差距，2021 年，从法国进口的化妆品总额为 56.3 亿美元，同比增长 24.2%。韩国市场虽位列进口市场第三名，但自其进口额依然是第四位美国的近 2 倍（图 1）。

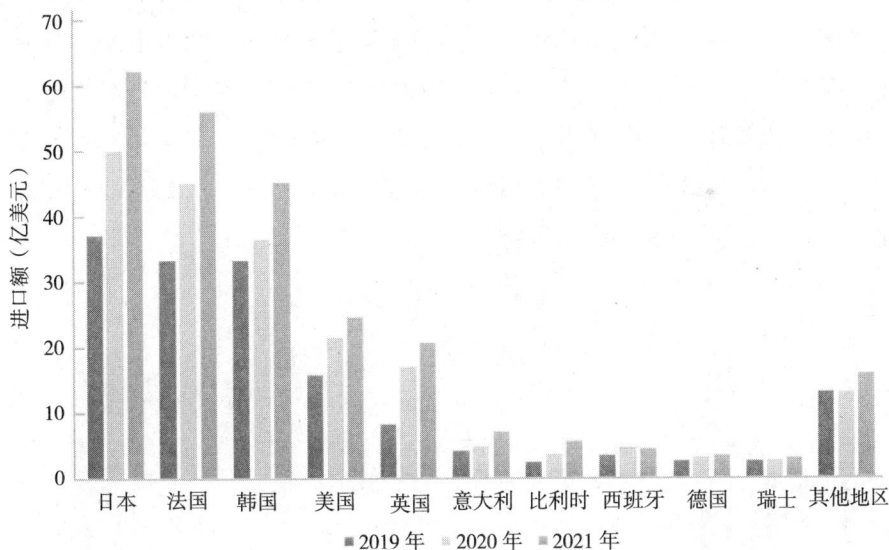

图 1 2019—2021 年我国化妆品进口额排名前十的市场情况统计

（二）进口产品

从细分领域来看，2021 年美容护肤品进口额为 203.0 亿美元，同比增长 17.1%。护肤、美白、彩妆类产品的进口量最大，占进口美容护肤品的 90% 左右。此外，唇用化妆品进口额为 9.2 亿美元，同比增长 10.7%，眼用化妆品进口额为 3.0 亿美元，同比增长 5.7%，指（趾）甲化妆品进口额为 600 万美元，同比增长 25.9%。

2021 年，个人护理产品进口额为 35.4 亿美元，同比增长 63.4%。其中，头发护理产品进口额为 10.7 亿美元，同比增长 23.2%，口腔护理产品进口额为 3.1 亿美元，同比增长 0.3%，其他个护产品进口额为 21.6 亿美元，同比增长 118.6%。

2021 年，香水进口额为 10.9 亿美元，同比增长 46.1%。

（三）出口市场

与进口相比，我国化妆品出口市场的集中度相对较低，出口前十位市场的出口额之和仅占我国化妆品出口总额的 67%。美国是我国化妆品出口第一大市场，2021 年对其出口额为 11.9 亿美元，同比增长 16.3%。中国香港为第二大出口市场，以香港为中转点，再出口至其他国家和地区的化妆品不在少数，2021 年对其出口额为 7.7 亿美元，同比增长 22.6%。英国、日本分列出口市场第三、第四位，2021 年出口额分别是 3.7 亿美元和 2.7 亿美元，同比增长分别为 12.0% 和 13.3%。这四大出口市场多年来排位稳定，出口到这四大市场的总金额约是第五到第十位市场总和的 4~5 倍（图 2）。

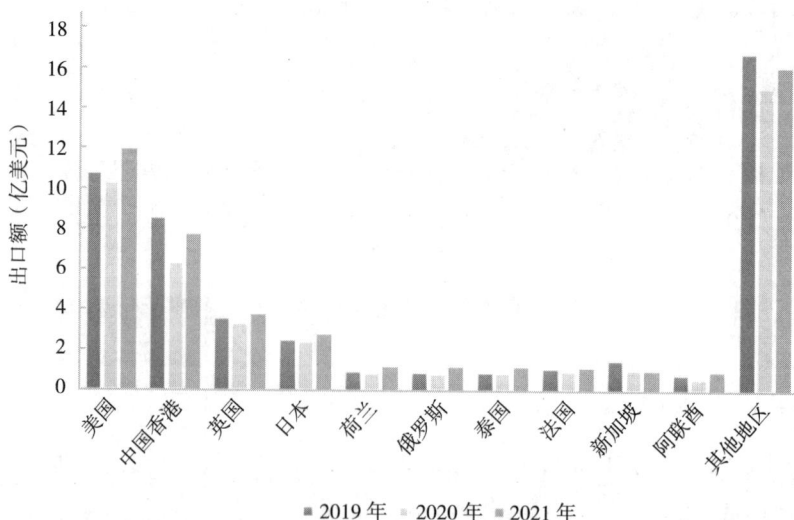

■ 2019 年　 2020 年　 2021 年

图 2　2019—2021 年化妆品出口额排名前十的市场情况统计

不过，从近年来的趋势来看，我国化妆品走出去的步伐正在加快，出口到其他国家和地区的增速略快于前四大出口市场。2021 年，出口到欧盟地区的化妆品金额为5.4亿美元，同比增长23.9%；出口到东盟地区的化妆品金额为5.1亿美元，同比增长1.0%。

（四）出口产品

在出口方面，目前我国的化妆品出口仍以给品牌商供货为主，国产自有品牌凤毛麟角。在附加值较低、技术壁垒不高的产品拥有更多的市场份额。

从细分领域来看，2021年美容护肤品出口额为25.0亿美元，同比增长15.0%。其中，护肤、美白、彩妆类产品的出口量占出口美容护肤品的60%左右。此外，唇用化妆品出口额为2.9亿美元，同比下降5.0%，眼用化妆品出口额为5.1亿美元，同比增长27.7%，指（趾）甲化妆品出口额为1.4亿美元，同比增长40.6%（图3）。

2021年，个人护理产品出口额为21.7亿美元，同比增长13.1%。其中，头发护理产品出口额为3.7亿美元，同比增长22.6%，口腔护理产品出口额为6.3亿美元，同比增长13.3%，其他个护产品出口额为11.6亿美元，同比增长10.3%（图3）。

2021年，香水出口额为1.8亿美元，同比增长21.4%（图3）。

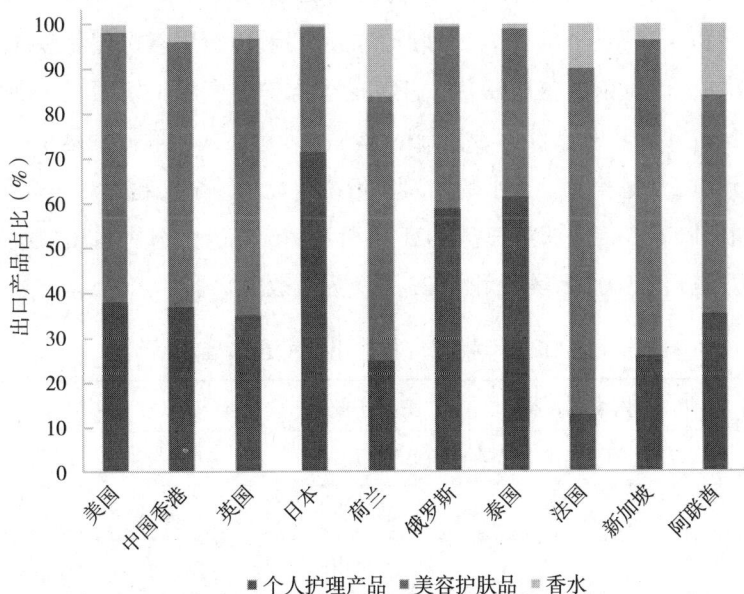

图3　2021年我国化妆品前十大出口市场出口产品占比统计

对我国化妆品前十大出口市场的出口产品类别进行统计发现，各市场的化妆品需求具有明显的差异性。日本、俄罗斯、泰国三市场对个人护理产品的需求虽然占比基本一致，但日本和泰国主要从我国进口脱毛剂，而俄罗斯主要从我国进口牙膏类产品。荷兰和阿联酋对我国香水产品需求较其他市场更为强烈。在美容护肤品领域，日本、法国市场更青睐我国的眼用化妆品，出口到这两个市场的眼用化妆品分别占其美容护肤品的 35% 和 44%。新加坡市场则对我国的唇用化妆品情有独钟，占其美容护肤品的 32%。

（五）出口省份

我国有 7000 余家企业从事化妆品出口业务，分布于全国各省份。从出口金额看，前五大省份的出口额之和占我国化妆品出口总额的 87%。广东和浙江两省是我国持证化妆品生产企业最多的两个省份，不仅供应国内市场，2021 年，自广东、浙江出口的化妆品金额分别是 17.2 亿美元和 10.6 亿美元，占据化妆品出口前两把交椅。上海排行第三，2021 年其化妆品出口额为 6.8 亿美元（表 1）。

从细分子类来看，美容化妆品出口前三甲省份分别是广东、浙江、上海，顺位与化妆品大类相同。上述三省份美容护肤品出口金额分别是 8.7 亿美元、7.0 亿美元和 4.8 亿美元。个人护理产品的出口额前三甲省份较化妆品大类榜单有所不同，广东依然位居榜首，江苏的个人护理产品出口额超过浙江排行第二位。2021 年，广东、江苏、浙江的个人护理产品出口额分别是 8.1 亿美元、3.2 亿美元和 2.9 亿美元。香水的出口省份统计显示，浙江超过广东夺得头筹，广东位列出口第二，上海第三。2021 年浙江、广东、上海香水出口金额分别是 6600 万美元、5408 万美元和 4023 万美元（表 1）。

表 1 2021 年我国化妆品出口前十位省份统计

排名	化妆品大类	美容护肤品	个人护理产品	香水
1	广东省	广东省	广东省	浙江省
2	浙江省	浙江省	江苏省	广东省
3	上海市	上海市	浙江省	上海市
4	江苏省	江苏省	福建省	江苏省

续表

排名	化妆品大类	美容护肤品	个人护理产品	香水
5	福建省	福建省	上海市	山东省
6	山东省	湖北省	湖南省	河南省
7	湖南省	江西省	山东省	福建省
8	安徽省	河南省	安徽省	重庆市
9	湖北省	山东省	江西省	云南省
10	江西省	安徽省	河南省	河北省

二、我国化妆品行业发展新机遇

近些年来，伴随着国民经济的发展和人民生活水平的提高，化妆品从过去的"奢侈品"逐步转变成为满足人们日常需求的必需消费品，我国化妆品产业在消费需求的推动下不断发展壮大。当前，化妆品持证生产企业数量达五千四百余家，各类化妆品注册备案主体 8.7 万余家，有效注册备案产品数量近 160 余万，我国已成为世界上第二大化妆品消费市场，我国化妆品行业迎来新的发展机遇。

（一）国内市场消费升级，潜力巨大

有数据显示，2019 年我国化妆品市场容量达 4777.2 亿元，预计到 2024 年该容量将达到 8282 亿元，2019—2024 年均复合增长率预计为 11.6%。我国化妆品市场规模位列全球第二，而市场规模增速排名全球第一，未来将具有更大的发展空间。

虽然全球新冠肺炎疫情暴发对化妆品行业带来不小冲击，但在一定程度上也激发了网络销售的潜能。跨境电商承接了不少因新冠肺炎疫情而无法线下消费的化妆品需求，直播带货、私域社群分享等新业态、新营销模式的涌现，大大提高了化妆品在 4~6 线城市的客户群渗透力。新的消费族群 90 后、Z 世代正逐步成为化妆品消费的主导者。随着民众对生活品质的要求不断提高，国内化妆品市场消费升级，化妆品行业发展进入"快车道"。

（二）RCEP 协定生效，带来无限商机

2020 年 11 月,《区域全面经济伙伴关系协定》（RCEP）正式签署，该协定涉及 15 个国家。2022 年 1 月，RCEP 协定正式生效，首批生效的国家包括文莱、柬埔寨、老挝、新加坡、泰国、越南等东盟 6 国和中国、日本、新西兰、澳大利亚等非东盟 4 国。2 月 1 日和 3 月 18 日，RCEP 协定对韩国和马来西亚也正式生效。

虽然不同国家针对不同化妆品的承诺减税比例不一，且关税降低是个历时较长的过程，但据估算，RCEP 协议覆盖的国家约占全球 40% 以上的化妆品市场份额。2021 年，我国从 RCEP 国家进口的化妆品金额为 113.8 亿美元，占我国化妆品进口总额的 45.6%；我国出口到 RCEP 国家的化妆品总额为 9.8 亿美元，占我国化妆品出口总额的 20.2%。所以，从长期来看，趋势走向必将是有利于行业发展，有利于 RCEP 国家消费者。

三、2022 年化妆品外贸展望

俄罗斯乌克兰冲突可能引发的全球经济大动荡以及新冠肺炎疫情对国际贸易往来的多方面影响，给 2022 年的化妆品外贸带来诸多的不确定性。但是我们也注意到，2021 年化妆品外贸的靓丽成绩显现出海内外市场需求的旺盛活跃；同时，"宅经济"带动新营销模式的崛起，激发了新消费群体的消费潜力。此外，国内化妆品产业依靠长期的积累显示出较强的竞争实力，产业全链条融入国际产业合作分工中，发挥着不可替代的作用。预计 2022 年全年，我国化妆品进口增速将适当回调，为 15%~20%，化妆品出口增速将在 10%~15%。

（作者单位：中国医药保健品进出口商会）

2021年化妆品生产现状及发展趋势

王宏才　　胡流云

摘要： 2021年是化妆品法规建设年，随着《化妆品监督管理条例》的实施及其配套规章和规范性文件的发布，化妆品法规日渐完善。在监管趋严的形势下，化妆品市场将逐渐实现优胜劣汰。本文将从化妆品产业链相关的原材料供应、生产制造（设备、工艺、自动化程度）及仓储物流几方面简述当前化妆品生产现状，分析化妆品生产未来发展趋势，寻找国内化妆品生产企业与国际先进企业的差距，为提升企业供应能力、降低生产成本、缩短供应周期提供参考。

关键词： 化妆品　生产企业　原材料　生产工艺　仓储物流

当前，我国化妆品企业生产端主要采取自行生产和委托生产两种模式，少数企业拥有自主品牌及供应链，主要采取自行生产加委托生产模式；多数企业只有品牌，大多数生产采取的是代工模式（OBM、OEM和ODM）。

一、原材料采购模式优化，充分发挥采购优势

（一）化妆品原料

全球知名化妆品原料供应商大多来自德国和美国，如巴斯夫、帝斯曼、亚什兰、科莱恩、赢创、路博润、道康宁、味之素、德之馨、奇华顿、森馨等。国内知名的原料供应商包括华熙生物、科思股份、东方森森、广州天赐、湖南丽臣、南京中狮化学品等。

国际品牌借力集团采购优势，在全球范围内开展集中采购，能获得供应商更个性化的服务和成本优势，并且重视与原料生产商的深入合作，推动新供销原料的开发和使用，控制源头独特资源独家采购。国内品牌的集团效应

不如国际头部企业，虽然也在逐渐推行集中采购，但是带来的优势并不明显，多数企业在原材料采购上基本不具备成本优势，这主要是因为这类生产企业规模较小，整体采购量低，且通用物料少，难以形成规模效应，定价权低。另外，国际化妆品原料商为降低人工及运输成本，在国内建立生产基地，国际原料国产化成为国际原料供应商近年来的发展趋势。

（二）化妆品包装材料

国内知名的包装材料（简称包材）供应商有阿蓓亚、西尔格、阿克希隆、苏州万通、佛山誉丰、KKP、HCP、嘉亨家化、通产丽星、锦盛新材等，提供的化妆品产品包装材料为塑料、玻璃、软管、分配器等。

包装材料成本在中游化妆品品牌企业整体成本的占比较高，但不同品牌及产品定位的包装材料成本不一。如完美日记为吸引消费者关注，通过精美独特的包装设计以更好地展示其化妆品产品，其包装材料成本占比超30%。高品质的包装设计可有效增加化妆品产品销售附加价值，利于产品市场推广，因此知名化妆品品牌企业多注重包装设计及创新。目前国内企业在包装方面已与国际接轨，与国际企业的差距并不明显，但仍面临包材供货周期较长、质量难以保证的问题，从而影响产品质量及供应周期。

综上所述，在原材料采购上，规模性企业和其他企业具有一定差别。具体体现在：规模性企业采购量大，普遍采用"全球采购＋本土区域采购"结合模式，能充分发挥集中采购的优势；规模性企业行业影响力强，能与供应商开展深入、创新合作，推动新功效原料的开发及首次使用，垄断高端且独特上游供应资源、专利原料／设计独家使用，协调供应商配合开展 VMI、JIT 等供应模式。其他企业采购规模较小，对知名供应商的影响力有限，不利于策动供应商创新合作，如新物料共同开发合作等；由于部分原材料委托外加工商采购，不利于发挥集中采购的优势；采购供应模式单一，采购周期长。

二、提升生产工艺及设备自动化水平，缩小与国际一流企业差距

（一）化妆品生产工艺

以护肤品为例，目前国内化妆品生产企业采用的乳化生产工艺多为普通 O/W 和 W/O 乳化技术，与国际一流企业相比，这种生产技术单一，产品品质无法得到质的提升，缺乏市场竞争力。

乳化技术是化妆品成型和生产的核心技术，目前世界上乳化技术处于领先地位的企业大部分位于欧洲，其中法国的化妆品乳化技术一直处在世界领先水平。大多数化妆品均属于乳化体系，其特征是热力学不稳定的亚稳态结构，因而乳化技术是整个化妆品配方设计、工艺研究与设备选型所关注的共性和关键问题。

近年来，化妆品乳化技术日新月异，最初由于技术上落后，要达到稳定的乳液大多依赖大量乳化剂的使用，无论是稳定性还是肤感等性能均不理想。随着市场需求的提高以及技术的发展，近年来不断涌现出大量新型乳化技术，得到一些性能优异的乳液体系。相对普通乳化技术，新型乳化技术得到的乳液粒子具有独特的结构，具备促进化妆品有效成分在皮肤上的渗透、提高产品的稳定性、改善化妆品的肤感等优异的性能。

当前应用于化妆品体系中的新型乳化技术有纳米乳化、液晶乳化、多重乳化、微乳化、固体颗粒乳化等，其中纳米乳化和液晶乳化是解决乳化体系热力学不稳定的亚稳态结构的有效技术和方法，且在国际企业中已成熟应用。从国内发展趋势来看，国内部分企业一开始重视乳化工艺的研究，而国内部分高校（如广东工业大学、上海应用技术大学、华东理工大学等）也开始增加化妆品方面的相关研究，同时企业与高校紧密合作，共同研究先进乳化工艺技术，使之应用日趋成熟，让产品品质大幅提升。

（二）化妆品生产关键设备

以护肤品生产企业欧莱雅、上海家化、日本科玛 / 韩国科丝美诗为标杆，这些企业在设备水平（乳化设备均质乳化效果、灌装设备精度速度等）、灌装

自动化连续化、检测设备及能力、生产信息化水平方面处于国内领先地位。特别是在设备方面，基本采用行业先进设备，如伊喀托（EKATO）、美之贺（Mizuho）、利乐等，其特点是乳化效果好（乳化粒径小，分布均匀），混合效率高，自动化程度高，设备耐用性高。灌装设备基本采用行业先进设备如诺顿（NORDEN）、博世（BOSCH）、IWK、利乐等，其特点为灌装精度、灌装速度、自动化水平、设备稳定性均较高。

由于前些年国际先进设备的价格是国产设备价格的数倍，因此国内多数化妆品生产企业采用的设备主要还是国产设备，设备单一，因此在生产效率、自动化程度与国际或国内先进生产企业存在较大生产差距。近年来，由于国内外生产设备价格差距的缩小以及企业对生产自动化程度提高的重视，国内部分代加工企业也开始使用国际先进设备（如诺斯贝尔、克劳丽等）来提升产品品质及行业竞争力。未来将会有越来越多的国内企业购置国际先进乳化及灌装设备，缩小与国际一流企业差距。

（三）信息化、数字化水平

在数字化、信息化及智能制造方面，目前国内多数生产企业还处于概念了解阶段，未真正地去应用，与国内外大型优质化妆品生产企业有较大差距。以国际先进生产企业 A 和国内先进生产企业 B 为例。

国际先进企业 A（数字化工厂迈向新智造）：供应链数字化和智能化转型，迈向端到端的完全整合和动态数字规划（包括端到端实时可视化、集成人工智能、数字化规划执行等），这一举措改变了工厂的供应链规划能力；通过"精益制造→自动化→数字化→大数据→质量控制"等一系列的持续努力，实现"熄灯"生产，工厂打造了全球第一家熄灯运作的生产车间，无须人工干预，实现完全基于数据和算法的产品自动运行；用第四代工业革命技术升级包装质量系统，应用的技术包括但不限于人工智能机器学习三维视觉系统、闭环重量检测与反馈系统、基于 AR/VR 的培训系统等。实施智能生产以来，消费者投诉减少了 60%。

国内先进企业 B：新建工厂采用智能化生产管理系统（MES），实现了真正的智能化工厂。生产过程中，上千种原材料在进仓时，都将有一个"身份证"作为标识，所有的信息都受到后台的控制。从生产计划下达到生产过程需要哪些原材料，系统会自动产生；机器人完成产品的打包、封箱、运输过程，大大提升了生产效率。

综上所述，和国内外先进生产企业相比，国内多数化妆品企业在智能制造方面还有很长的路要走。但化妆品品类多、变化快、批量小，未来的生产需要满足"小""快""灵"及定制化的需求，如何在推动数字化、信息化的过程中与实际需求相结合，是化妆品生产企业需要考虑的问题。

三、仓储物流运作模式的优化创新

随着化妆品行业的持续发展，如何让产品更加安全完整及快速送达到终端消费者手中变得十分重要。传统的仓储物流管理有许多痛点，主要体现在以下几点：一是化妆品品类多，对于商品的批号、日期、规格等许多记录容易混淆；二是化妆品的仓储要解决温度、湿度和光照三个主要问题；三是化妆品易受季节、宣传、潮流等因素的影响，订单波动较大；四是库存的合适程度，可能会增加成本，但断货现象无需过多担心；五是包装本身及时效要求很高，同时需保证包装的完整性；六是产品要求具有追溯性，需要收集激光码等。

针对化妆品仓储物流方面的痛点，需要高品质仓储环境、专业的物流公司，同时还需采用专业的仓库管理系统（WMS）支持，重视物流环节的数字化和自动化，如引入云智慧系统等。

综上，化妆品企业有以下几点趋势：化妆品行业有着良好的发展前景，但随着法规趋严，企业竞争也会更加激烈，更新迭代将也无法避免；随着国家对民族品牌的支持及国内品牌在生产、技术等方面的提升，民族品牌与国际品牌的国内市场占有率差距缩小；在生产技术能力方面，国内生产企业与国际进一步接轨；随着生产成本透明及本土化，未来化妆品企业的竞争将更多地聚焦在产品供应链上。

[作者单位：无限极（中国）有限公司]

2021 年化妆品行业技术研发趋势
分析及展望

杨凯业

摘要： 当前，中国已成为全球第二大化妆品消费市场，同时也是全球化妆品行业中复合增长率最高的国家，在全球经济一体化的发展背景下，国内 Z 世代等新兴消费群体的崛起，为化妆品行业提供了巨大的上升动力，国内市场显现出巨大的潜力。2020—2021 年，在化妆品新规及新冠肺炎疫情的双重影响下，开启了我国化妆品正式从"概念性"到"功效性"的实际转变。本文结合国内外化妆品企业的技术创新，分析了中国化妆品市场的诸多热门技术趋势；根据 2020—2021 年各机构的技术及专利报告，展望全球化妆品具有潜力的研发方向。

关键词： 化妆品　法规　技术　研发

化妆品新技术为行业创新带来必要的条件，法规的落实以及市场热点的诞生，都依靠于技术的支持，同时法规和市场的变化，也会推动行业内新技术的发展。化妆品技术与市场、法规三者之间互相促进，科学驱动行业进步的同时，也在促进行业有序发展。

一、科学驱动行业，增长源于创新

2021 年，欧莱雅集团销售额同比 2020 年增幅达到 16.1%，创造了历史性的增长，以中国为核心市场的北亚区域更是同比增长 18.6%。其中，以理肤泉和修丽可两大品牌为代表的功效性产品成为了增速最高的品类，实现了 30.3% 的高速增长，在 4 年内业绩翻倍。

与此同时，主打舒缓、强功效、植物成分的各家国产品牌，在经过多年的技术积累后，也陆续实现了崛起。2016 年以来，国内功效性护肤品行业规模逐渐增长，2021 年中国功效性护肤品行业规模达到 352.3 亿元，同比增长 35.5%，预计 2022 年将达到 459.2 亿元。

在功效性产品市场显著增长的背后，是化妆品企业对技术创新的持续投入与长远布局所带来的推动作用。根据数据，欧莱雅等国际品牌自 2016 年开始，年投入研发经费超 10 亿元规模，欧莱雅的专利申请总数更是在 2021 年就超过了 7000 项，实现了在配方技术、制剂技术、活性成分等多方面的技术布局；而国内多家品牌在市场需求以及法规监管的促动下，近几年也在不断加大研发投入，在细分领域推广自身专利成分的功效优越性，或突出对产品痛点所做的技术上的改进。国内外企业的技术创新，共同催生了中国化妆品市场的诸多热门技术趋势。

（一）中草药护肤成分和皮肤学级护肤技术的结合

《化妆品监督管理条例》明确指出"鼓励和支持运用现代科学技术，结合我国传统优势项目和特色植物资源研究开发化妆品"的政策导向。跨界使用制药科技、生命科学技术的手段，对中草药原料中的活性成分进行谱效、构效级别的研究，是目前中草药护肤成分研究的热门技术趋势。

紧贴功效型产品的特点，中草药护肤成分依托医学背书提升专业度，通过膜分离、分子印迹等制药手段对特定分子量、结构的中草药活性成分进行富集，解决中草药原料关键活性成分不明确、质量不稳定的通病；使用生物蛋白质芯片、3D 全层皮肤模型等生物医学手段，阐明成分的作用靶点、通路以及在皮肤中的主要起效位置，有效解决过往中草药护肤产品在关键成分以及关键功效方面宣称不严谨的弱势，突破了合成类护肤成分在功效宣称明确方面的壁垒，进一步扩大中草药护肤成分的市场优势。

（二）皮肤和口腔中益生元和后生元的应用

人体皮肤及黏膜表面有一层由细菌、真菌等各类微生物组成的"微生态屏障"，依靠这层微生态屏障与环境、人体之间平衡，能有效抵御外来刺激源对皮肤和黏膜的影响，保持整体的稳态与健康。

受限于法规的范围，化妆品行业确立了使用益生元以及后生元（菌群代谢产物）两类成分对微生态屏障进行调节的技术方向，通过植物多糖、合成聚糖、微生物发酵产物溶胞物等益生元，以及灭活益生菌、乳孢菌素等后生元，靶向地为微生物提供特定食物，适当地促生有益菌生长以及抑制外来有害菌驻植，实现皮肤和口腔黏膜的微生态平衡。

其中，生物医学领域对皮肤微生态的研究起步较早，目前在该技术领域已经基本弃用传统菌种培养实验来研究功效成分对少量菌种影响的手段，进一步形成了成熟的皮肤微生态组学分析手段，利用高通量手段对皮肤微生物进行 16S rDNA 测序和宏基因组测序，从微生态中的菌落平衡以及特定菌属对皮肤状态、屏障功能影响的角度，验证益生元、后生元的功效，获得更具有说服力的宣称依据。

另外，由于口腔微生态的环境复杂程度远高于皮肤微生态，化妆品行业中对其研究的深度暂时落后于后者，但随着微生态组学分析手段的进步，口腔微生态对龋齿、牙龈验证、口腔异味的影响已经被陆续探明，相信这将会是未来数年内的技术趋势。

（三）极简护肤和低敏护肤方式的诞生

新冠肺炎疫情所带来的"口罩时代"，让消费者对敏感肌肤的自我察觉越来越频繁，调研数据显示 72.1% 的人群认为自己有皮肤亚健康状况，为避免化妆品所带来的皮肤问题，以简化产品配方、采用温和成分、精简护肤步骤为主要诉求的极简护肤和低敏护肤方式应运而生。

为了回应市场需求，使用尽量少的成分组成并具有显著功效且温和的配方，是化妆品行业对这一技术诉求的主要研究思路。使用自身具有功效的原料来构成配方骨架，减少甚至不添加常规意义上的活性成分，根据需求加入皮肤同款成分或者仿生成分作为主要活性功效来源，最大限度地减少化妆品对皮肤屏障的影响，降低皮肤受损、应激、炎症等问题的发生，以保护屏障为首要目的，极简、低敏的护肤方式成为消费者改善自身敏感皮肤状态的有效解决方案之一。

（四）新型制剂工艺的发展

功效性化妆品的优势来源于其活性成分的显著作用，为进一步加强活性成分的稳定性、渗透性，新型的制剂工艺技术是技术研发的重要方向之一。

利用水凝胶载体、原位包裹、超分子结构等原料二次加工技术，提升活性成分在皮肤结构中的渗透能力以及驻留能力，靶向性地将成分输送至最优深度，并且延长其释放功效的时长，在不增加成分用量的前提下，进一步提高产品的功效，同时避免活性成分带来的安全风险。

二、科学监管行业，发展基于安全

2020—2021年，是中国化妆品监管科学革新的重要阶段。《化妆品监督管理条例》的颁布，进一步确保了中国化妆品市场的良好运转，也意味着中国化妆品行业将处于发展机遇与监管挑战共存的局面。《化妆品新原料注册备案资料管理规定》，在加强化妆品原料管理的同时，也降低了新原料的准入门槛，为原料创新开拓了新的赛道，也引入了新的监管难点；《化妆品功效宣称评价规范》与《化妆品安全评估技术导则》，在对产品宣称进行科学性、合理性和安全性的改革的同时，也对业内中小企业自身在功效及安全研究方面的技术实力产生了不小的考验。

确保"科学监管"的落地，离不开科学手段对原料和产品的把关，化妆品技术发展至今，已经不是单纯的精细化工技术，更是跨领域吸收了各类表征、分析、提取、种植手段，让原料和产品的安全性同时得到保障。

（一）药代动力学及相关表征手段在长期安全性上的应用

使用药代动力学监控药剂在人体中的代谢，在医学上的应用已成熟，但是在化妆品行业中的应用尚处于起步阶段。随着脂质体包裹、透明质酸微针等新制剂技术的推广，基于这些技术经皮高吸收量的特点，准确地探明产品成分在表皮层以及真皮层中的转移、扩散过程，并确保成分不会进一步向体循环转移，在产品的长期安全性研究上尤为重要。

除了常见的体外经皮渗透模型、动物模型以外，3D全层皮肤模型、拉曼光谱等手段能很好地应用在化妆品成分的转移、扩散安全性研究中。3D全层皮肤模型具有完整的皮肤三维解剖结构，能反映产品成分在皮肤中的转移和扩散的速度、深度，还能反映出活性成分在皮肤中的作用靶点；而拉曼光谱搭配专用皮肤探头，能直接观察特定结构分子在使用者皮肤中的转移和扩散情况。这类表征技术有利于技术人员更直观地进行研究，对比离体模型更具有严谨性，也有利于消费者从视觉上对产品的功效性及安全性进行理解。

（二）植物原料风险成分的把控

以中草药为代表的植物原料，其安全风险主要源于提取物中有未能完全去除的致敏原、重金属等物质。除了对成品进行的常规致敏、致畸、致毒等测试以确保安全性之外，技术研究中还倾向于将安全把控的工作前置，从种植过程开始进行风险成分控制。

风险成分来源主要分为两类，一方面是来源于植物本身的风险物质，包括生物碱、银杏酸等天然形成的有毒物质，另一方面是来源于植物应用过程中的风险物质。对同一品种植物，对其风险物质研究可以从种植过程开始，对于不同采摘季节、不同产地、不同提取部位的风险物质含量和种类进行色谱分析，建立起风险成分指纹图谱，有目的性地选择收获条件，降低种植中吸收的农残、重金属、环境毒物，从源头上提高植物应用的安全性。

三、科学引领行业，技术创造热点

近年来，国内化妆品的技术研发，已经在原有精细化工学科的基础上，发展成为了一项包含多领域技术的综合学科。根据 2020—2021 年各机构的技术报告及专利报告，全球化妆品具有潜力的研发方向，横跨了胶体与界面化学、皮肤医学、生物化学、植物学、计算机科学等多个领域，我们可以从中得到未来技术发展趋势的一些启示。

（一）健康肤色调控

"皮肤美白"是亚洲化妆品市场最受欢迎的产品功效，但单一的皮肤黑色素抑制、代谢等思路已经不能满足消费者对肤色调控的需求，另外，传统的黑色素调控通路，同时与皮肤屏障功能的通路相关联，有造成皮肤干燥、过敏的风险。

新的肤色调控技术思路，是对黑色素（褐）、胡萝卜素（黄）、氧化血红蛋白（红）、还原血红蛋白（蓝）等多种肤色因素进行全面调控，同时还对肤色调控中可能造成的细胞增殖分化抑制、氧化应激、DNA 损伤等导致皮肤屏障受损的副作用进行控制，实现健康的肤色调控。

（二）人群精准护肤

我国功效型护肤品研究依然是以成熟女性为主导，但不同年龄段、性别、区域的消费者群体的皮肤结构与特征都存在较大差异，如儿童、成年男性的皮肤在表皮层厚度、屏障完整性、真皮层活力等各方面都与成熟女性有差异，不同年龄段的消费者的肤色暗沉、衰老诱因也有较大差别，有必要靶向性地对不同人群的皮肤进行精准护肤。

最热门的精准延衰技术，是将衰老诱因细分为外源性炎症、外源性氧化应激、干细胞损耗、细胞老化等多种因素，针对不同消费者的皮肤衰老情况进行诱因分析后，进行不同活性成分、产品剂型的搭配，给出不同人群皮肤延缓衰老的最优解。

（三）网络药理学

活性成分对皮肤及口腔的影响，不是单一靶点的线性调控，皮肤及口腔参数的调控，实际上是数十个功效靶点和通路形成的复杂网络，单个靶点的过度调控往往会破坏网络的整体平衡，存在一定的风险。

网络药理学研究思路与中医辨证整体观相似，采用"触一发而动全身"的技术思路。把活性成分的研究建立在高通量组学数据分析、计算机虚拟计算、网络数据库检索三者结合的基础上，研究"皮肤参数 – 功效靶点 – 活性成分"三者的相互作用，系统地观察活性成分以及组方对皮肤整体状况的影响。该技术对比传统的单靶点研究，能从生物信息学的角度论证单方及组方的功效、安全合理性，为活性成分宣称提供了科学化的依据。

四、总结和展望

2020—2021 年，受市场变化与法规变化的双重影响，中国化妆品行业全面进入科学化、严谨化的时代。国内 Z 世代等新兴消费群体，与原有的成熟消费群体并驾齐驱，成为线上市场渠道的主力军；化妆品市场扩展的同时，监管法规的不断完善，对化妆品的安全性和功效性的要求也上升了一个新台阶。敏锐地洞察技术趋势，提升技术研发实力，研发出领先于行业的技术，将是一个业内企业保持长久发展动力的重要因素之一，而通过科学来驱动行业、监管行业、引领行业，将是中国化妆品从"中国制造"走向"中国智造"的重要一步。

[作者单位：无限极（中国）有限公司]

2021年国货化妆品品牌竞争态势及趋势分析

摘要： 当前，我国化妆品行业仍处于快速增长期，国货品牌集体崛起，但由于受发展阶段等影响仍存隐忧，如高端市场仍被国际大牌占据，核心技术领域与国际水平仍存在较大差距等。随着化妆品科学监管体系的成型，国货现阶段的发展重心应为通过科研创新、产品创新夯实技术壁垒。

关键词： 化妆品 美妆 新锐 竞争态势

国家统计局发布的2021年社会零售统计数据显示，规模以上零售企业的化妆品销售总额达到了4026亿元，这也是首次突破4000亿元大关。据前瞻产业研究院预测，到2025年，我国化妆品零售总额将达到5000亿元。但需要关注的是，数据显示2021年化妆品行业的月度增速却在持续下滑，全年中有4个月份同比增长低于4%（图1），堪称近年来化妆品行业最低迷的一年。

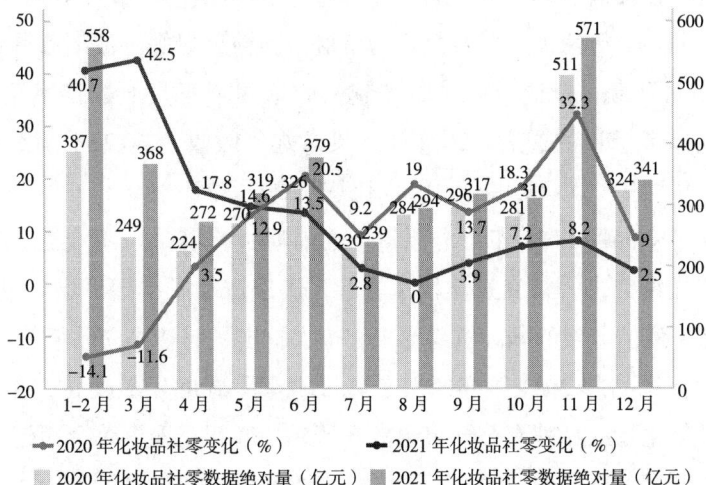

图1 2020年和2021年化妆社会消费品零售额（社零）数据统计

本文关注我国化妆品市场发展现状，从国际大牌、国货规模、跨境小众、国货新锐四类主流品牌的不同发展境遇出发，分析国货品牌与进口品牌竞争的差距及背后的技术之争，并提出国货的新时代发展建议。

一、2021年我国主流化妆品品牌发展现状

我国的主流化妆品品牌可以分为四类：国际大牌、国货规模品牌、跨境小众品牌、国货新锐品牌，分别对应头部企业和中小企业、国产和进口两个维度。2021年，这四类品牌的境遇大不相同。

得益于我国高端市场的良好增长，国际大牌在2021年获得了"历史性的增长"，欧莱雅集团全年销售额为322.8亿欧元（折合人民币2337.4亿元），同比增长15.3%；营业利润创纪录，达到了61.6亿欧元（折合人民币447.5亿元），同比增长18.3%。在中国大陆，欧莱雅2021年取得两位数增长，实现了两倍于美妆市场平均水平的增速。资生堂2021年营业利润达到22.92亿元，同比增长178%，大大超过了其业绩增长计划，我国已经成为资生堂仅次于日本的第二大市场。财报中显示：资生堂在中国市场的销售额为2747亿日元（折合人民币151亿元），同比增长16.5%；中国区营收在全球业务总销售额中占比达到26.6%，仅次于日本市场的26.7%。

国货规模品牌在这一年完成了头部企业的切换，上市公司排行榜上，上海家化、丸美、御家汇、拉芳家化的市值接连被贝泰妮（薇诺娜母公司）、华熙生物（润百颜、夸迪母公司）超越，而这两家正是通过技术端的突破与崛起，完成了登顶的逆袭。2021年，贝泰妮年营收为40.22亿元，同比增长52.57%；华熙生物为49.48亿元，同比增长高达87.93%。

跨境小众品牌2021年下滑严重，之前通过跨境TP（代运营公司）作为中介，依托小红书等社交媒体快速崛起，迅速占领了中国市场。但近年持续的新冠肺炎疫情导致的国际贸易受阻，极大打击了跨境小众品牌的发展。

国货新锐品牌2021年亦经历了"过山车"式的发展变化，据不完全统计，这一年化妆品品牌有公开报道的融资超153起，融资总金额超137亿元，创下历年新高。但从第三季度开始，融资数和融资额双双大幅下跌，整个新锐品牌创业投资市场也从极度火热，变成几乎无人问津。完美日记虽然早已

完成上市，但因其营销费用占比过高，一直未能盈利，从而受到资本市场质疑，虽然其母公司逸仙电商年营收达到 58.4 亿元，但股价在这一年内下跌超过 87%。

二、国货品牌发展存在的问题

总体来说，重营销轻技术是国货品牌发展的最大隐忧。上述四类品牌有涨有跌的背后原因，是随着中国化妆品市场的成熟，品牌竞争从原来的渠道及流量的竞争转向了核心技术和产品的争夺。国际大牌正是因其领先的产品力，叠加其高品牌力，从而牢牢占据高端，获得了大幅增长。

作为时尚消费品，化妆品行业是由营销驱动，化妆品主流企业的研发投入保持在年营收的 2%~3%，与手机、家电等行业相比占比较低，其更多预算倾斜在市场投入上。这使得国货品牌在发展初期一味重视市场营销投入，而非技术投入。虽然在第一代国货品牌成长为 10 亿级品牌后集体开始自建工厂和研发体系，但大多数国货中低端品牌和初创企业将技术完全依托于上游代工厂，研发投入几乎为零。

技术方面，首先是化妆品行业核心技术领域，如高端原料、尖端制备技术、植物萃取等仍然与国际先进水平有着较大差距。在化妆品原料领域，目前仍是进口原料主导，不止是活性物，国货连基础的大料也受到国际公司的限制，比如生产甘油、丙二醇需要用的原材料棕榈油，都需要从东南亚进口，硅油是从美国、欧洲、韩国等地进口。我国化妆品全产业的原材料都绕不开国际公司，"卡脖子"现象在所难免。

2021 年新锐品牌投资从爆热到哑火，背后也是对国货品牌"只重营销、没有技术壁垒"的担忧所致。这预示着新锐增长红利已经走到尽头，只关注获客流量竞争的品牌没有长期竞争力，很多快速崛起的新锐品牌都需要补上技术的课。

时至今日，像薇诺娜与华熙生物等通过技术优势成长起来的品牌，在我国化妆品行业仍属少数。相比国际大牌和规模企业普遍都拥有了自己的生产线，目前大多数国货品牌都选择代工厂模式，技术往往也"假手于人"。

对于初创品牌来说，自建工厂和生产线这一重资产模式投入大、风险高，相反代工厂模式能在前期减少试错成本，加上中国美妆供应链已经充分成熟，自然是"拿来主义"的多。所以新锐品牌的技术和产品往往也高度雷同缺乏差异化。代工厂模式既是东风，也可以是"隐患"。新市场环境下，这种无差别的技术拿来精神无法保持长期领先态势。

三、国货品牌未来发展趋势及展望

行业普遍共识是，夯实技术是国货品牌当前成长的关键。

近几年，市场的变化开始倒逼国货品牌逐渐重视技术及研发投入，如年轻一代消费者越来越重视产品背后的科技含量和功效原理，没有研发实力只靠营销拉动的品牌被诟病为"收智商税"，这一切都推动了护肤品类的功效浪潮。

在这样的背景下，中国市场成分党、配方党、证据党的出现，背后是中国消费者的不断成熟，开始追求理性科学，优先选择技术领先的品牌。国货品牌亦开始集体认识到品牌发展新阶段的动力，从营销创新已经变为技术升级、产品创新。

聚美丽针对 200 多个新锐品牌展开科研调查的数据显示，大约有 75% 的新锐品牌拥有或者正在申请研发相关的专利技术；同时超过 60% 的品牌表示已经和科研机构 / 大学展开基础研究。

除了薇诺娜、华熙生物、巨子生物、珀莱雅、自然堂等头部品牌已经布局科研技术体系外，一批新锐品牌如至本、HBN、943、拾颜、UNISKIN 优时颜、寻荟记、雏菊的天空、瑷尔博士等都努力在"原研成分 + 精妙配方 + 创新工艺"方面夯实技术差异化。比如在原料竞争上，一些品牌开始试图找到自己的优势成分或者独家成分。在原料的成分优势后，新锐品牌开始挖掘更具体和细分的科研优势，如在原料提纯、包裹运输载体、透皮、生产工艺等的综合技术，或者在更加追求功效、肤感、气味体验平衡的精妙配方。

2021 年被称为化妆品"功效元年"，以生命科学、合成生物学、基因技术为代表的生物技术，在活性功效成分、生物合成等领域开始影响化妆品创新与发展。理想的生物功效原料能够具备相对明确的靶向机制，比如和特定皮肤细胞类型的特定受体、通路或者靶点结合发挥作用，且能够具备一定的透皮特性，比如短肽、寡糖甚至核酸类的原料中源于自然灵感的成分是比较多的，毕竟氨基酸、糖和核苷酸是人体组成的结构单元和物质基础。目前比较火热的护肤成分中，玻色因、甘油葡萄糖苷就属于单糖衍生物，而依克多因、麦角硫因则属于氨基酸衍生物，都可归为生物活性功效成分。

随着行业的发展，真正具有生物活性的成分出现在化妆品的功效和定义里面，是行业下一步发展的契机点。近几年中国诞生了不少皮肤科医生自创品牌，往往都是功效护肤品牌。

而国货规模品牌很多也通过对功效活性原料的研究，建立独特技术壁垒，以期实现弯道超车。如珀莱雅专注技术升级，与西班牙技术公司合作，不断迭代新品。相宜本草坚持自主创新，持续对红景天等植物提取物进行研究优化，不断更新技术，获得了市场一致好评。

在化妆品行业，不仅在功效护肤品类，这样的技术升级还同样发生在彩妆、个人护肤等品类，这已成为行业共识。

2021 年是中国化妆品"法规建设年"，相关部门从原料、功效、宣称、标签、安全生产、营销传播等各个方面推出了系列法规，编织起了全面、严密、科学的法规网络。新法规的监管框架已经成型，可以清晰地看到国家在这一轮关于原料及功效宣称监管的底层逻辑：提升全行业技术水平和全民族科技认知，做高端原料与技术的国产替代、扶持真正具有科技竞争力的国货品牌。

2021 年，化妆品首次出现在"十四五"规划纲要中，工信部最新发布的《消费者工业数字"三品"行动方案（2022—2025 年）（征求意见稿）》中，拟推动增品种、提品质、创品牌"三品"战略，其中提出在化妆品等消费者领域打造 200 家百亿规模知名品牌。

相信假以时日，觉醒的国货化妆品品牌通过抓住机遇，夯实技术，最终必能和国际品牌真正分庭抗礼，成长为名族大牌。

（聚美丽内容中心供稿）

2021 年中国化妆品专业人才培养现状及建议

宋丽雅　赵华

摘要： 化妆品产业发展迅速，人才需求旺盛。本文分析了化妆品行业发展现状、国家法规及化妆品专业人才的需求，调研目前中国化妆品专业人才培养的院校、专业建设及化妆品专业对行业的贡献，结合国家高等教育改革对专业建设的要求，从学科布局、学科建设、实践特点、教学模式等方面，探讨化妆品专业现存问题，提出发展建议。

关键词： 化妆品　人才培养　现状　建议

一、化妆品专业人才的内涵与外延

化妆品相关专业是服务于化妆品行业的专业教育。行业的快速发展对专业教育提出了更多更高的要求，也推动了专业的发展。

（一）化妆品行业对人才的需求

化妆品产业发展迅速，蕴藏着巨大发展潜力和不容忽视的市场前景。目前，我国已成为全球第二大化妆品消费市场，同时也已经成为化妆品生产大国，国内化妆品生产企业截至 2021 年 8 月已超 5600 家，在广东、上海、浙江、江苏和福建等省份形成了优势聚集区。虽然我国化妆品市场和行业发展迅猛，但在实际生产经营中也暴露出一些问题和不足，主要体现在配套技术支撑体系仍需完善，行业发展不平衡，企业规模普遍偏小，主体责任意识不强，行业基础研究薄弱，产品同质化竞争严重，核心竞争力缺乏等方面。同时，虽然化妆品产业不断发展壮大，但国内能培养专业化妆品人才的相关本科院校只有不到 20 所，每年培养的化妆品学科方向的人才有限。此外，我国化妆品产业涉及的相关学科专业强度不足，也制约了化妆品方向高层次人才的培养①。

（二）新形势下对化妆品人才培养的新使命

为了规范化妆品生产经营活动，加强化妆品监督管理，提升化妆品质量安全，保障消费者健康权益，促进化妆品产业健康发展，2021 年 1 月 1 日起，《化妆品监督管理条例》（以下简称《条例》）施行。《条例》给化妆品行业发展提出了新要求，化妆品专业人才培养工作面临新使命。

化妆品是集文化与应用、概念与功效于一体的多元素产品，同时紧跟市场、潮流的发展，蕴含丰富的文化元素产品。《条例》第九条提出，国家鼓励和支持开展化妆品研究、创新，满足消费者需求，推进化妆品品牌建设，发挥品牌引领作用；鼓励和支持运用现代科学技术，结合我国传统优势项目和特色植物资源研究开发化妆品。《条例》第二十二条规定，化妆品的功效宣称应当有充分的科学依据。在此种情况下，结合中国精神、中国品牌和中国特色的价值体系，讲好中国故事，展示中国化妆品的文化与历史的创新是必要且必需的。因此，培养兼具文化创新、产品研发能力及法律意识的专业人才是化妆品产业发展至关重要的环节②。

化妆品专业人才是指针对化妆品全产业链进行培养的人才，包括化妆品的研发、生产、检测、销售、管理、策划、人文、法律等多方面人才③。化妆品产业是一个多学科交叉融合的产业，化妆品产业与化学、新材料、生物工程、皮肤医学等学科结合更加紧密，生产过程结合智能制造，产品设计结合大数据分析，商品开发需要人文、艺术、营销等综合素质，产业的发展更加需要科学基础扎实、创新能力突出、具有国际视野与合作交流能力的高层次复合人才。因此，化妆品人才培养应该更加多元化。

化妆品产业的人才培养模式需要创新，化妆品行业需要聚焦科研、助力创新，将市场需求与教育科研紧密结合，并分析借鉴国内外技术人才培养模

---

① 中国香料香精化妆品工业协会：《化妆品行业"十四五"发展规划》，日用化妆品科学，2022。

② 张子琪，张立冬：《新时代化妆品行业人才培养策略研究》，中国化妆品，2021。

③ 董玉明，丁玉强，东为富，等：《面向化妆品产业升级的江南大学应用化学专业建设思考与实践》，大学化学，2020。

式，结合已有经验，探索新时代化妆品产业未来人才培养模式。

二、化妆品人才培养现状与发展趋势

随着国内化妆品市场的高速增长和化妆品产业的快速发展，化妆品行业对技术人才的需求不断增多。为契合化妆品行业的人才需求，2018 年 3 月，教育部发布《2017 年度普通高等学校本科专业备案和审批结果》，新增化妆品技术与工程专业。该专业学位授予门类为工学，专业代码为 081705T，修业年限为四年。2019 年 3 月，教育部发布《2018 年度普通高等学校本科专业备案和审批结果》，新增化妆品科学与技术专业。该专业代码为 100708T，学位授予门类为理学，修业年限为四年。此后，国内多所院校开始设立化妆品技术与工程、化妆品科学与技术本科专业。

（一）中国化妆品专业院校

化妆品技术与工程专业和化妆品科学与技术专业是教育部新批准设立的化妆品直接相关本科专业，是理工综合、多学科交叉的学科。截至 2021 年，全国设有化妆品技术与工程专业的本科院校有上海应用技术大学、北京工商大学、大连工业大学、厦门医学院等 12 所高校，另有 2 所学校申请了专业备案，预计将于 2022 年获批。设有化妆品科学与技术专业的本科院校有广东药科大学、广东财经大学华商学院等 4 所高校。目前，"化妆品技术与工程"与"化妆品科学与技术"专业的详细招生院校及批准时间详见表 1。

表 1　我国高等院校化妆品专业情况汇总（本科院校）

序号	高等院校	新增化妆品专业名称	教育部备案审批时间	学位授予门类
1	北京工商大学	化妆品技术与工程	2019 年	工学
2	上海应用技术大学	化妆品技术与工程	2017 年	工学
3	广东肇庆学院	化妆品技术与工程	2018 年	工学
4	厦门医学院	化妆品技术与工程	2018 年	工学
5	洛阳师范学院	化妆品技术与工程	2020 年	工学

续表

序号	高等院校	新增化妆品专业名称	教育部备案审批时间	学位授予门类
6	湖南理工学院	化妆品技术与工程	2020 年	工学
7	安康学院	化妆品技术与工程	2020 年	工学
8	大连工业大学	化妆品技术与工程	2021 年	工学
9	长春工业大学	化妆品技术与工程	2021 年	工学
10	徐州工程学院	化妆品技术与工程	2021 年	工学
11	武汉纺织大学	化妆品技术与工程	2021 年	工学
12	柳州工学院	化妆品技术与工程	2021 年	工学
13	郑州轻工业大学	化妆品技术与工程	2021 年	工学
14	齐鲁师范学院	化妆品技术与工程	2021 年	工学
15	广东药科大学	化妆品科学与技术	2018 年	理学
16	广东财经大学华商学院	化妆品科学与技术	2020 年	理学
17	齐鲁医药学院	化妆品科学与技术	2021 年	理学
18	湖北科技学院	化妆品科学与技术	2021 年	理学

除了与化妆品直接相关的化妆品技术与工程、化妆品科学与技术专业外，部分本科高校也在应用化学等相关专业设立了化妆品方向课程，为行业培养化妆品方向的人才，如江南大学等。还有少部分院校开设了化妆品相关研究生专业，如北京工商大学于 2012 年率先在全国高等院校中（大陆地区）增设的化妆品科学与技术学术硕士研究生专业，形成了化妆品人才的本、硕成体系化培养；中国药科大学于 2018 年，增设了工业药学方向化妆品与皮肤健康研究生专业，为化妆品行业不断培养、输送高端人才。

此外，部分高职院校也设置了化妆品相关专业，如广东轻工职业技术学院和广东食品药品职业学院设置的化妆品技术、化妆品经营与管理等专业、广东职业技术学院设立的化妆品技术与管理专业等。针对"化妆品专业"，本科院校同高职或中职院校在设置上有所区别。譬如，本科院校更聚焦于应用化学（日化方向）、香料香精技术与工程、化妆品技术与工程，典型代表如江南大学、北京工商大学、广东药科大学等。相较而言，高职院校在专业划分上更多更广，除专业性较强的精细化工技术、化妆品技术外，部分院校还设置有化妆品经营与管理专业。

（二）化妆品相关专业建设情况

化妆品专业人才培养目标定位较明确，特色较鲜明，是围绕化妆品和美容健康相关产业，培养德智体美全面发展，具备化妆品领域的基础理论、工艺原理及工程技术等专门知识，具有国际视野的高级应用型人才。

各高校分别根据本校的特点，不断加强化妆品专业建设，具体措施包括：通过"内培外引"等方式培养或引进高水平教师，进一步加强师资队伍建设，目前北京工商大学化妆品技术与工程专业拥有专任教师26人，分别毕业于清华大学、中国科学院、惠灵顿维多利亚大学等著名高校或研究机构，其中教授8名，副教授8名，具有博士学位教师24人，海外学习经历教师11人；创新人才培养模式，北京工商大学采取"三位一体的导师制度""三段实践教学"等方式，厦门医学院采取"产教融合、多元协同"等教学模式，开展创新型人才培养；结合工程教育专业认证，推进新工科建设，加强与化妆品企业合作，拓展实践教学基地建设，北京工商大学在校外设置了8家实践基地，达到资源共享、优势互补，厦门医学院以校内实践基地为主体，与境外高校及企业共同组建化妆品实践育人基地。

通过以上种种方式，各院校专业建设水平不断提高，化妆品专业建设取得了丰硕的成果，北京工商大学化妆品技术与工程专业获批化妆品专业国家级一流本科专业建设点，上海应用技术大学的化妆品技术与工程专业成为上海市特色专业，是国内首个、上海唯一的培养化妆品行业专业技术人才基地。

（三）化妆品专业的发展趋势

1. 契合健康中国战略，不断推进新工科教改

党的十九大报告指出，"中国特色社会主义进入新时代，我国社会主要矛盾已经转化为人民日益增长的美好生活需要和不平衡不充分的发展之间的矛盾"，并提出"实施健康中国战略"。化妆品是满足人民美好生活需要的民生、健康产业的重要组成部分。教育部于2017年启动"新工科"建设。"新工科"

教育是指在 2016 年 6 月国家成为国际工程联盟《华盛顿协议》成员后，于 2017 年启动新工科建设的新时代中国高等工程教育，主要内容是学科交叉融合，理工结合、工工交叉、工文渗透，孕育产生交叉专业，跨院系、跨学科、跨专业培养工程人才的教育模式。化妆品专业具有鲜明的学科交叉特征，进行新工科教改势在必行。各所高校化妆品专业分别根据自身及学校特色采取不同举措推行新工科教改，突出化妆品专业的实践特色，从构建基于产教融合的专业核心课程体系、教材建设、创新实践性教学方式、到加大"产学研"一体化等方面进行推进。

2. 充分利用行业资源，搭建人才培养平台，建立多角度协同育人机制

综合素质的提升是"新工科"背景下人才培养的目标，单纯靠课程难以做好，需要多角度协同、全员育人。各高校与行业相关研究所、企业共同搭建学生培养平台，优势互补，设立思想导师、实践导师等，共同助力学生培养，并重视在实践中创新、在创新中育人，构建创新能力和综合素质培养体系。

三、化妆品人才培养的不足

（一）办学晚，经验不足

2018 年教育部本科目录新增化妆品技术与工程、化妆品科学与技术专业，目前仅有 18 所高校开设。很多高校仍处于办学起步阶段，没有可参考的"专业教学质量国家标准"，办学经验不足，化妆品相关专业设置、培养目标和课程体系都有待于进一步规范化。化妆品学科带头人及专业人才不足，具有博士学位或者行业背景的高校教师短缺，化妆品专业教材品类少、共享课程和精品课程也较少，无法满足教学需求的问题突出，专业实验室建设经验不足现象普遍存在。

（二）多学科交叉，亟待整合

化妆品行业属于多学科交叉的领域，集化学、生物学、医学、文化艺术等多学科为一体。国内不同高校将化妆品人才培养分属不同的专业学科，对化妆品领域人才的培养缺乏针对性、系统性，且很多高校办学特色以及人才培养的定位尚不明确，需要进一步加强与行业的联系和合作，才可以使培养的人才更能满足行业的需求。此外，本专业的毕业生进一步深造的机会较少，全国具有硕士点和博士点的化妆品相关高校不多，高层次人才培养的平台亟待建设。

（三）新专业实践实习基地不足

实习基地和实践教学对于新开设院校建立有一定难度，尤其对于所在城市化妆品企业较少的高校难度更大。而且很多高校本专业的开设是由各自的特色方向孵化而成，在化妆品实践教学方面缺乏具有行业背景的化妆品专业高层次师资人才。

（四）产业发展与专业人才培养不匹配

化妆品领域已经发展成为一个比较成熟的产业链，但我国化妆品行业的科技发展与国外相比还有较大差距。化妆品技术与工程在我国是一个新专业，如何将化妆品行业发展与人才培养相结合，将产品研发与文化传承相融合，对接国家和省市战略任务和重点工程实施是我国化妆品技术与工程专业建设需要思考的问题。

四、对完善化妆品人才培养的思考及建议

（一）优化学科布局，促进学科交叉融合

化妆品作为大健康产业的重要分支，其相关产业不断发展壮大，对产业相关人才需求持续保持旺盛态势。但我国化妆品研发人才仍相对匮乏，化妆品研发人才培养仍相对滞后。为此，国内高等院校应积极开展化妆品学科建设工作，不断优化化妆品专业课程和专业实践，为学生提供与国内外化妆品企业实践交流、化妆品相关大学生创新创业训练项目的机会与平台。加强院系间合作，充分发挥新兴学科成长性、综合性、创新性三方面的优势，旨在培养具有较强科技创新能力和国际化视野，具备皮肤生理结构、化妆品安全与皮肤健康、化妆品材料、化妆品组方设计及功效评价、化妆品管理与质量控制等基础理论和实践技能等多学科交叉的化妆品科学与技术高级专业人

才[①]。

（二）加强学科建设，进一步深化新工科教改

国内对化妆品的认知还停留在片面的认知层面上，普遍认为门槛较低，缺乏技术含金量，需要通过宣传、培训、产学合作、专业思想教育等形式强化社会对专业的认知度、认可度，吸引更多优秀学生报考专业。

各校化妆品专业均在建设过程中深入探索了"新工科"人才培养途径，但在人才培养机制、方法创新及产学研融合的深入推进方面有待继续探索。

针对课程设置应科学合理、重点突出、平台明确，继续对标一流课程建设标准，强化课程高阶性、创新性和挑战度，针对核心专业课程打造国家级、省部级精品课程。同时，加强教材建设，建立教材质量信息的跟踪、反馈制度，鼓励编写高质量专业教材、鼓励参加国家级、省部级教材的编写项目，鼓励有条件的课程根据需要使用国外原版教材。

（三）完善高层次人才培养体系，提升毕业生竞争力

近年来，化妆品市场呈现出快速发展态势，中国成为全球第二大化妆品消费市场，尤其是《条例》等法律法规的实施，对行业发展提出了更高的要求，对专业人才也有更大需求。目前，国内仅有北京工商大学（化妆品科学与技术硕士专业）等少数院校设置了硕士研究生专业，化妆品专业本科生和研究生未来升学管道较为狭窄，亟需在优势院校设置博士点，辅助有条件的院校设置硕士点，打造化妆品专业高层次人才培养的平台。此外，还需要加强各校院系之间、学校与行业之间的联系与合作，定期举办以学术交流为主题的研讨会，优势互补，依据行业的需求培养人才。

（四）师资队伍建设，打造面向化妆品工程实际的实践教学体系

为顺应化妆品行业发展要求，必须花大力气加强师资队伍培训，提高教师的综合素质和行业背景。各校应加强选派教师参加化妆品专业培训、到其他院校进修学习、到企业学习，强化师资队伍的行业背景；聘请行业专家担

[①] 张子琪，张立冬：《新时代化妆品行业人才培养策略研究》，中国化妆品，2021.

任兼职教师，让企业共同参与本科的教学与实践环节。同时，建议办学经验丰富的高校定期组织专业培训，满足教师的提升需求，逐步改善现状。

（五）加强合作交流，提升我国行业竞争力

美国菲尔莱狄更斯大学、德国汉堡大学、英国伦敦时装学院、法国国际香料香精化妆品高等技术学院、韩国建国大学等均开设了化妆品学硕士专业，培养了一批化妆品领域的高层次人才，在国际市场上具有较强的竞争力。为了让我国化妆品行业能够有长足的进步和发展，完善我国化妆品技术与工程专业体系，各大院校可以通过定期举办学术型讲座、研讨会等形式，增加境内外高校、行业、企业之间的交流，与国际接轨、顺应行业需求，不断优化人才培养方案，培养复合型创新人才。

（作者单位：北京工商大学）

中国化妆品标准体系研究报告

汪毅　李焯原　刘家湣　夏泽敏　李露

李鑫宇　郭长虹　谭建华　肖树雄

摘要：本文以中国化妆品标准体系为研究对象，系统总结了中国化妆品标准体系的形成机制、发展现状，研究了中国化妆品标准体系存在的主体不到位、结构不合理、功能不充分、供给不及时、缺乏顶层设计的问题，分析了发达国家和地区化妆品标准体系的现状，提出了做好中国化妆品标准体系顶层设计、全方位和多渠道扩大标准有效供给等建议。

关键词：化妆品　标准体系　现状　趋势

根据《中华人民共和国标准化法》，标准是指农业、工业、服务业以及社会事业等领域需要统一的技术要求。化妆品标准是指在化妆品领域需要统一的技术要求。化妆品标准体系是一定范围内、为实现标准化目的的化妆品标准按其内在联系形成的科学有机的整体，标准体系的组成单元是标准。本文以中国化妆品标准体系为研究对象，分析其地位作用、发展现状及存在问题，借鉴发达国家和地区经验和国际化趋势，提出完善的意见建议。

一、中国化妆品标准体系的形成机制

（一）各类标准的地位作用

根据《中华人民共和国标准化法》，按标准颁布的部门或组织，标准包括国家标准、行业标准、地方标准、团体标准和企业标准。中国现行的化妆品标准体系还包括《化妆品安全技术规范》，其是化妆品监管工作的主要规范性文件。

标准是经济活动和社会发展的技术支撑，强制性标准发挥守底线的作用，推荐性标准发挥保基本的作用，团体标准和企业标准发挥强质量、促发展的作用。国家标准、行业标准和地方标准属于政府主导制定的标准，强调了公益性和基础性，侧重于保基本、保安全，团体标准和企业标准属于市场主体自主制定的标准，满足市场竞争和创新发展的需求，侧重于技术创新、促进发展。

（二）各类标准的形成机制

各类标准主要来源于产业技术创新发展或保障产品质量安全的需要，是科技成果的总结，也是科技成果转化应用的桥梁和纽带。

标准的形成机制，以国家标准为例，制定国家标准应通过调查、论证、验证等方式。国家标准形成的流程包括立项建议、立项申请、立项评估、下达国家标准计划、形成标准起草征求意见稿、广泛征求意见、形成标准送审稿、技术审查、形成标准报批稿、批准发布。

关于标准的修改、废止、解释工作，一般由标准的制定部门负责实施，经过标准评估、标准复审，形成修改或废止意见。复审结论分为继续有效、修订或废止。需修订的标准，重新立项开展技术内容的修订，需废止的标准，由制定标准的部门发布废止公告。

（三）各类标准的规范内容

1. 国家标准

需要在全国范围内统一适用的技术要求，应制定国家标准。国家标准由国务院标准化行政主管部门统一制定发布，定位于政府职责范围内的公益类标准。按照标准效力，国家标准分为强制性和推荐性两种。

2. 行业标准

针对没有国家标准、需要在全国某个行业范围内统一适用的技术要求，可以制定行业标准。行业标准由国务院有关行政主管部门制定。

3. 地方标准

地方标准制定的重点是与地方自然条件、风俗习惯相关的特殊技术要求。由省、自治区、直辖市以及设区的市人民政府标准行政主管部门制定，发布后报国务院标准化行政主管部门备案。

4. 团体标准

团体标准由学会、协会、商会、联合会、产业技术联盟等合法注册的社会团体制定发布。凡是满足市场和创新需要的技术要求，都可以制定团体标准。

5. 企业标准

企业标准由企业根据需要自行制定，或者与其他企业联合制定。国家鼓励企业制定高于推荐性标准相关技术要求的企业标准。

二、中国化妆品标准体系的发展现状及各类标准间的相互关系

（一）中国化妆品标准体系的发展现状

中国化妆品标准的整体现状是政府主导制定的标准与市场自主制定的标准没有协同发展、协调配套。国家标准、行业标准成为市场的主流；团体标准和企业标准是国家标准、行业标准的有益补充，质量参差不齐，但在满足化妆品行业质量提升及行业日新月异的发展方面发挥着关键性作用。

截止目前，中国已发布的现行有效及即将实施的各类化妆品标准统计如下：合计共 199 项化妆品（含牙膏）国家标准，231 项化妆品（含牙膏）行业标准，222 项化妆品（含牙膏）团体标准，34 项化妆品（含牙膏）地方标准，1 项"化妆品国家计量技术规范"，1 项《化妆品安全技术规范》，其中，强制性国家标准 7 项，推荐性国家标准 192 项。

（二）中国化妆品各类标准的相互关系

强制性国家标准所规定的技术要求是全社会应遵守的底线要求，推荐性标准是政府推荐的基本要求，推荐性国家标准、行业标准、地方标准、团体标准、企业标准的技术要求不得低于强制性国家标准的相关技术要求。

三、中国化妆品标准体系存在的问题

（一）主体不到位

除了国家之外，其他市场主体缺位较为严重。在我国化妆品行业升级发

展、整体质量水平不断提升的过程中，国家标准发挥了积极的、不可替代的作用。但与此形成鲜明对比的是，其他市场主体如社会团体、企业存在较为严重的缺位，民营企业、中小微企业参与标准制修订工作相对较少。

（二）结构不合理

国家标准、行业标准较多，其他类别的标准数量明显不足。具体来说，由政府主导制定的标准居多，由市场主导制定的标准较少。标准供给不够丰富和充足，无法满足市场竞争和行业发展的需求。

（三）功能不充分

底线标准为主、基本标准为辅、高线标准（技术要求高的标准）不足。国家标准是经济发展的技术基础，是国家治理体系和治理能力现代化的重要组成部分。但是我国的高线标准相对缺乏，即促进市场创新发展、推进制造强国建设的标准不足。

（四）联系不紧密

标准之间互相联系不紧密，相互采信基本处于空白，各类标准之间的转化缺少相关的机制，每一类标准独自成一个体系，没有形成一套行之有效的下一层级标准转化为上一层级标准的模式。

（五）供给不及时

我国化妆品标准对新技术、新材料、新工艺发展的敏感性不强，对化妆品高科技的应用反应不够快，造成前瞻性标准、引领性标准存在滞后于产业发展的问题，个性化、高端化、高品质标准供给亟待加强。

（六）缺乏顶层设计

改革开放以来，随着化妆品行业的发展及监管需求的不断变化，化妆品的生产、流通及进口分别归属不同的部门监管。例如，原卫生部和原国家质量监督检验检疫总局发布的 GB 和 GB/T 系列国家标准；原国家质量监督检验检疫总局发布的 SN/T、国家发展和改革委员会及工业和信息化部发布的 QB/T

系列行业标准。由于各监管部门只是站在各自角度制定相关的标准，缺乏更高层次的顶层设计和规划，因此制订出的标准将可能越来越不能满足化妆品行业发展及监管的需要。

四、发达国家和地区化妆品标准体系现状

（一）欧盟化妆品标准体系

欧洲标准化委员会（CEN）是欧盟按照 83/189/EEC 指令正式认可的欧洲标准化组织，是欧洲化妆品标准化工作的具体执行者。其组织方式（CEN 成员是各成员国国家标准化委员会）和工作模式（分阶段投票）与国际标准化机构（ISO）相同。欧盟化妆品标准的制订程序包括：①规划阶段；②草案阶段；③征询意见阶段；④批准阶段。

CEN 标准的类型有欧洲标准（EN）、技术规范（TS）、技术报告（TR）和 CEN 研讨会协议（CWA）等。另外，CEN 制定的欧洲标准中有一部分是协调标准。协调标准是由 CEN 依据欧盟委员会下达的"标准化委托书"制定的欧洲标准。CEN 中负责化妆品相关标准制修订组织主要是 CEN/TC 392，目前共发布化妆品相关欧洲标准（EN）31 项，技术报告（TR）5 项，其中有 27 项是镜像采用 ISO 标准。

（二）美国化妆品标准体系

美国国家标准学会（ANSI）是非盈利性质民间标准化团体，由企业、标准制定组织、贸易协会、专业和技术协会、政府部门、劳动与消费者组织共同组成。受美国政府委托发布和管理国家标准，代表美国参加国际标准化活动。美国标准体系是标准使用者驱动标准化活动的"自下而上"运作模式，标准使用者将有关标准需求向标准制定组织反映，进而向美国国家标准机构传递有关标准信息。

美国的标准体系是高度分散、独立、市场化的，多为民间主导和自愿性质。美国的各个团体均可自行制订团体标准，而这些团体标准的本质都是推荐性标准。目前，美国在化妆品领域公布的国家标准（ANSI）共 4 项，而美国制订化妆品团体标准主要有美国材料与试验协会（ASTM）等团体，其中，

ASTM 发布的现行有效的化妆品相关标准约 70 项，其中以洗涤类标准为主。

（三）日本化妆品标准体系

日本的标准化机构主要分为官方机构、民间团体、企业标准化机构。日本标准的类型主要有工业标准（JIS）、行业协会（团体）标准、企业标准。按照日本《工业标准化法》的规定，JIS 的制订包括两种途径，一种是编制标准模式，其流程主要有起草阶段、审议阶段、批准阶段和发布阶段；另一种是认可标准模式，由被认可的行业标准化组织编写草案，无需经日本工业标准调查会（JISC）审议，直接提交批准发布。目前，日本在化妆品领域现行有效的工业标准（JIS）共 8 项；日本在法规层面没有化妆品功效评价方法，仅有日本化妆品学会发布的抗皱、美白祛斑功能性评价指南。

日本标准化体制机制最主要的特点是以民间为主体，官民融合。

五、国际化妆品标准体系的发展趋势

（一）"标准化 + 品牌化"协同发展

通过标准化和品牌化相互融合，以标准助力品牌的发展，促进企业综合实力和核心竞争力的提升。

（二）"先进性 + 可行性"的统一

既吸收、借鉴国外化妆品标准的先进经验，同时将最新的研究成果、政策方针融入到标准中，又考虑本国化妆品生产企业、市场销售及消费者的特殊情况，确保标准不仅反映了产业技术创新的前沿科技成果，又能与本国国情相吻合，从而促进标准能较好地实施。

（三）"自下而上"和"自上而下"双重方式并用

通过"自下而上"的制度建设，可以进一步激发民间标准化组织或团体参与化妆品标准化的创造活力；政府通过"自上而下"的标准化模式，积极履行对化妆品安全监管的责任。

（四）绿色标准、环境标准受到重视

化妆品标准大大提高绿色标准、环境标准的比重，筑牢绿色生产标准基础，强化绿色消费标准引领。

六、完善中国化妆品标准体系的建议

（一）做好化妆品标准体系顶层设计

要加强前瞻性、全局性、系统性研究，做好化妆品标准体系顶层设计和规划，建立多层次、多元化、高水平、高质量的化妆品标准供给体系。

（二）全方位、多渠道扩大标准有效供给

优化标准供给结构，加快建立由政府主导制定的标准和市场自主制定的标准共同构成的新型标准体系。加强政府主导制定标准与市场主导制定标准的衔接，标准供给需要由政府主导型向政府与市场并重转变。标准结构更加优化，形成政府引导、市场驱动、社会参与、企业为主、开放融合的标准化工作格局。

（三）优化化妆品标准体系

为满足化妆品产业升级、消费升级和国际市场竞争需求，我国的化妆品标准体系需要进一步健全完善，形成产业链上下游标准有效衔接的标准体系。需要整合精简强制性国家标准，优化完善推荐性标准，培育发展团体标准，放开搞活企业标准，提高标准国际化水平，形成结构科学合理的标准体系。

（四）建立标准之间的转化机制

如建立国家标准采信团体标准机制，及时将先进适用、符合国家标准制定范围的团体标准转化为国家标准，或需要在全国范围推广应用的团体标准，可以按规定程序采信为国家标准，拓展拓宽国家标准供给渠道。

（五）广泛开展国际标准化合作

标准化开放程度显著增强，标准化国际合作深入拓展，国家标准与国际标准关键技术指标的一致性程度大幅提升，国际标准转化率不断提高。

（作者单位：汪毅　李焯原　刘家滔　夏泽敏　李露　李鑫宇　郭长虹
谭建华，广州质量监督检测研究院；肖树雄，广东省药品检验所）

中国化妆品产业园区发展研究报告

林宝琴　谢名雁　邓家传

摘要：目前，中国主要有九个化妆品产业园区，呈现服务平台一体化、产业集群特色化等特点。通过分析，发现中国化妆品产业园区存在规模效应不均衡、基础设施不完善、运营机制不科学和关键要素不配套等问题。建议化妆品企业增强创新意识，政府多部门联动协调推动创新研究，为化妆品产业稳定高速高质发展提供保障。

关键词：化妆品　产业园区　发展现状

中国化妆品产业经历了从早期的代工到国产品牌的崛起，再到产业逐渐聚集形成化妆品产业园区的阶段。化妆品产业园区在整合提升产业竞争力、区域性经济贡献上将扮演重要角色。本文以化妆品产业园区发展现状及发展困境作为切入点，探究未来化妆品产业园区发展趋势，并提出未来化妆品产业园区的发展策略。

一、中国化妆品产业园区发展现状

中国化妆品产业园区呈现百花齐放之姿。2015 年开始，上海倾力打造"东方美谷"，浙江湖州市则构建"美妆小镇"。广州分别于 2018 年、2019 年和 2020 年宣布打造"白云美湾""中国美都"和"南方美谷"三个产业园区。2020 年重庆"西部美谷"正式落地，2021 年北京正式发布"未来美城"的发展规划。从地理位置上看，中国东南西北四大方位均已布局化妆品产业集群，这意味着中国化妆品产业进入产业集群式高速发展期。

（一）基本状况

目前，中国主要有九个化妆品产业园区，总存续企业数量多达7149家，包括研发、生产、设计、包装、营销等各类企业。广州建设了"白云美湾""南方美谷"和"中国美都"，这三个产业园区不仅存续企业数量遥遥领先，而且注册资本总额、专利数量和商标数量也均位居前三，打造出中国化妆品产业园区高质量发展典范，具体见表1。

表 1 化妆品产业园区对比

区域	存续企业数量	产业品牌	注册资本总额（万亿）	专利数量	商标数量
广州白云区	4691	白云美湾	157.48	2979	16359
广州黄埔区	777	南方美谷	300.35	7702	3981
广州花都区	691	中国美都	48.34	1739	3430
上海奉贤区	348	东方美谷	61	1283	1516
广东省清远市	242	美妆硅谷产业园	26.71	133	105
成都武侯区	239	她妆美谷	10.83	176	247
北京昌平区	65	未来美城	25.67	452	590
浙江湖州吴兴区	49	美妆小镇	19.83	74	69
重庆铜梁区	47	西部美谷	0.99	1	7

注：内容来源于启信宝企业版。

（二）主要特点

1. 服务平台一体化

产业园区内打造化妆品产业一体化公共服务平台，包括技术平台、信息平台、交流平台、研发平台、宣传平台和商务平台等，着力解决企业存在的全球化高端信息、技术、原材料与人才获取瓶颈等痛点。

2. 产业集群特色化

各个产业园区各具发展特色。上海"东方美谷"搭建包括研发、设计、检测、展示、营销、体验、行业服务、专家指导八大中心的完整产业链，吸引百雀羚、伽蓝、资生堂和欧莱雅等国内外大品牌入驻。广州"南方美谷"依托中医药、生物医药等优势，开发以中草药植物资源、天然产物资源等富有中国特色的美妆精品。重庆"西部美谷"紧扣高端美容化妆品产业集聚，发展天然中药萃取化妆品产业。北京"未来美城"以美丽健康产业创新示范基地为载体，重点聚焦植物特色资源化妆品、定制化生产试点、美妆新文创等六大领域。

3. 科技创新专业化

科技创新是推动经济发展的重要力量。近年来，各大化妆品产业园区在当地政府支持下，抓住机遇、大胆创新、多措并举，引进不少化妆品专业人才。有些产业园区筑巢引凤，大力推进高校人才实验区建设。2021年至少有19家化妆品企业与国内外高校进行了"产学研[①]"合作，平均每家化妆品企业与约四家高校合作。

4. 经济增长规模化

产业园区的构建最大限度地发挥经济聚集式增长。2021年，上海"东方美谷"核心区实现工业总产值81.3亿元，同比增长12%。其中，规上[②]产值近75.6亿元，同比增长10.4%。截至2022年3月，广州市黄埔区"南方美谷"的产业规模已超过800亿元，约占广州市总产业规模的一半。

（三）典型园区

目前，中国主要有九个化妆品产业园区，本文就其中两个典型园区作简单介绍。

1. 广州市黄埔区（南方美谷）化妆品产业集群

2020年，广州市黄埔区、广州开发区着力打造"南方美谷"，规划总占地面积约36万平方米、总建设面积约170万平方米，包括总部研发中心和产业基地两大功能片区，是广州最大规模的美妆产业园。园区共有持证化妆品生产企业59家，注册资本1亿元以上的占比超过30%，产业规模已超800亿元。2022年《广州市黄埔区广州开发区促进美妆产业高质量发展办法实施细

---

① 产学研：企业、高校、科研机构相结合，是科研、教育、生产不同社会分工在功能与资源优势上的协同与集成化，是技术创新上、中、下游的对接与耦合。

② 规上：即规模以上工业企业，年主营业务收入为2000万元及以上的工业法人单位。

则》就"南方美谷"八大专项扶持项目，即培育世界一流标杆企业、提升产品核心竞争力、打造中国特色美妆精品、构建产业集聚高端载体、搭建重大公共服务平台、创建国际知名自主品牌、助力提升品牌影响力、营造一流产业发展环境和重点项目重点扶持等，制定奖励制度并对申报条件和程序作出详细的规定，从而真正实现政策落地，优化美妆市场的供需对接，引导企业往国际化、高端化、创新化的方向发展。

2. 上海市奉贤区（东方美谷）化妆品产业集群

经过七年的发展，"东方美谷"品牌价值突破287亿元，区域内集聚资生堂、如新、美乐家等一批国内外化妆品企业，化妆品规模近700亿元，规上企业工业产值近400亿元；持证化妆品生产企业82家，占上海市的35%，规上企业数量21家，占上海市的31%。

2021年上海发布《上海市化妆品产业高质量发展行动计划》，通过落实奉贤区政府、市科委、市商务委、市经济信息化委等责任部门的方式，打造化妆品全产业链标杆、做强化妆品研究院、率先创新线上化妆品批发零售业务模式和商业业态、优化玉兰"双蕊多瓣"产业空间格局等，从而加速"东方美谷"向"世界化妆品之都"迈进。

二、中国化妆品产业园区痛点难点

（一）规模效应不均衡

1. 产业集群集聚效应差

由于部分规划与落地存在时间偏差，以及缺少城市资源的支撑，致使部分产业园区出现空壳化的现象，过高的空置率减弱了产业园区的实际作用，造成大量资源浪费，导致大部分产业园区无法聚集核心化妆品企业，因而无法形成产业集群，难以发挥明显的规模效应。

2. 企业品牌影响力不足

一方面是因为大部分化妆品企业规模小、相关产品附加值低，另一方面是因为产品同质化竞争严重、核心竞争力缺乏，造成产业园区内企业多以代工（OEM）和贴牌（ODM）加工企业为主，产业园区内化妆品企业的品牌影响力、产品矩阵非常单薄，能够真正扛起行业大旗、与世界品牌抗衡的品牌寥寥无几。

（二）基础设施不完善

在硬件方面，缺乏现代化的基础设施、便利的交通通讯、配套的生产服务设施等。在软件方面，没有良好的信息、服务平台，园区主体之间的联系受阻，彼此缺乏信息交流和合作协同。

（三）运营机制不科学

各园区管委会直接负责园区的开发建设，由于其缺乏应有的规划、建设及相关审批权限，不具备依法行政主体资格，在入驻企业与上级主管部门之间需要做大量的协调工作，一旦协调不到位，将耽误有利的建设时机。此外，部分园区缺乏有效的运营手段来整合产业资源。

（四）关键要素不配套

1. 高端人才不配套

首先，产业园区没有专业的化妆品人才培养模式，企业需求与教育科研没有实现紧密集合。其次，各园区运营团队都由机关工作人员组成，市场化运营的知识和能力还不足，远远不能满足园区"专业化、集群化、高端化、国际化"发展的要求。最后，园区对高新技术研究与开发的支持力度不够，没有独立的研发中心或技术实验室，企业创新严重不足。

2. 融资渠道不配套

目前，化妆品产业园区发展主要依靠财政拨款，由于投资周期较长，园区自身的造血功能尚未健全，建设资金不足且没有有效的融资渠道和方式，导致园区的总体开发、配套建设速度缓慢。此外，因近两年新冠肺炎疫情的影响，不少中小企业面临资金周转困难、融资成本高等问题，因而迫切需要融资。

3. 政策措施不配套

由于目前主要采用行政手段运行模式，加之促进园区发展的专项配套措施还不完善，各部门从政策、资金、制度上聚焦园区发展的局面还未形成，行政审批、服务效率和社会信用存在滞后性，地方性的信用体系及管理制度尚未建立。

三、中国化妆品产业园区发展趋势

1.园区配套综合化

产业园区重构多链路运营机制，进行产业整合，根据市场发展趋势和产业发展条件，对原有产业进行优化升级，将园区改造成生产、生态、生活深度融合的综合性产业园区。此外，园区逐步贯彻落实数字化转型任务，为企业提供专业化、针对性、一站式的数字化转型助力服务。同时，结合生产运营等环节，建立全链路数字化管理布局，实现订单、生产、销售、仓储、物流等信息的共享与协作。

2.科技创新人才聚集化

一方面，园区继续与国内外高校、品牌企业、科创中心开展合作交流，建设园区研究院、产业研发中心等作为人才孵化基地；另一方面，当地政府通过奖励政策吸引人才资源。

3.产品营销渠道多元化

年轻人在认识、购买和在支付产品的方式上表现出高度的多元化和碎片化。因此，除了传统门店营销外，电商网站、社交媒体以及各种应用 APP 更能吸引年轻人的眼球。此外，立足营销平台培育如建立直播基地等更能带动化妆品的销售。

四、中国化妆品产业园区发展建议

（一）统筹推进产业园区建设

1.完善顶层设计

各地政府部门完善顶层设计和统筹规划，根据当地特点打造特色化的产业集群，加强对化妆品产业园区综合发展的规划指导，督导招商引资、研发创新、设计制造、品牌打造、展贸展会、知识产权、人才培养等扶持政策在园区落地生效。

2.加强用地保障

鼓励有条件的地区将化妆品企业集聚产业园建设内容纳入国土空间规划。

对将"三旧"改造用地用于化妆品产业科技创新类项目的地级以上市，按照省有关规定奖励新增建设用地指标。可采取先租赁后出让和弹性年期出让等方式为化妆品产业高质量发展提供差别化用地保障。

3. 完善基础设施

硬件层面上，化妆品产业园区应当为化妆品产业集群发展提供现代化的基础设施、便利的交通通讯、配套的生产服务设施等。软件层面上，搭建公共服务平台，包括技术平台、研发平台、宣传平台等。整合园区内所有的资源，营造宽松高效的外部环境。促使园区企业的创新活动产生协同，提高园区的创新活力和创新效应。

（二）鼓励扶持产业园区创新发展

1. 提升研发创新能力

将化妆品产业列入政府重点扶持产业，在省市区科技计划项目中布局化妆品相关研究项目。建立化妆品研发设计中心和验证实验室，搭建化妆品配方研发、共性技术创新、安全评估与功效评价、产品包装设计等公共服务和资源共享平台。吸引鼓励跨学科专家开展研究，鼓励运用现代科学技术进行化妆品新原料、新制剂、新配方等的研发，让"创新"成为化妆品产业可持续发展的原动力。

2. 建立激励政策体系

制定针对不同层次的化妆品研发建立多层次的创新激励政策体系。牵头搭建高校和科研院所与企业的供需双方交流平台，推动高校和科研院所与企业双方精准对接，构建产学研的研发体系。鼓励化妆品企业加大研发投入，提升自主创新实力，通过减税和扶持等政策加大企业对化妆品研发的力度。

3. 培养引进研发人才

通过政府设立不同层次的人才引进计划，给予启动经费、住房补贴、解决落户和子女上学等优惠政策，吸引化妆品研发人才或研发团队。

（三）优化政府监管服务效能

通过优化服务流程，最大限度缩减审批流程和时间，加快新品上市推广速度。不断提高产品备案、生产许可等技术审评水平，提升审评质量和效率。

改进监督检查手段，完善和运用大数据、人工智能等技术手段推动监管创新，实现非现场日常监督检查模式，做到监管效能最大化、监管成本最优化、对市场主体干扰最小化。

化妆品产业园区在整合提升产业竞争力、区域性经济贡献上将扮演愈发重要的角色。目前，中国已经在东南西北四大方位布局化妆品产业集群，整体呈现服务平台一体化、产业集群特色化、科技创新专业化、经济增长规模化等特点。当然，中国化妆品产业园区存在一些不足，例如规模效应不均衡、基础设施不完善、运营机制不科学、关键要素不配套等。只有化妆品企业增强创新意识、政府多部门联动协调推动化妆品的创新研究、优化政府监管服务效能和积极推进园区综合改造，才能为中国化妆品产业稳定高速高质发展提供保障。

（作者单位：广东省医药合规促进会）

我国化妆品产业技术创新发展研究报告

何婉莹　　苏剑明

摘要：本文以我国化妆品产业的技术创新为研究对象，总结分析其发展现状、存在问题、发展趋势、应对策略。研究表明，我国化妆品产业技术创新投入逐年加大、专利产出不断增加、数字化改造成果初现，但同时也存在同质化、不规范等问题，在技术创新呈现消费需求为导向、前沿技术作支撑、数字化改造来引领的发展趋势下，建议企业和政府双向发力，把产业的技术创新逐渐引向深入。

关键词：化妆品　产业　技术创新　发展

面对国家政策鼓励支持引导和消费需求迭代升级，我国化妆品产业在市场规模不断扩大的背景下，正在以技术创新为动力推进转型升级。研究表明，我国化妆品产业技术创新投入逐年加大、专利产出不断增加、数字化改造成果初现，但同时也存在同质化、不规范等问题，在技术创新呈现消费需求为导向、前沿技术作支撑、数字化改造来引领的发展趋势下，建议企业和政府双向发力，推动产业技术创新深入发展。

一、我国化妆品产业技术创新发展现状

（一）从投入上看产业技术创新

技术创新一直是化妆品企业的重头戏，持续地投入研发是保证化妆品高品质的重要因素，研发中心以及研发人员的资源优势为国际品牌取得高端市场提供源源不断的动力。上市公司财报显示，外资品牌欧莱雅、雅诗兰黛、宝洁 2020 年研发费用均超 10 亿元，而本土化妆品品牌企业研发经费在亿元以上的屈指可数。财报显示，2020 年上海家化研发费用为 1.44 亿元，薇诺娜

研发费用为 0.69 亿元，珀莱雅研发费用为 0.72 亿元。

根据观研天下统计，2018—2020 年我国本土化妆品企业的研发费用率平均水平在 2%~3% 之间；但受制于体量，投入绝对额较小。从研发实力来看，大部分本土化妆品企业研发能力尚处于起步阶段，研发工作以配方优化、安全检测等为主，皮肤/基因/原材料等领域基础研究较为薄弱，成分创新较少。随着资金实力的增强，以及在品质消费的推动下，国内化妆品龙头企业纷纷重金吸引国际知名品牌研发人员加盟，通过加强国际合作，进一步完善研发架构。

（二）从专利上看产业技术创新

近年来，全球化妆品产业专利申请数量呈现逐年增长态势，截至 2022 年 1 月 20 日，全球化妆品产业专利申请数量为 506130 项。在专利授权方面，2016—2020 年全球化妆品产业专利授权数量波动上升，2020 年产业专利授权量为 32444，授权比重为 49.5%。截至 2021 年 12 月 31 日，2021 年全球化妆品产业专利年授权数量为 11688 项，授权比重为 32.74%，较 2020 年底进一步下降。

全球化妆品产业第一大技术来源国是美国，截至 2022 年 1 月 20 日，美国化妆品相关专利数量为 32 万项，占全球化妆品专利数量的 34.35%。我国化妆品专利约 17 万项，位居第二。其中，从我国化妆品产业专利申请数量的省份分布来看，广东省化妆品相关专利的申请数量最多，截至 2022 年 1 月 20 日，共计申请 4.33 万项；其次是浙江省，共计申请 1.8 万项，江苏、上海、北京紧随其后。

（三）从数字化看产业技术创新

1.创新方向：集成、融合、跨界的组合式创新渐成主流

（1）数字技术内部交叉融合实现迭代创新　基于技术本身发展的规律，以及复杂社会问题对于技术集成的需求，数字技术通过重组和延伸不断实现自身的迭代进化，从集成电路、互联网，到物联网、云计算、大数据、5G、人工智能等，形成了庞大且交叉组合的技术簇群，创造出巨大的经济社会价值。

（2）数字技术赋能实体经济激发跨界创新　数字技术进入深度扩散阶段，跨学科、跨产业的合作愈发频繁，融合研究成为促进科学技术发展的新范式。不同学科及产业之间的碰撞、交叉和融合释放着巨大的创新空间，成为诞生新技术、新产品、新模式的"竞技场"，涌现了一批跨界创新型化妆品企业。

（3）科学、技术、工程的有效融合推进重大创新突破　化妆品产业将科学、技术和工程之间互相依赖和渗透，知识创新、技术创新和产业创新深度融合，科学家、发明家、工程师等的合作加强，触发了更多原创性、突破性、引领性的创新。例如，目前比较受欢迎的超低温冻干面膜，通过常被用于医药和食品产业中的冻干技术，把冻干膜布置于氮气环境中，密封完整保存在休眠舱中，不需要添加任何防腐剂，即可充分长久地保留精华活性，使成分保持新鲜有效状态。

2. 创新主体：以企业为核心的创新联合体愈发重要

以企业为主体，产学研合作开展创新活动，是国际上推动化妆品科学进步、技术开发的惯例和常用手段。

近年来，我国化妆品消费市场的竞争不仅是本土企业的竞争，更是国际大企业的竞争。因此，提高国产化妆品的质量和核心竞争力，是我国企业将长期面临的重要课题。但仅仅依赖于企业的科技创新能力，难以支撑化妆品产业的百花齐放，"产学研"成为一条重要发展途径。通过"产学研"合作，共同攻关或引进来自高校、科研院所的先进成熟科技成果，并与市场需求进行精准对接，利用人才力量和学术专长解决企业实际问题，有效促进企业技术创新，实现互惠互利（表1）。

表1　国内化妆品企业"产学研"合作一览表

企业名称	合作高校/科研院所（部分）	合作数
华熙生物	北京化工大学、江南大学、山东大学、齐鲁工业大学、天津科技大学、上海应用技术大学	6
片仔癀	北京大学、中山大学、上海中医药大学、中国药科大学、江南大学	5
珀莱雅	上海中医药大学、上海应用技术大学	2
百雀羚	上海应用技术大学、法国图尔大学、柏林大学	3

企业名称	合作高校/科研院所（部分）	合作数
隆力奇	清华大学、江南大学、山东大学	3
相宜本草	上海中医药大学、上海应用技术大学	2
云南白药	北京工商大学、北京科技大学、北京大学	3
福瑞达美业	中国科学院（包含3所大学）、上海交通大学、复旦大学、北京工商大学、江西中医药大学、山东大学、齐鲁工业大学、齐鲁师范学院	8
上美集团	复旦大学、南京大学、华东理工大学	3
上海家化	中国科学院（包含3所大学）、江南大学、浙江大学	3
林清轩	江南大学、复旦大学、华东理工大学	3
欧诗漫	浙江大学、浙江工业大学、东南大学、中国药科大学、比利时皇家医学院、澳洲国立大学	6
环亚集团	华南师范大学、华南理工大学、暨南大学、昆明医学院、中山大学	5
科思股份	南京工业大学	1
贝泰妮	中国科学院（包含3所大学）、昆明医科大学	2
诺斯贝尔	广州中医药大学、天津工业大学、北京工商大学、暨南大学、中国科学院（包含3所大学）	5
芭薇股份	华南理工大学、北京工商大学	2
伊斯佳股份	中山大学、北京工商大学、北京师范大学	3
奥蓓斯	广东药科大学	1

二、我国化妆品产业技术创新能力有待提高

（一）核心关键技术仍存在短板

近年来，我国化妆品产业不断发展，产业结构持续优化，产业门类不断完善，在全球形成了较大影响力。然而，与世界先进水平相比，我国化妆品

产业在关键核心领域仍存在短板。关键核心技术缺失是目前我国化妆品产业发展的重大瓶颈问题，推动化妆品产业补短板、强弱项是当前的迫切需要。

（二）科技创新同质化问题严重

作为全球化妆品增长最快的市场之一，国内高端化妆品市场份额几乎被外资品牌占据，本土品牌基本徘徊于中低端市场。产品组合单一、市场定位重复、同质化现象严重、营销手段单一成为制约众多本土化妆品品牌发展的重要因素。无论是在产品的性能、外观，还是营销手段上都相互模仿，以至于出现逐渐趋同的现象。例如，面膜品类的同质化现象日益白热化。由于面膜生产门槛较低、开发周期较短、投入资金较少，不少投资者纷纷涌入，面膜产品的同质化问题愈演愈烈。相信在未来化妆品市场中，创新能力不足、核心竞争力较弱、研发能力落后的品牌将会被一步步淘汰出局，而差异化营销将会成为为化妆品品牌树立形象，拉开与其他品牌差距的制胜方法和新的发展途径之一。

（三）创新载体布局缺乏系统化

伴随着市场经济快速发展的化妆品产业，如何将这些企业集聚起来，形成规模、品牌优势，是我国化妆品产业亟待破解的问题之一。由于从事化妆品产业的企业一般都呈零散状态分布，目前国内仍缺乏具备一定规模、功能布局完备、基础设施齐全的化妆品产业园区，导致这一产业虽在区域内具有集聚雏形，却未能在空间上形成集聚区或产业带，产业的集聚优势亟待进一步发挥。

（四）质量品牌核心竞争力不足

相对于国际化妆品品牌，国内化妆品企业在品牌知名度、品牌运营经验及技术创新能力等方面相对不足，研发投入相对较少，产品品牌知名度有所欠缺，尤其在高端产品领域的竞争中，处于相对劣势的地位。而随着居民可支配收入的提高以及消费升级的驱动，叠加电商渠道的快速崛起，国内化妆品品牌资金实力逐步增强，同时依托本土优势，率先把握化妆品产业营销模式转型的趋势得到突破性发展，并逐渐在一二线城市取得了一定的市场竞争优势，国内化妆品品牌整体核心竞争力正稳步提升。

（五）不规范行为影响产业发展

我国化妆品生产企业众多，但大多数企业规模较小，产品档次和质量较低，且往往会采取低价策略进行竞争，或以牺牲产品质量和安全换取短期利益。此外，由于部分企业规模有限，研发能力与产品设计能力较弱，存在模仿名牌企业品牌产品或者模仿知名产品的宣传理念或者设计的情况，这些不规范行为都会严重制约产业的整体发展。

三、我国化妆品产业技术创新的发展趋势

（一）消费者需求促进科技与产业深度融合

化妆品产业的发展方向和市场供给向来以消费者需求变化为导向。随着科技与化妆品产业的深度融合，产品研发、生产运营、营销零售等环节，将全方位、多角度地响应消费者诉求。

（二）生物科学前沿技术助力产业技术创新

化妆品产品的研发过程也是医学、生物学、微生物学、材料学、环境科学等学科技术碰撞融合的过程。目前，已有品牌基于上述学科的前沿科技研发出创新产品。可以预见，未来化妆品企业仍将持续挖掘技术潜力，以实现产品功效、质量和安全系数的全面突破。

（三）大数据引领大规模个性化定制技术创新

消费者在选择化妆品产品时，通常不知如何选择适合自己肤质、肤色的护肤品或者化妆品。有化妆品品牌试图通过其积累的消费者数据，结合人工智能技术来解决这一问题。目前，已有可定制产品问世，能够根据人工智能算法，自动匹配出消费者想要的颜色，并马上配置生产。未来，该类产品将进一步拓展皮肤检测功能，并深度融合人脸识别、智能语音等技术，精确检测每日肌肤状况，并针对当日状况即刻生成特定剂量的化妆品产品。可以预见，定制化化妆品产品将成为新的主流。

（四）新型创新创业治理体系正在加快形成

监管部门利用数字技术优化化妆品产业创新服务，借助互联网优势建立化妆品备案信息大数据平台，探索通过智慧化手段对技术审评工作予以辅助。通过大数据监测＋人工智能审批的方式，可节约行政资源，降低行政成本，将大幅减少行政管理部门的工作量，同时将减轻化妆品企业的行政负担，减少化妆品企业产品备案工作量与时间。

四、我国化妆品产业技术创新的发展对策

（一）企业自主的技术创新

1. 顺势而为，向内而生

随着化妆品市场容量的不断增长，企业需通过改进工艺、多班生产等方式提高生产效率。引进国内外先进的生产设备，建设自动化、智能化产品生产线。提升研发实力是化妆品企业未来的主要发展方向，其中重点技术主要包括化妆品制剂新技术及创新配方开发、化妆品创新及核心功效原料开发、化妆品及配套设备一体化智能产品研发等。

2. 协同竞争，合作双赢

我国化妆品企业不但要善于发现和发挥自身的竞争优势，还要与互补企业甚至是竞争者建立起协同合作的关系，形成一致的价值联盟。通过合作，各方分别贡献自己的优质原材料、领先的生产技术、先进的管理经验，使生产成本得以降低，实现互利共赢。通过整合研发资源和优势，有助于使消费者使用到技术更为先进的产品。

（二）政策支持的技术创新

1. 完善化妆品创新驱动基础建设

建议加大对化妆品创新驱动基础设施的投入力度，从科技设施基础、智力资本基础以及制度环境基础等方面着手增强我国创新驱动基础。比如，定期开展化妆品科技教育宣传活动、举办化妆品科技展览、增加化妆品科技交流博览会等，从意识形态领域加深人们对科技创新的认知，为化妆品创新驱

动发展提供良好的思想基础。

2.加快多元主体参与的协同创新

建议化妆品产业加强企业、研究与开发机构和高等学校之间的协同创新，组建以化妆品企业为技术创新载体的各种联盟和共享式研发中心，逐步搭建政产学研多主体参与的多元化的创新研发平台。同时，还应在全球范围内建立企业、研究与开发机构以及高等学校之间稳定的、多元化国际合作伙伴关系，加速打造出一批具有国际水平、突出学科交叉和协同创新的国家重点实验室，加快建设大型共用实验装置、数据资源、生物资源、知识和专利信息服务等科技基础条件平台。

3.重视科技创新人力资本的储备

化妆品产业应贯彻落实创新驱动发展战略，建议建立灵活多样的人才引进机制，不断丰富和完善现有人才引进机制，满足不同人力资本的多样化创新需求；通过建立激励机制吸引全球高端创新人才；在科研资金使用中，对科研人员的劳动报酬以及人才培养等人力资本支出应予以足够重视。

（作者单位：广州市美易搜网络科技有限公司）

2021 年中国网络销售化妆品安全风险监测研究报告

何婉莹　苏剑明

摘要： 随着互联网技术的快速发展，网络销售已成为化妆品产业最重要的销售渠道。2021 年大数据风险监测数据反映了网络销售化妆品安全风险情况总体可控，但风险监测的结果也反映一些具体风险依然存在。未来随着功效宣称、社交电商、网红经济的不断发展，防控网络销售化妆品安全风险仍然是一项重要挑战。政府、平台、经营者、消费者需要共同努力，切实保障化妆品质量安全，推动我国化妆品产业高质量发展。

关键词： 化妆品　网络销售　安全风险　风险监测

近年来，以"直播＋电商"为代表的网络销售迅速崛起，颠覆了化妆品产业传统的销售模式和消费模式，作为一种打破时空限制的市场交易新模式，迅速积累了大量用户群体，形成庞大市场规模。本文以我国化妆品产业网络销售情况为研究对象，总结发展现状、分析存在问题，探讨发展趋势、提出应对策略。研究表明，我国化妆品产业在新冠肺炎疫情防控常态化下，网络交易必定会在化妆品产业经济增长中扮演更为重要的角色。但是，化妆品网络交易快速发展过程中也存在虚假宣传、以次充好以及消费维权难等问题。建议完善法规制度，让监管有法可依，把大数据、人工智能、图像识别等技术融入监管过程中，完善化妆品网络交易的智慧监管，建立"政府监管、行业自律、社会协同、市场参与"的多元化监管体制，促进化妆品网络销售可持续发展。

一、中国网络销售化妆品发展的基本情况

（一）化妆品网络销售市场规模稳定增长

近年来，我国化妆品零售总额不断增加。艾媒咨询数据显示，2021年我国化妆品市场规模达到4553亿元，2013—2021年化妆品零售总额年复合增长率达12%，增速在15个商品品类中位居第一。根据艾媒咨询统计，化妆品网络销售市场规模2021年已突破2600亿元，预计2024年将达到3506.5亿元，占整体化妆品销售额的79.8%（图1）。

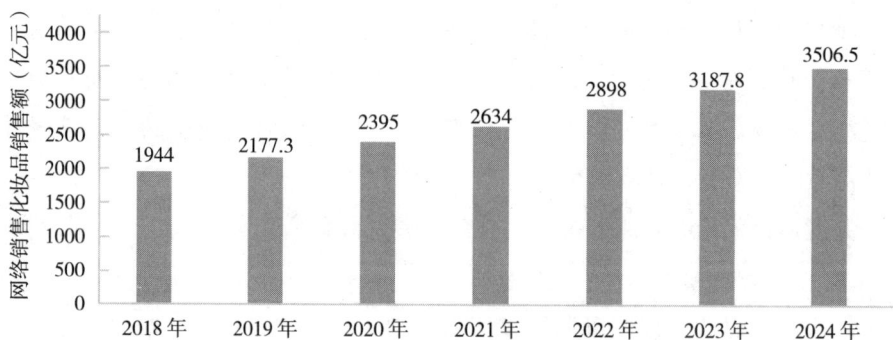

图1 中国网络销售化妆品销售额趋势

（二）网购成为消费者购买化妆品的主要方式

2010年至今，受益于电商平台崛起，我国化妆品行业网络销售渠道规模增速大幅领先，渗透率持续提升，艾媒数据显示，2018年网购渠道首次超过商超成为第一大渠道达74.2%。新冠肺炎疫情暴发后，用户消费习惯进一步转变，2020年化妆品网络销售渠道收入逆势增长30%，同期其他渠道均为零增长或负增长，网络销售渗透率进一步提升至38%。随着中国网络销售环境发展愈发成熟，网络销售将继续成为中国消费者购买化妆品的最重要渠道。

艾媒咨询数据显示，以综合电商平台和化妆品电商等网络销售渠道为主要购买渠道的消费者比例均超过线下专柜和线下商超等传统购买渠道，各占比约63.3%和49.9%（图2）。互联网普及带来的便利性，种类丰富性和价格

优势为引导消费者线上购买化妆品的主要原因，而内容分享平台以及直播电商近年来得益于明星带货和种草等概念受到越来越多消费者的关注。然而，传统线下渠道具备的真实性和权威性等优势仍为其抢占一部分市场份额，但该份额将随着越来越多的线上品牌旗舰店的出现而下降。

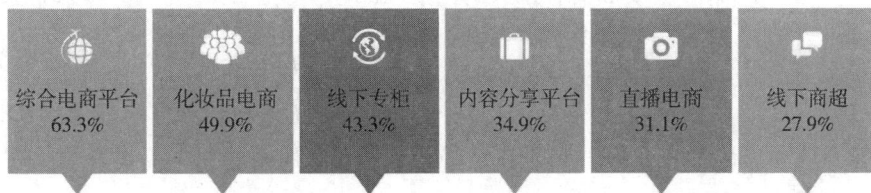

图2 2021年中国网民化妆品购买渠道调查

市面上的化妆品信息渠道主要集中在线上，其中以电商平台和视频平台为主要信息渠道的消费者各占64.3%和51.3%（图3）。基于网络的实时通讯功能，电商平台及视频平台等线上渠道能够让消费者不受物理因素影响随时随地就能获取最新的资讯，从而在用户黏性方面更占优势。

电商平台 –64.3% 视频/短视频平台 –51.3%
内容分享平台 –49.9% 社交平台 –44.5%
专柜导购推荐 –37.9% 好友推荐 –37.7%

样本来源：草莓派数据调查与计算系统（Strawberry Pie）
样本量：N=2484；调研时间：2021年4月

注：含护肤品

图3 2021年中国网民化妆品信息渠道调查

数据来源：艾媒数据中心（data.iimedia.cn）。

二、中国网络销售化妆品安全的风险监测

（一）化妆品安全风险的监测方法

2021年，广州市美易搜网络科技有限公司以《化妆品监督管理条例》及

其相关规章制度为依据，应用信息搜索技术、数据分析处理工具，定期及不定期对四家主流电子商务平台、6404家（次）的平台内经营者及其所经营的12万余件化妆品的安全风险信息进行了监测，共发现风险企业193家次，风险产品944个。

（二）化妆品安全风险的总体评价

总体数据结果显示，化妆品注册备案率为98.56%，企业合法率为96.99%，产品合格率为99.21%，2021年化妆品安全风险治理成效显著，化妆品安全风险总体形势良好。但是在某些环节仍存在风险隐患，需要持续关注。

1. 平台经营者总体风险

监测的四家主流电商平台主体责任落实总体情况较好，四家电子商务平台经营者均履行对平台内化妆品经营者进行实名登记，并承担平台内化妆品经营者管理责任，公示经营者的违规行为及平台处理措施的义务。另外，针对产品标签，四家平台也相继出台或调整了化妆品发布规则规范，对网络销售化妆品的标签展示提出了新的要求。

2. 平台内经营者总体风险

尽管部分平台出台了新的规则，对标签信息的展示提出了更高的要求，但仍有部分比例的经营者未在详情页展示备案编号等信息。产品标签披露方面，各平台内经营者上传备案／注册编号比例都在40%以上，其中A平台内经营者上传备案／注册编号比例最高，达72%；B、C平台的上传比例则偏低，分别为56%和45%；上传产品标签比例方面，D平台设置了固定的产品标签展示页面，促使平台内经营者上传产品标签的比例达到79.3%；其他平台内经营者上传标签的比例则较低，分别为11.6%、15.2%和12.3%。

3. 所经营化妆品总体风险

本年监测主要涉及的网络销售化妆品信息包括品名、网络销售化妆品描述信息以及页面内的广告信息，通过技术手段对出现在网络销售化妆品页面中的产品描述、宣传用语进行识别分析，发现涉嫌"网络销售详情页广告用语"风险行为的线索31428条（表1）。

表 1 网络销售详情页广告用语风险线索数量分布情况

电子商务平台	医疗术语	夸大宣称	封建迷信词意	涉嫌特殊化妆品宣称	绝对化词意	合计
A 平台	1054	894	466	1026	1134	4574
B 平台	2606	2048	1076	2440	2474	10644
C 平台	2478	1962	1018	2394	2402	10254
D 平台	1312	1450	528	1178	1488	5956
总计						31428

（三）化妆品安全风险的具体评价

1. 平台经营者的具体风险

根据《电子商务法》的规定，电子商务平台经营者应当要求申请进入平台销售商品或者提供服务的经营者提交其身份、地址、联系方式、行政许可等真实信息，进行核验、登记，建立登记档案，并定期核验更新。平台方虽然有义务备案经营者的姓名、地址、有效身份证明、有效联系方式等真实身份信息，但是这些信息全部依靠经营者自行申报，平台方只做形式审查，而不做真实性审查，从经济人角度看，平台方亦没有动力做真实性审查。最终导致部分电商平台并未依法履行审查准入的主体责任，导致不具备法人主体资格的商家通过电商平台任意销售商品。

2. 平台内经营者的具体风险

（1）产品质量难以保证 由于网络交易跨越了空间的界限，买家在交易完成前无法接触到所要购买的商品实物，完全依靠卖家的描述，商家有可能选择有利于促成交易的信息进行宣传，大多没有公布产品的生产厂家（名称、地址）、生产日期、生产批号等基本信息，导致消费者购买时无法查询是否为抽检不合格产品。到货之后，即使发现产品质量存在问题，想通过退换货等手段维权，也常因产品基础信息缺失，难以追究其责任。

（2）违规盗用品牌造成不良影响 一些销售者为了迎合消费者，不惜打法律擦边球。品牌名称侵权依旧屡禁不止，特别是很多线上、线下都有销售的化妆品，其外观、功效、成分都相差无几，但价格却天壤之别。区别仅仅在于品牌以及 Logo 的细微差别，很多细微差别不仔细看根本发现不了。有的甚至直接盗用现在已经有很高的市场知名度的品牌，给现有品牌造成不良影响。在劣币驱逐良币的过程中，用户、优质化妆品均为受害者，劣质化妆品成为得利者。

（3）缺失（冒用）批准文号　在网络销售平台上，部分化妆品卖家为取信消费者和逃避监管部门的检查，销售一些不合格的化妆品，以至于网络交易的化妆品出现了无化妆品许可批件，特殊用途的化妆品没有单独的批准文号，冒用其他厂家的化妆品批准文号等情况。

3. 化妆品产品的具体风险

（1）注册备案风险　部分网络销售化妆品未经注册或未备案、冒用他人注册证即上市销售，但因网络销售渠道隐蔽性的特点而难以追溯至责任方。

（2）质量安全风险　部分化妆品生产商生产非法添加、使用禁用原料生产、超范围或超限量使用限用组分生产的化妆品，但由于添加量低于检测限值或添加成分不在《化妆品安全技术规范》规定的检测范围内，甚至不在国家药品监督管理局公布的非法添加物目录内，以此来逃避监管处罚。此外，由于网络销售的隐蔽性，以及涉及跨省甚至跨国数据的调取，加大了举证查证的难度。

（3）标签违法宣称风险　网络销售化妆品存在包括标签内容与注册或备案资料不一致、虚假或引人误解、明示暗示医疗作用，以及违法宣称药妆、干细胞、刷酸、医学护肤品等现象。

三、中国网络销售化妆品安全的风险趋势

（一）"功效为王"受热捧，易发功效性安全风险

近年来，由于消费者对功效性化妆品的追捧，功效性化妆品的销售额火速增长，艾瑞咨询 2021 年公布的数据显示，2020 年行业规模已达到 260.1 亿元，未来三年行业规模将以 29.4% 的年均复合增长率继续增大，2023 年将达到 589.7 亿元。在信息不对称的漏洞及巨大的利益驱动下，不少化妆品商家尤其是互联网卖家和自媒体卖家抱着侥幸心理通过夸大宣传化妆品的使用功效，过分夸大对商品信息的描述甚至虚假描述，并制作精美的图片来吸引消费者

的眼球，欺骗和误导消费者购买产品。一些不法企业通过高价购买配方，或聘请专业人士，利用专业实验室调整化妆品成分的化学结构，调配非法添加物。也有一些不法企业通过在化妆品原料中添加激素、抗生素等成分，达到增强部分功效的目的。

（二）电商监管制度不完善，易发制度性安全风险

随着社交电商平台的快速发展，这种新型的电子商务模式监管制度的不完善，在实践中商家利用平台监管漏洞谋取利益，导致商品质量难以保障、消费者购后维权困难、平台流量造假、主播虚假宣传或代言等问题，这些问题的存在不仅误导了消费者，也在一定程度上损害了生产商的信誉和利益，使得化妆品网络销售难以形成良性的闭环交易体，无法实现可持续健康发展。

（三）"网红"流量式盛行，易发误导性安全风险

网络直播凭借其轻松愉快的娱乐互动体验越来越受到大众的喜爱，许多化妆品品牌也纷纷顺应潮流，将网红与直播相结合，开启了全新的化妆品营销模式。但是，很多知名度不高的品牌或化妆品经过一众网红的推荐，短时间内"摇身一变"成为热门产品甚至供不应求。因此有些网红根本不管化妆品本身如何，也没有经过亲身试用就在直播中大肆称赞，以引导观看直播的人购买该化妆品。这样单纯为了经济利益而进行的推广极其容易演变成虚假宣传，不仅欺骗了消费者，还存在故意夸大、产品与宣传不一致、提供误导信息等现象。

四、中国网络销售化妆品安全的风险防控

（一）从完善制度着手，让监管有法可依

针对化妆品质量及维权问题，首先，监管部门应该明确不需要进行行政法规登记的范围及出台配套的监管措施。对于那些以各种手段逃避法律监管的销售行为，一旦发现，应加大处罚力度，增加其违法成本，从主体的合法性上保证化妆品产品的质量，维护市场交易基本秩序。其次，质监部门应建

立电子商务交易化妆品基础信息的规范化管理制度，建立基于统一化妆品编码体系的质量公开制度，从产品本身上保证产品质量。另外，为权益受到侵害的消费者提供相应的法律援助，简化维权程序。

（二）从智慧监管着手，让信息互联互通

政府与网络交易平台应加大科技研发投入，加快科研成果的转化速度，把大数据、人工智能、图像识别等技术融入监管过程中，提高监管技术，实施精准监管、智慧监管，缓解由于我国网络交易用户迅速增加而产生的监管压力，减少监管成本。监管部门通过线上线下联网，共同监督，共同管控。未进行线下主体登记的经营主体不得以营利为目的从事化妆品线上交易。其次，政府部门着力推进信用监测体系的建设。

（三）从明确职责着手，让主体责任到位

电子商务平台经营者、化妆品网络销售者强化自律、守法经营。落实产品准入和日常管理等主体责任，主动承诺自觉抵制利用网络销售违法化妆品行为，促进化妆品网络销售持续健康发展。化妆品电子商务平台经营者要建立并执行平台内化妆品经营者实名登记、发现违法违规情况制止与报告、停止提供电子商务平台服务等制度；化妆品网络销售者要建立并执行化妆品进货查验记录、索证索票等相关制度。化妆品电子商务平台经营者、化妆品网络销售者要在开展自查的同时填报化妆品风险排查自查表。各方切实履行法定义务，强化主体责任意识，保障消费者用妆安全。

（四）从消费意识着手，让社会齐抓共治

防范化妆品安全风险不仅需要企业自律、行业自治和政府严格监管，也需要社会力量共同参与治理，特别是消费者的安全消费常识是保障自身使用安全的一道重要防线。消费者要提高自我保护意识和能力，不要在促销的狂热购物氛围中失去理性，失去对各种消费陷阱的辨别能力。同时，消费者需要掌握必要的化妆品安全常识，才能正确选择和科学使用化妆品，规避消费误区，远离安全风险。理性选购使用儿童化妆品、谨慎购买功效产品、熟悉安全消费常识、警惕产品宣传陷阱、选择规范渠道购买，如果发现网购化妆

品存在超过使用期限、假冒伪劣、虚假宣传等问题,可向电商平台反映,同时拨打 12345 投诉。

（作者单位：广州市美易搜网络科技有限公司）

国际视野下化妆品安全监管模式比较研究

谢志洁　钟雪锋　陈坚生　刘佐仁　吴闻雨　黄浩婷　袁博

摘要：本文通过对美国、欧盟、日本、中国化妆品的法定概念定义、分类管理范围、安全治理结构、监管方式方法等内容的比较，分析归纳了国际化妆品监管存在的社会主导的事后监管、市场主导的事中监管、政府主导的全程监管等三种模式，结合中国实际提出了在治理理念、治理结构、治理方法上创新中国化妆品监管模式的建议。

关键词：国际视野　化妆品　安全　监管　模式

2021年4月27日，国务院办公厅印发了《关于全面加强药品监管能力建设的实施意见》，要求化妆品监管要"对标国际通行规则"，加快建立健全科学、高效、权威的监管体系，推动我国从制造大国向制造强国跨越。化妆品产业具有高成长性、高创新创意性、品牌高附加值性，是绿色产业和美丽经济，也是竞争性、国际化、全球化程度最高的产业之一。2021年1月1日，《化妆品监督管理条例》正式实施，及时开展与主要发达经济体化妆品监管模式的对标研究，对推进我国化妆品监管的科学化、法治化、国际化和现代化进程，实现从制妆大国向制妆强国跨越具有积极的现实意义。

监管模式是指从特定的监管理念出发，在监管过程中逐步形成并固化下来的一套结构化的操作系统，是监管理念、监管结构和监管方法的有机结合。化妆品作为人们日用消费品的通用性及其安全特征的一致性，各国在监管理念上也基本一致，就是保护公众健康、依照法规治理和管控安全风险。但是，各国由于地理和自然条件、民族和社会历史、经济结构和发展水平、政策和法律制度的不同，特别是化妆品概念定义的不同，监管模式呈现多样性。本文从美国、欧盟、日本、中国化妆品法定概念定义、分类管理范围、监管系统结构、监管操作方法等内容进行比较，分析归纳了国际化妆品监管存在的社会主导的事后监管、市场主导的事中监管、政府主导的全程监管等三种模式，对中国化妆品监管如何创新发展借鉴提出了建议。

一、化妆品基本概念定义比较

（一）化妆品的定义

1. 美国

美国《联邦食品、药品和化妆品法案》（常缩写为 FDCA）规定，化妆品是指"预期以涂擦、倾倒、喷洒或喷涂，或渗透进入或以其他方式作用于人体，能起到清洁、美化、提升魅力或改变外观为目的的物品（仅用于清洁的碱性脂肪酸盐肥皂除外）"。在美国，化妆品如果声称影响人体结构和功能，则应当符合非处方药（OTC）的要求。

2. 欧盟

欧盟《化妆品法规》（EC No.1223/2009）第 2.1.（a）条规定，化妆品是指"用于接触人体外部（表皮、头发系统、指甲、嘴唇和外部生殖器）或牙齿和口腔黏膜，专门或主要使其清洁、具有香气、改变外观、起到保护作用、保持其处于良好状态或调整身体气味的物质或混合物"。

3. 日本

日本《医药品、医疗器械等品质、功效及安全性保证等有关法律》（简称《药机法》）规定，化妆品是指"以涂抹、喷洒或其他类似处理的方法，起到清洁、美化、增添魅力、改变容貌或保持皮肤或头发健康等作用的产品，对人体使用部位产生的作用是缓和的"。

医药部外品是指"用于防止恶心和其他不适的、防止口臭或使人体除臭的、防止热疹、疮等的、防止脱发或促进头发生长或脱毛的产品，还包括老鼠、苍蝇、蚊子、跳蚤或其他害虫等的驱除或防止的产品（非医疗机械器具），还包括其他由厚生劳动大臣指定的产品。

4. 中国

中国《化妆品监督管理条例》第三条规定，化妆品是指"以涂擦、喷洒或者其他类似方法，施用于皮肤、毛发、指甲、口唇等人体表面，以清洁、保护、美化、修饰为目的的日用化学工业产品"。

（二）化妆品定义的比较

如上所述，目前国际上无统一的"化妆品"定义，但是对"化妆品"概念的定义基本上是从物质属性、使用方法、使用部位、使用目的、作用机理等五个方面来进行描述的。具体内容见表1。

表1　美国、欧盟、日本、中国化妆品的定义描述对比

类别	美国	欧盟	日本	中国
物质属性	物品	物质或混合物	产品	日用化学工业产品
使用方法	涂擦、倾倒、喷洒或喷涂，或渗透进入或以其他方式	没有规定	涂抹、喷洒或其他类似方法	涂擦、喷洒或者其他类似方法
使用部位	人体	人体外部器官或牙齿、口腔黏膜	身体	人体表面任何部位
使用目的	清洁、美化、提升魅力或改变外观	清洁、具有香气、改变外观、起到保护作用、保持其处于良好状态或调整身体气味	清洁、美化、增添魅力，改变容颜，保护皮肤头发健康	清洁、保护、美化、修饰为目的
作用机理	不影响人体结构和功能	没有规定	对人体作用缓和	没有规定

从表1对比分析，得出以下异同点。

1.在物质属性方面

中国更强调化妆品的化学特征，归属为"日用化学工业产品"，其他国家和地区基本都是"物品""物质"或者"产品"。

2.在使用方法方面

除了欧盟没有具体规定使用方法，其他国家和地区基本一致。

3.在使用部位方面

除了欧盟增加了牙齿、口腔黏膜外，其他国家和地区基本一致。

4.在使用目的方面

各个国家和地区基本一致，无明显差异。

5. 在作用机理方面

中国、欧盟没有具体明确规定，但美国强调化妆品不影响人体结构和功能，日本与美国相似，强调对人体作用是缓和的。

综上所述，定义比较最大的区别在于作用机理的规定，中国、欧盟没有明确规定，所以化妆品的边界范围大，美国、日本化妆品有明确的规定，所以化妆品的边界范围小，在下文的分类管理范围比较中将明显看到差别。

二、化妆品分类管理范围比较

由于各国对化妆品的定义不同，特别是因为作用机理的规定不同，导致化妆品的管理范围差别很大，主要区别在功能功效上。笔者以中国《化妆品分类规则和分类目录（2021 版）》规定的 26 类功效宣称为基准进行对比分析。

（一）各国化妆品分类管理的范围

相对于中国的 26 类功效宣称化妆品，美国、欧盟、日本对应化妆品或产品见表 2。

表 2　美国、欧盟、日本、中国化妆品分类管理范围

类型	美国	欧盟	日本	中国
新功效	/	/	/	特殊化妆品
染发	化妆品	化妆品	医药部外品	特殊化妆品
烫发	化妆品	化妆品	医药部外品	特殊化妆品
祛斑美白	药品/化妆品	化妆品/药品	医药部外品	特殊化妆品
防晒	药品	化妆品	医药部外品/化妆品	特殊化妆品
防脱发	药品/化妆品	化妆品	医药部外品	特殊化妆品
祛痘	药品	化妆品/药品	医药部外品	普通化妆品
滋养	药品/化妆品	化妆品	医药部外品	普通化妆品
修护	药品/化妆品	化妆品	化妆品	普通化妆品
清洁	药品/化妆品	化妆品	医药部外品/化妆品	普通化妆品

类型	美国	欧盟	日本	中国
卸妆	化妆品	化妆品	化妆品	普通化妆品
保湿	化妆品	化妆品	化妆品	普通化妆品
美容修饰	化妆品	化妆品	化妆品	普通化妆品
芳香	药品 / 化妆品	化妆品	化妆品	普通化妆品
除臭	药品 / 化妆品	化妆品	医药部外品	普通化妆品
抗皱	药品 / 化妆品	化妆品	医药部外品 / 化妆品	普通化妆品
紧致	化妆品	化妆品	医药部外品 / 化妆品	普通化妆品
舒缓	化妆品	化妆品	医药部外品 / 化妆品	普通化妆品
控油	化妆品	化妆品	医药部外品 / 化妆品	普通化妆品
去角质	化妆品	化妆品	化妆品	普通化妆品
爽身	药品 / 化妆品	化妆品	化妆品	普通化妆品
护发	化妆品	化妆品	医药部外品 / 化妆品	普通化妆品
防断发	化妆品	化妆品	医药部外品 / 化妆品	普通化妆品
去屑	药品	化妆品	医药部外品 / 化妆品	普通化妆品
发色护理	化妆品	化妆品	化妆品	普通化妆品
脱毛	化妆品	化妆品	医药部外品	普通化妆品
辅助剃须剃毛	化妆品	化妆品	化妆品	普通化妆品

（二）化妆品分类管理范围的比较

由表2可得，中国与欧盟是比较相似的，但与美国、日本却存在较大差异，具体如下。

1. 中国化妆品与美国化妆品的异同

在中国26类功效宣称化妆品中，美国有14种与中国一致按化妆品管理，占54%；但还有12种不一致，占46%，其中3种按照药品管理，9种按照既是化妆品又是药品管理。

2. 中国化妆品与欧盟化妆品的异同

欧盟虽然无特殊化妆品的概念，但化妆品范围与中国相似度最高，在中国 26 类功效宣称化妆品中，欧盟有 24 种与中国一致按照化妆品管理，占 92%，只有祛痘产品、祛斑美白产品依据产品宣称按化妆品或药品进行管理既按化妆品又按药品管理。

3. 中国化妆品与日本化妆品的异同

在中国 26 类功效宣称化妆品中，日本有 9 种与中国一致按化妆品管理，占 35%；但还有 17 种不一致，占 65%，其中 8 种按照医药部外品管理，9 种按照既是化妆品又是医药部外品管理。

这里需要强调的是，化妆品与药品管理（含医药部外品）在品种注册、生产许可、原料管理、标签管制、强制检验、强制 GMP（药品生产管理规范）等方面是有很大区别的，药品监管的强度远大于化妆品。

三、化妆品监管方式方法比较

化妆品监管的方式方法是指政府在化妆品形成的全过程各环节中所采取的监管方式方法，全过程各环节包括原料准入、生产准入、产品准入、销售准入、安全评估、功效评估、标签管理、市场监管等。化妆品的监管方式方法包括监管时机、内容和强度等。

（一）政府化妆品的监管方式方法

由于化妆品概念定义、管理范围以及治理结构的不同，政府在化妆品监管所使用的方法上也有较大差别，具体见表 3。

表 3 中国、欧盟、美国、日本化妆品监管方法对比表

项目	中国	欧盟	美国	日本
法规标准	《化妆品监督管理条例》及其配套法规	《化妆品法规》（EC）1223/2009	《联邦食品、药品和化妆品法案》（FDCA）	《药机法》（原《药事法》）
生产准入	生产许可	无	无	制造业许可

续表

项目	中国	欧盟	美国	日本
GMP要求	有规范 强制性	有规范 强制性	有规范 推荐性	有规范 推荐性
产品准入	强制注册 或备案	强制备案	自愿备案	制造销售许可
销售准入	无	无	无	制造销售许可
原料安全要求	符合《已使用化妆品原料目录》及安全技术规范	符合（EC）1223/2009附录相关禁限准用原料列表	符合法规明确的禁用或限用成分	符合《化妆品标准》《医药部外品成分标准》附录相关禁限用原料列表
新原料准入	特殊新原料：注册；普通新原料：备案	新原料经欧盟消费者安全科学委员会（SCCS）安全评估列入清单方可使用	着色剂（煤焦油类染发剂除外）需审批	需注册审批
成分标识	全成分	全成分	全成分	全成分
净含量	强制标注	强制标注	强制标注	强制标注
安全评估	强制性，符合《化妆品安全评估技术导则》	强制性，完成安全报告方可上市	无具体要求	按法规要求提供安全资料
功效宣称	有26个功效分类，符合《化妆品功效宣称评价规范》	无允许/限制宣称列表，无法规性文件，企业需产品功效证明	无法规性文件，企业内部或第三方评价	有56个化妆品功效分类，需审查产品新功效
动物试验	普通化妆品：可用；特殊化妆品：需用	全面禁止	无要求	无要求
试验要求	《化妆品安全技术规范》	SCCS指南	行业指南	行业指南
不良反应监测	应当监测并报告	严重不良反应主动报告	严重不良反应强制报告	重度不良反应及时报告

续表

项目	中国	欧盟	美国	日本
产品责任	企业主体责任（注册人备案人）、政府许可责任和市场监管责任	企业完全责任（产品责任人）、政府市场监管责任	企业完全责任、政府市场监管责任	企业完全责任、政府市场监管责任

（二）政府化妆品监管方式方法的比较

从表3可以看出，世界各国的化妆品监管在成分标识、净含量标注上已经形成共识、达成一致，但在其他方面仍然有较大差别。按照政府监管介入时机为标准，化妆品监管方式可分为事后监管、事中监管、全程监管三种方式。

1. 事后监管方式

以美国为代表。美国政府的化妆品监管强度相对较小，除着色剂之外，原料和产品均没有强制性的市场准入要求，企业和产品实行自愿注册制度。政府监管的时机在上市后，重心是监督检查，重点监管原料和标签。

2. 事中监管方式

以欧盟为代表。欧盟政府的化妆品监管强度较美国大，实施的是企业、产品上市前强制备案，相对于中国、日本的生产许可等事前准入监管，其注重于上市时的事中监管。欧盟政府监管的时机在上市时，重心在上市时产品安全的监督检查，重点产品主体责任和产品安全评估。

3. 全程监管方式

以中国、日本为代表。中国化妆品监管强度最大，实施的是企业、产品上市前强制生产许可、产品注册与备案，不仅注重事前监管，也注重事中、事后监管，是全过程全生命周期的监管。中国政府把原料、生产、产品、标签等均作为重点，重心在全面质量安全监管。日本与中国相似但略弱于中国，主要是其高风险产品纳入医药部外品了。

四、化妆品安全治理结构比较

化妆品安全治理结构是指在国家法律框架下的化妆品治理体系中，政府、市场、社会三者之间的角色定位及其作用大小。政府监管系统包括行政监管机构、技术监督机构等；市场主体系统包括生产企业、经营企业、营销平台等；社会共治系统包括行业协会、社会团体、消费组织、第三方机构等。

美国、欧盟、日本、中国在化妆品方面均制定了相应的法律法规，政府方面均设置了相应的监管机构，生产经营企业在法律规范下和政府监管下、社会监督下自主经营，这些表面上似乎都没有什么区别。但从深层次看，政府、市场、社会在治理中作用强度、影响范围大小却有明显的不同，按照三者强度划分形成了社会主导、市场主导、政府主导等三种不同的治理结构，见表4。

表4　化妆品安全治理结构强度对比表

模式名称	政府监管	市场自治	社会共治	代表国家
社会主导结构	+	++	+++	美国
市场主导结构	++	+++	++	欧盟
政府主导结构	+++	+	+	中国、日本

注："+"表示强度，越多表示越强。

（一）社会主导结构

以美国为代表，政府监管强度较小。美国化妆品监管的主要法规是《联邦食品、药品和化妆品法案》（FDCA）和《正确包装和标识法》（FPLA）。美国不要求化妆品及除着色添加剂以外的成分在上市前取得美国食品药品管理局（FDA）批准。生产或销售化妆品的公司和个人对产品的安全负有法律责任。FDA鼓励化妆品企业使用在线注册系统参加自愿化妆品注册计划（VCRP）。企业自愿提交文件为FDA提供了有关化妆品和成分及其使用频率，以及从事其制造和分销业务的企业的最佳估计。来自VCRP数据库的信息也被化妆品成分评估委员会所利用，这是一个独立的、由行业资助的科学专家小组，以协助 CIR 专家小组确定评估成分安全性的优先事项，作为其成分安全审查的一部分。VCRP 数据库中的某些信息也可通过《信息自由法》（FOIA）发布在 VCRP 注册报告网页上，为消费者或医疗保健提供商提供化妆品的相关信息。美国有强大的社会组织，其中，美国个人护理产品协会（PCPC）及其定期出版的《国际化妆品原料字典》、美国化妆品成分评估委员会及其提供的化妆品原料（成分）安全性评价等，独立权威，不仅影响美国，甚至影响世界。相对而言，政府负责安全要求较高的风险管理，其他则交由市场主体自律和社会共治，因此，称之为社会主导结构。

（二）市场主导结构

以欧盟为代表，政府监管强度较美国大。欧盟现行最重要的化妆品法规为 1223/2009EC，是原来 76/768/EEC 指令上升至法规，实施产品责任人制度，企业和产品实施上市前的强制备案制度；产品不能对消费者产生健康危害的责任完全由生产者或进口商承担，生产者或进口商被要求事先确认产品在正常或合理的可预见使用条件下的安全性；欧盟的科学顾问机构——消费者安全科学委员会（SCCS）负责为化妆品的成分进行安全评估；欧盟也有欧洲化妆品协会（COLIPA）、法国美容业联合会（FEBEA）等行业组织，在发布本国或成员国的法规实施指南、发布推荐性的最佳标准 / 操作 / 指南等起到规范行业的作用，但较美国的行业组织作用弱。因此，相对而言，欧盟各国政府监管强度显然高于美国的风险管理，社会组织作用也弱于美国，市场主体的自律作用较大，因此，称之为市场主导结构。

（三）政府主导结构

以中国为代表。中国政府监管强度最大，实施生产许可、原料目录管理、产品强制注册备案制度等，产品安全性由生产经营承担第一责任，同时，政府也因许可审批的介入而承担相应责任。中国也有全国性的香精香料化妆品协会等社会组织，但作用却远不如美国、欧盟。因此，相对而言，中国政府监管的强度显然高于美国、欧盟，社会组织作用正在起步阶段，企业主体责任、政府许可责任和市场监管责任也以市场自治为主，市场主体的自律作用也相对较差，因此，称之为政府主导结构。日本治理结构与中国相似，但是社会组织的作用要强于中国。

五、化妆品监管模式类型分析

综合所述，在全面分析美国、欧盟、日本和中国的化妆品定义、分类管理范围特别是其监管理念、监管结构、监管方法之后，笔者将国际上化妆品监管模式归纳为社会主导的事后监管模式、市场主导的事中监管模式、政府主导的全程监管模式等三种类型，见表5。各种模式都因其特定经济社会条件的背景演进。

表 5　化妆品监管模式对比表

时机/结构	政府主导	市场主导	社会主导	代表国家	模式名称
事后监管方式	+	++	+++	美国	社会主导的事后监管模式
事中监管模式	++	+++	++	欧盟	市场主导的事中监管模式
全程监管模式	+++	+++	+	中国、日本	政府主导的全程监管模式

注："+"表示介入强度，越多表示越强。

（一）社会主导的事后监管模式——以美国为代表

在 1938 年以前，是美国化妆品监管的空白期。从 1938 年《联邦食品、药品和化妆品法案》颁布起至 1960 年《色素添加剂修正案》的颁布，这是美国化妆品监管的起步期，其后进入完善期，包括 1966 年颁布的《正确包装和标识法案》、1970 年至 1992 年化妆品监管机构改革、1992 年颁布化妆品 GMP 指南、2008 年颁布 ISO22716：2007 实施指南、2015 年禁止淋洗类化妆品使用塑料微珠等。由于安全风险高的化妆品已经列入药品（OTC）管理，所以，在与中国一致的化妆品的监管上相对较松。加之美国有成立于 1894 年的美国个人护理产品协会（PCPC）、1970 年的化妆品原料评价委员会（CIR）能够发挥积极作用，所以美国 FDA 的角色主要定位于"信息规范"和"事后制裁"，对化妆品监管重点在于掺杂伪劣和错误标识上，形成了社会主导、市场自律、政府事后监管的社会主导的事后监管模式。

（二）市场主导的事中监管模式——以欧盟为代表

在 1976 年以前，是欧盟化妆品监管的空白期。从 1976 年欧盟颁布的 76/768/EEC 指令开始，是欧盟化妆品监管进入起步期。1993 年欧盟颁布了 93/35/EEC 修正案，规定化妆品安全评估和良好生产规范，欧盟化妆品良好生产规范指南（1995 年）。1997 年至 2008 年欧盟数次技术机构改革最后成立消费者安全科学委员会（SCCS）。2009 年欧盟颁布 1223/2009EC 法规替代 76/768/EEC 指令，首次提出化妆品责任人制度、上市前备案制度，标志着欧盟化妆品监管进入产品完善期。2011 年明确 ISO22716：2007 成为欧盟化妆品 GMP 协调标准。欧盟化妆品的分类管理范围与中国基本一致，但强调市场主体在产品上市前要进行强制备案，注重的是事中、事后监管，因此，形成了社会参与、市场主导、政府事中监管的市场主导的事中监管模式。

（三）政府主导的全程监管模式——以中国、日本为代表

在 1948 年以前，是日本化妆品监管的空白期。从 1948 年日本《药事法》颁布将化妆品纳入监管开始，日本化妆品监管开始进入起步期，至 1960 年新修订《药事法》将化妆品纳入医药部外品管理开始，到 2000 年为日本化妆品监管的调整期。到 2001 年至今是完善期，期间，引入了全成分清单、引入 GMP、GQP、GVP 等。2014 年《药事法》改名为《医药品、医疗器械等品质、功效及安全性保证等有关法律》（简称《药机法》）。日本化妆品与中国化妆品的分类管理范围有很大不同，但管理方式方法却基本一样，对不同类型的化妆品准入、生产企业的准入都有审批许可和备案要求，注重全程监管。日本化妆品行业协会大多会在化妆品安全评估方面给予技术指导和建议，同时也会出台相关标准，化妆品协会发挥作用的强度在美国、欧盟与中国之间。因此，日本化妆品监管也形成了社会参与、市场自律、政府全程监管的政府主导的全程监管模式。

在 1989 年以前，是中国化妆品监管的空白期。1989 年中国颁布《化妆品卫生监督条例》后中国化妆品监管进入起步期，与日本类似，中国政府的监管强度较大，实施生产许可、原料目录管理、产品强制注册备案制度，产品安全

性相关标准由政府统一作出规定、由注册申请人、备案人自行或委托专业机构开展。自 2021 年《化妆品监督管理条例》颁布实施，中国化妆品监管进入了完善期。相较于美国、欧盟的化妆品行业协会，中国行业协会发挥作用的强度仍然较弱。因此，中国化妆品监管同样也是政府主导的全程监管模式。

六、创新中国化妆品监管模式

中国化妆品监管是伴随着中国经济社会的快速发展和中国人民群众的生活改善而发展的，是伴随着中国化妆品行业的繁荣壮大和国际先进经验的借鉴吸收而发展的。随着《化妆品卫生监督条例》向《化妆品监督管理条例》的迭代升级，中国特色的化妆品监管制度已然形成。但是，改革创新永远在路上，面对中国人民对美好生活的向往，面对制妆大国向制妆强国的跨越，中国化妆品监管必须在对标国际通行规则中前进、在吸收国际先进模式经验中创新。当前，应从以下三个方面创新中国特色的化妆品监管新模式。

（一）在治理理念上，更加坚定政府全程监管的制度自信

美国、欧盟经济发达、市场成熟，经过近百年发展，已经形成产业国际优势，所以其监管模式是以事中事后监管为主的市场主导、社会主导模式，这样可以保持市场活力、维持竞争优势。日本与我国一样当年都面临制度基础薄弱、技术创新不足、没有品牌优势、竞争对手强大等挑战，但其先行一步，采用的却是与美国、欧盟不同的政府主导的全程监管模式，特别是其医药部外品和既是化妆品又是药品的分类设置，在与欧盟、美国的国际化竞争中形成了属于日本自己的监管特色，更重要的是日本发展成为制妆强国。中国化妆品产业是改革开放后开始起步的，从无到有、从小到大，虽然已经成为世界第二大化妆品市场，但中国化妆品产业本身却还相当弱小，因此，政府必须挺身而出成为主导力量，借鉴日本模式，通过全要素规范、全过程监管、全生命周期管理、全数字化改造，发展监管科学、实现科学监管。我们应该坚定信心，发挥体制优势，坚定制度自信，坚持保护和促进公众安全健康的理念，深化改革创新，打造好促进产业发展的制度基础设施，真正构建全新的具有中国特色的化妆品监管模式，推进我国向制妆强国跨越。

（二）在治理结构上，更加重视社会治理力量的积极作用

美国、欧盟、日本在化妆品治理结构上的共同特点是十分重视发展和社会治理力量，特别是社会组织和第三方力量，把社会力量激活起来，对于化妆品行业的发展具有不可或缺的积极作用。国际经验证明，强大的产业一定有强大的监管保障，更有强大的社会力量相生相伴。在社会组织方面，如美国主要有美国个人护理产品协会（PCPC），欧盟主要有欧洲化妆品协会（COLIPA），日本主要有日本化妆品工业联合会（JCIA）等，他们在行业自律中发挥了重要作用；在第三方力量方面，在美国，由 FDA 支持、PCPC 出资成立的 CIR 是独立于政府和企业的第三方机构，负责化妆品原料安全性的评估。CIR 以开放、无偏见和专业的方式审查和评估化妆品中成分的安全性，供 FDA 市场监督时参考。在欧盟，SCCS 为欧盟委员会的独立风险评估机构，会对化妆品原料进行评估，并在此基础上对化妆品原料禁用、限用、准用目录的修改向欧盟委员会提供意见。因此，我国应当借鉴欧、美、日的经验，充分发挥社会组织和第三方力量的作用，大力支持其通过制定化妆品相关技术标准，为化妆品监管提供技术支撑和为化妆品产业提供技术服务。

（三）在治理方法上，更加注重国际通行规则的对标对接

随着经济全球化向纵深发展，我国化妆品在监管上的发展趋势是在对标国际通行规则中完善中国制度、在参与国际规则制定中贡献中国智慧，实现化妆品国际国内规则的大融合。化妆品是百姓生活的通用日用产品，欧、美、日等发达国家无论是政府监管水平还是产业发展水平抑或是百姓消费水平都较我国先行一步、先进一步，许多经验做法早已成为国际通行规则，因此，非常值得我们积极借鉴。我国现有的法规标准体系建设就是在学习借鉴的基础上结合实际建立起来的。走向新时代，中国要推进化妆品从制造大国向制造强国跨越，中国化妆品要"出海"走向世界，首先就要通过对标对照跟踪国际通行规则来制定完善中国制度。中国化妆品行业植根于中国，无论是国情、民俗、文化、生活还是原料、功效、消费、渠道等，中国特色早已经存在。中国化妆品行业要在传统赛道、传统规则中与发达国家、国际大牌同台

竞技难有胜算，只有另建赛道、创新规则，才有可能实现梦想、赶超梦想。因此，主动监测和对标国际通行规则，以我为主深入开展中国化、本土化、数字化改造，形成中国特色的法规制度，在实践中保障制妆强国的实现，我们才能在参与国际规则制定中贡献中国智慧。

（作者单位：谢志洁，中国药品监督管理研究会、
广东省药品监督管理局二级巡视员；
钟雪锋，广东省药品监督管理局；
陈坚生，广东省药品监督管理局审评认证中心；
刘佐仁　吴闻雨　黄浩婷，广东药科大学；
袁博，国家药品监督管理局南方医药经济研究所）

附　录

◎ 中国化妆品行业大事记（2021 年）

◎ 2021 年化妆品热点事件分析

中国化妆品行业大事记（2021年）

中国药品监督管理研究会

时间	事件标题	事件内容	一级分类	二级分类	事件类型
1月1日	国务院颁布的《化妆品监督管理条例》正式实施	该条例于2020年6月颁布，是1989年《化妆品卫生监督条例》的首次升级。条例将"加强化妆品监督管理，保证化妆品质量安全，保障消费者健康，促进化妆品产业健康发展"作为立法宗旨，确立了注册人、备案人、标准管理、原料分类、质量安全负责人、风险监测评价、信用体系、责任约谈等一系列全新制度，强化企业主体责任，强化事中事后监管，开启了化妆品监管的2.0时代（来源：国家药品监督管理局）	政治	法律法规	大事
1月7日	"大头娃娃"事件引发儿童化妆品专项整治	一则自媒体视频爆料称，江苏省连云港市一名5个月大的婴儿疑似因涂抹福建欧艾婴童健康护理用品有限公司生产的婴儿抑菌霜后，出现发育迟缓、多毛、脸肿等情况，变成"大头娃娃"。经送检，涉事产品激素严重超标。1月17日，福建省漳州市卫生健康委发布通告确认，涉事产品含有氯倍他索丙酸酯，企业涉嫌伪劣产品。该事件引起药品监管部门高度重视，开展了儿童化妆品专项整治工作（来源：新华网）	政治	行政监管	大事

续表

时间	事件标题	事件内容	一级分类	二级分类	事件类型
1月11日	化妆水定制仪、口红定制仪亮相国际消费类电子产品展览会	已有54年历史的世界上最大的消费类电子产品展览会 CES 2021（International Consumer Electronics Show）以线上形式召开为期4天的数字展会。会上，爱茉莉太平洋首次推出了功能性化妆水即时定制系统 Formulality 和定制唇妆智能系统（Lip Factory by Color Tailor）并获得了 CES2021 健康&养生（Health&Wellness）领域创新奖；欧莱雅推出可随身携带的小型口红定制产品，口红定制仪 YSL Beaut é Sur Rouge Mesure 也在会上亮相（来源：界面新闻）	技术	科技发展	大事
1月11日	江苏查处"4·26"生产销售不符合卫生标准化妆品案	国家药品监督管理局通报表扬参与查处"4·26"生产销售不符合卫生标准化妆品案有关单位和人员。近期，江苏省药品监管部门会同公安机关，成功查处"4·26"生产销售不符合卫生标准化妆品案，捣毁非法制售化妆品窝点7处，现场查获大量进法化妆品及生产设备，抓获犯罪嫌疑人17人，涉案金额超亿元。该案是一起由化妆品质量问题被诉举报引出的化妆品违法重大典型案件（来源：国家药品监督管理局）	政治	行政监管	特事
1月12日	国家市场监督管理总局公布《化妆品注册备案管理办法》	该办法根据《化妆品监督管理条例》制定，自2021年5月1日起施行，是我国首部专门针对化妆品注册和备案管理的部门规章。其按照风险管理原则，对化妆品、化妆品新原料实行分类管理，对化妆品新原料注册和备案管理、监督管理，法律责任等方面也均作出明确规定，着重优化注册备案管理程序，全面规范化妆品上市前管理（来源：国家药品监督管理局）	政治	法律法规	新事
1月14日	海关总署发布的2020年化妆品进口总金额创新高	海关总署发布2020年全国进出口重点商品量值表，数据显示，2020年全年美容化妆品及洗护用品进口总量451123.1吨，同比增长3.7%，进口总金额1400亿元，同比增长29.7%，创新高；出口总量999019吨，同比增长4.3%；出口总金额294.6亿元，同比减少10.6%（来源：中国海关总署）	经济	经济水平	特事

续表

时间	事件标题	事件内容	一级分类	二级分类	事件类型
1月14日	中国化妆品生产企业超过5000家	国家药品监督管理局2021年首场新闻吹风会上指出，化妆品已从过去的"奢侈品"变成满足人们日常消费的必需消费品，我国化妆品产业在消费需求的推动下也得到了不断发展壮大，全国化妆品持证生产企业数量达5400余家，各类化妆品注册备案主体8.7万余家，有效注册备案产品数量近160万个（来源：国家药品监督管理局）	经济	经济水平	特事
1月16日	广东省、市、区三级共建"白云美湾"签约仪式在广州举行	广州白云区人民政府与广东省药品监督管理局、广州市市场监督管理局共同签订了《共同支持"白云美湾"美丽健康产业园建设合作协议》，三方表示将全力支持白云区美丽健康产业园的建设发展，把"白云美湾"建设成为广东省化妆品产业高质量发展示范区，为打造新发展格局战略支点，加快实现老城市新活力，"四个出新出彩"注入"美丽动力"（来源：人民日报）	经济	产业集群	大事
1月18日	2020年中国化妆品零售总额增势逆势增长近一成	国家统计局发布的2020年社会消费品零售总额数据显示，2020年社会消费品零售总额39981亿元，比上年下降3.9%。但2020全年中国化妆品限额以上零售总额达到3400亿元，同比增长9.5%，逆势增长近一成（来源：国家统计局）	经济	经济水平	特事
1月25日	广西查处平南县生产销售假冒化妆品案	国家药品监督管理局通报表扬参与查处了平南县生产销售假冒化妆品案有关单位和人员。近期，广西壮族自治区药品监督管理部门会同公安机关依法查处了平南县生产销售假冒化妆品案，捣毁生产销售窝点6个，现场查获大量违法化妆品及生产设备，抓获犯罪嫌疑人29人，涉案金额超过亿元，该案是典型的利用网络生产销售假冒化妆品的案件（来源：国家药品监督管理局）	政治	行政监管	特事

续表

时间	事件标题	事件内容	一级分类	二级分类	事件类型
2月8日	全国化妆品监管工作电视电话会议在京召开	会议总结了"十三五"时期化妆品监管工作，部署了2021年化妆品监管重点工作，要求全国药品监管系统全面贯彻《化妆品监督管理条例》，构建完善技术支撑体系，着力提升化妆品监管能力。会议还介绍了《化妆品注册备案管理办法》立法精神和主要内容（来源：国家药品监督管理局）	政治	行政监管	大事
2月9日	国家药品监督管理局认定第二批化妆品重点实验室	国家药品监督管理局组织完成第二批重点实验室的评审工作，认定并发布《国家药品监督管理局第二批重点实验室名单》。其中化妆品领域新增重点实验室6家，包括：化妆品研究与评价重点实验室、化妆品原料质量控制与评价重点实验室、化妆品安全评价重点实验室、化妆品质量研究与评价重点实验室、化妆品人体评价和大数据重点实验室（来源：国家药品监督管理局）	技术	研发投入	大事
2月11日	欧莱雅2020年营收、利润十年来首次双降	欧莱雅发布年度财报显示，2020年集团总销售额2191亿元，同比下滑6.3%；利润407亿元，同比下滑6.1%，为十年来首次双降。但在数字和电子商务领域上，欧莱雅集团的电商销售额大幅增长62%，达到了集团2020年度总销售额的26.6%的创纪录水平（来源：化妆品财经在线）	经济	经营活动	特事
2月20日	化妆品技术审评咨询专家库建立	根据国家药品监督管理局发布的《国家药品监督管理局外聘专家管理行办法》，中国食品药品检定研究院（简称中检院）经国家药品监督管理局批准，孟芹等205人为化妆品技术审评咨询专家库专家的遴选与公示，专家库的建立，对于推进化妆品注册"外聘专家咨询审评"向"内审员主审专家咨询"的模式过渡将起到重要作用（来源：中国食品药品检定研究院网站）	技术	技术监督	大事

续表

时间	事件标题	事件内容	一级分类	二级分类	事件类型
3月2日	逸仙电商收购英国高端护肤品牌 Eve Lom	此交易的卖方为私募股权投资公司 Manzanita Capital，其将继续在该业务中保留少数股权，并与逸仙电商达成战略合作关系。逸仙电商是快速发展的中国美妆市场上的领军企业，自2020年至2021年法国科兰黎和EVE LOM先后加入，目前逸仙电商已经形成了覆盖多个品类的品牌矩阵（来源：腾讯网）	经济	经营活动	特事
3月2日	防腐剂检验入《化妆品安全技术规范》	国家药品监督管理局化妆品标准专家委员会审议通过7项检验方法，包括新增的化妆品中防腐剂检验方法、化妆品中硼酸和硼酸盐检验方法、化妆品中对苯二胺等32种组分检验方法、化妆品中维甲酸等8种组分检验方法等4项，修订的体外哺乳动物细胞微核试验、化妆品祛斑美白功效测试方法、化妆品防脱发功效测试方法等3项，新增或修订检验方法纳入《化妆品安全技术规范》（来源：国家药品监督管理局）	技术	标准体系	大事
3月4日	国家药品监督管理局发布《化妆品注册备案资料管理规定》	该规定自2021年5月1日起实施，是《化妆品监督管理条例》《化妆品注册备案资料管理办法》的配套文件，是一部全面、完整的化妆品注册备案资料管理规范性文件。其内容包括6章60条和24个附件，推进"互联网＋政务服务"等方面，从落实《条例》要求、坚持公平一致、减轻企业负担、用户开通资料，包括资料的格式和规范性要求、变更和延续资料要求等（来源：国家药品监督管理局）	政治	行政监管	新事
3月4日	国家药品监督管理局发布《化妆品新原料注册备案资料管理规定》	该规定自2021年5月1日起实施，是《化妆品监督管理条例》《化妆品注册备案资料管理办法》的配套文件，是一部全面、详实的化妆品新原料注册备案资料管理规范性文件。其内容包括正文20条和8个附件，从依法行政、鼓励创新、坚持科学和简政放权等方面，对化妆品新原料注册备案资料进行了细化规定，基于风险管理原则对新原料的编制情形进行细分，对新原料技术相关资料的编制进行规范；鼓励和支持运用现代科学技术行细化，研究开发化妆品新原料，促进行业高质量发展（来源：国家药品监督管理局）	政治	行政监管	新事

续表

时间	事件标题	事件内容	一级分类	二级分类	事件类型
3月10日	第56届中国（广州）国际美博会在广州举办	展会由广东省美容美发化妆品行业协会主办，广州佳美展览有限公司承办，为期3天。展会覆盖了日化线、专业线、供应链，新渠道全产业链以及康复各领域，汇集国内外行业大咖、专家学者、权威机构，全面解读市场新模式、新业态和新趋势。据统计，三天共46万人次观展，超百万人次云端观展。中国国际美博会（CIBE）一年举办六届，包括两届中国（广州）国际美博会，一届中国（上海）国际美博会暨上海大虹桥美博会，两届北京国际美博会，一届深圳国际大健康美丽产业博览会（来源：美博会微信公众号）	社会	文化环境	大事
3月10日	逸仙电商发布2020年上市后首份财报	逸仙电商于2020年11月19日登陆纽约交易所（纽交所代码：YSG），旗下拥有完美日记、小奥汀、完子心选以及Galénic四大彩妆及护肤品牌。财报显示，逸仙电商2020年全年总净营收为人民币52.3亿元，同比2019年增长72.6%。但归因为广告营销费用和人力成本的增长，2020年净亏损26.9亿元人民币，主要原因为IPO相关的股份激励费用导致（来源：腾讯网）	经济	经营活动	特事
3月11日	诺斯贝尔与暨南大学多维度深入合作	在第56届中国（广州）国际美博会（CIBE）上，诺斯贝尔与暨南大学签约共建"暨南大学－诺斯贝尔联合研究中心"与"基因工程药物国家工程研究中心－诺斯贝尔联合实验室"。此外，在双方大数据平台和支持技术的基础上，诺斯贝尔与暨南大学将共同建设化妆品功效与安全性评价实验室（来源：美妆头条）	国际	技术交流	特事
3月11日	国家"十四五"规划提出要培育化妆品高端品牌	十三届全国人大四次会议表决通过了《关于国民经济和社会发展第十四个五年规划和2035年远景目标纲要的决议》，提出要开展中国品牌创建行动，保护发展中华老字号，提升自主品牌影响力和竞争力，率先在化妆品等消费品领域培育一批高端品牌。这是我国第一次在国民经济和社会发展规划纲要中写入"化妆品"，第一次写入"高端品牌"（来源：新华社）	政治	行业政策	大事

续表

时间	事件标题	事件内容	一级分类	二级分类	事件类型
3月23日	化妆品注册备案新平台启用	自2021年4月1日起，化妆品注册备案信息服务平台上线，并开放企业信息资料管理模块，2021年5月1日起，开放普通化妆品备案管理和特殊化妆品注册管理模块。新平台的构建，实现了产品全链条管理和系统之间的信息关联共享，并有效提高化妆品注册备案的效率和质量，为企业申报提供便捷、高效的服务平台，为监管部门退供统一权威的监管系统（来源：国家药品监督管理局）	政治	行政监管	新事
3月25日	云南贝泰妮在深交所创业板上市	云南贝泰妮生物科技集团股份有限公司在深交所创业板敲钟上市，成为功效性护肤领域的敏感肌修护第一股，开盘当天市值突破760亿元，成为A股护肤企业市值榜首。同年8月15日，贝泰妮还宣布启动港股上市计划。若贝泰妮在港交所顺利上市，它将有望成为第一家同时登陆A股和H股的中国化妆品公司（来源：青眼）	经济	经营活动	新事
4月1日	中国医药出版社出版《2020中国化妆品蓝皮书》	全书分为总论、法规篇、监管篇、行业篇、区域篇，附录六个部分。总论回顾了我国化妆品行业"十三五"时期发展进度、展望了"十四五"时期的发展思路；法规篇为新法规的执行落地作了明确释义、解惑释疑；监管篇介绍了技术审评、标准建设、检验检测，全景分析我国化妆品原料监管现状；行业篇介绍选取技术、专利、化妆品原料等视角，全景分析我国化妆品产业现状；区域篇介绍了上海东方美谷、浙江"美妆小镇、广州"白云美湾"三大化妆品产业聚集区（来源：中国健康传媒集团）	经济	经济水平	特事
4月9日	国家药品监督管理局发布《化妆品分类规则和分类目录》	该分类目录自2021年5月1日起实施，是《化妆品监督管理条例》的配套文件，要求化妆品注册人、备案人按照化妆品的功效宣称、作用部位、使用人群、产品剂型和使用方法依次选择对应序号，各组目录编码之间用"—"进行连接，形成完整的产品分类编码（来源：国家药品监督管理局）	政治	行政监管	新事

续表

时间	事件标题	事件内容	一级分类	二级分类	事件类型
4 月 9 日	国家药品监督管理局发布《化妆品安全评估技术导则（2021 年版）》	该技术导则为规范和指导化妆品安全评估工作而制定，自 2021 年 5 月 1 日起施行，适用于化妆品原料和产品。要求自 2022 年 1 月 1 日起，化妆品注册人、备案人申请特殊化妆品注册或者进行普通化妆品备案前，必须依据技术导则的要求开展化妆品安全评估，提交产品安全评估资料。在 2024 年 5 月 1 日前，化妆品注册人、备案人可以按照简化版技术导则相关要求，提交简化版产品安全评估报告（来源：国家药品监督管理局）	技术	标准体系	新事
4 月 9 日	国家药品监督管理局发布《化妆品功效宣称评价规范》	该评价规范规范了化妆品功效宣称评价工作，自 2021 年 5 月 1 日起实施。评价规范在条款设置上体现分类管理思路，根据不同的产品类别提出具体评价要求，引导行业科学规范开展功效评价，保证功效宣称评价结果的科学性、准确性和可靠性，维护消费者合法权益，推动社会共治和化妆品行业健康发展。该规范的颁布，也标志着我国化妆品行业正式进入功效评价时代（来源：国家药品监督管理局）	技术	技术监督	新事
4 月 12 日	"日化第一股"天夏智慧（前身为索芙特）在 A 股被正式摘牌	前身为索芙特的上市公司天夏智慧在 A 股被正式摘牌。天夏智慧前身为广西康达，1996 年登陆 A 股市场，2001 年索芙特成功借壳上市，2004 年更名为索芙特特股份有限公司，成为中国日化第一股。索芙特曾是功能性化妆品市场中的典范，瘦脸洗面奶、减肥香皂等产品家喻户晓。2006 年索芙特达到了业绩巅峰，年销售收入达 12.57 亿元。2015 年 5 月 2 日，索芙特收购了杭州天夏科技集团有限公司，"索芙特"变更为"天夏智慧"（来源：界面新闻）	经济	经营活动	特事

续表

时间	事件标题	事件内容	一级分类	二级分类	事件类型
4月14日	中国化妆品国际合作峰会在北京召开	大会由中国医药保健品进出口商会和中国保健协会主办，大会以"新形势、新格局、新机遇、新发展"为主题，300余名海内外化妆品领域代表、机构、行业组织代表参加了大会。工信部消费品工业司司长高延敏在会上指出我国化妆品类消费品已成为新的消费热点，化妆品行业成为增速最快的消费子行业之一。（来源：中国医药保健品进出口商会）	国际	国际合作	大事
4月20日	国家药品监督管理局发布《药品监督管理统计年度报告（2020年）》	报告显示，2020年共批准国产特殊化妆品首次申报3388件，同比上涨50.17%，批准进口特殊化妆品首次申报1493件。共查处化妆品案件14316件，同比增加64.50%，其中广东查处化妆品案件数量最多，同比增长69.1%。截至2020年底，有在册国产特殊化妆品13984件，进口特殊和普通化妆品89201件；共有化妆品生产企业5447家，占全国化妆品生产企业总数最多，其中牙膏生产企业132家。广东省化妆品生产企业数最多，占全国化妆品生产企业的54.47%，共2967家。（来源：国家药品监督管理局）	政治	行政监管	特事
4月20日	第37届北京国际美容化妆品博览会在北京举办	由北京市美发美容行业协会、北京世博联展览服务有限公司主办，会期3天，共500多家企业参展。展品美容、化妆品、纹绣美甲美睫、健康养生、日化个护、时尚用品、包材等十几个品类，2000多个展品，北京美博会已成为华北地区乃至全国影响力较强的美容行业专业盛会，是继上海、广州美容展之后中国第三大专业美容行业盛会，每年举办两届。（来源：北京国际美容化妆品博览会微信公众号）	社会	文化环境	大事
4月25日	国家药品监督管理局发布《化妆品注册备案资料提交技术指南（试行）》	该指南用于化妆品的注册备案中用户获取、用户权限开通、信息填报和资料提交工作。注册人应提供电子版注册备案资料加盖电子签章及纸质版备案注册原件。注册人、备案人、境内责任人应当保其使用的计算机硬件环境、操作系统、网络环境等符合信息服务平台要求，建立注册备案资料内部保密管理制度，妥善保管信息服务平台的账号密码和CA介质（来源：国家药品监督管理局）	政治	行政监管	新事

续表

时间	事件标题	事件内容	一级分类	二级分类	事件类型
4 月 26 日	男士综合个人护理品牌"理然"完成近 3 亿元 B+ 轮融资	该轮融资由 Tiger Global 领投，战略投资方为 B 站，这是其上线一年多以来的获得的第 6 轮融资。本轮融资将主要用于产品研发、品牌建设、团队储备等方面。理然品牌于 2020 年 1 月正式上线，定位男士专用综合个人护理品牌，产品线覆盖面部护理、身体洗护、须发理容、身体香氛、彩妆等类目。上市后，理然产品颇受消费者欢迎，品牌上线第一年全渠道 GMV 近 2 亿元。当前，理然"他经济"崛起，男性群体出于对形象与颜值的考虑，对个人护理、美容护肤等产品的关注度与消费意愿不断提升（来源：艾媒网）	经济	经营活动	特事
4 月 28 日	国家药品监督管理局发布《化妆品补充检验方法工作规程》《化妆品补充检验方法研究起草草拟技术指南》	《工作规程》自 2021 年 7 月 1 日起实施，内容主要包括立项申报、起草和验证、审查和报送，批准和发布等程序的规定。《技术指南》是为规范化妆品补充检验方法研制工作，确保化妆品补充检验方法的科学性、通用性和时效性而制定，主要包括立项申报、立项申报和方法研制和验证，同时还附加了化妆品补充检验方法立项建议、方法研制和验证技术要求和方法编写规则等内容（来源：国家药品监督管理局）	技术	技术监管	新事
4 月 30 日	国家药品监督管理局发布《已使用化妆品原料目录（2021 年版）》	目录共收录了 8972 种原料，相比旧版新增了 189 种，为判定新原料提供参考依据，研究梳理 10 余万件已获批准化妆品中原料使用情况，提供 7278 个原料的最高历史使用用量，为行业开展安全风险评估提供技术支撑。同时新版目录还对个别原料进行了不同备注（来源：国家药品监督管理局）	政治	行政监管	大事

续表

时间	事件标题	事件内容	一级分类	二级分类	事件类型
5月1日	化妆品智慧申报审评系统上线运行	由中国食品药品检定研究院全新构建的专门用于特殊化妆品注册和新原料注册备案的化妆品智慧申报审评系统正式上线。该系统首次将数字认证证书引入化妆品资料，成功实现缩短10余个工作日，并充分调取固有数据库，打通外部数据库，提高"一次性通过率"；建立企业自建数据库，形成层级化的电子资料目录树，帮助企业规范填报，实现申报电子化、资料目录化、审评无纸化、全程档案化（来源：北京药监）	技术	技术监督	新事
5月7日	首届中国国际消费品博览会在海南省海口市举办	消博会由商务部和海南省人民政府共同举办，国家主席习近平向首届消博会致贺信，中共中央政治局委员、国务院副总理胡春华出席开幕式。展览总面积8万平方米，国内外参展企业近1500家，来自约70个国家和地区。消博会以"开放中国、海南先行"为主题，围绕建设海南国际旅游消费中心定位，打造国际消费精品全球展示交易平台。会上，美妆行业表现势头良好，摸索出属于自己的发展路径（来源：海南日报）	国际	国际合作	大事
5月10日	2021（第十四届）中国化妆品趋势大会在上海举办	大会由青眼网络科技（武汉）有限公司主办，以"美妆与科技"为主题。全球化妆品TOP10公司、中国化妆品TOP20公司以及美妆行业品牌、营销、零售、供应链等400多位嘉宾参与，70万+线上直播观看人次，共同关注化妆品产业全球化的趋势性发展，探讨科技浪潮下美妆行业新渠道、新营销、新消费的变化及机会（来源：青眼）	社会	文化环境	大事

续表

时间	事件标题	事件内容	一级分类	二级分类	事件类型
5月10日	国务院办公厅印发《关于全面加强药品监管能力建设的实施意见》	该实施意见见于2月19日经中央全面深化改革委员会第十八次会议审议通过，对包括药品、医疗器械、化妆品在内的三类产品提出了加强监管能力建设的十八项重点任务，并要求推动我国从制药强国向制药强国跨越。就化妆品行业而言，这是中央第一次在正式文件中间接要求化妆品行业要从制造大国向制造强国跨越（来源：国务院）	政治	行业政策	大事
5月12日	2021第26届中国美容博览会（CBE）在上海举办	本届展会由中国国际贸易促进委员会轻工分会、上海百文会展有限公司、英富曼展览集团主办，会期3天。中国美容博览会（上海CBE）是全球美妆产业链全域商贸服务平台，连续5年登陆世界商展历史排行榜的美容展。展出面积达到23万平方米，吸引了3200家展商，10000多个品牌参展；汇聚80多个国家和地区的专业买家和观众，吸引121万人次在线观展，产生线上贸易需求4170条，再次刷新了中国美容博览会的历史纪录，同时也创造全球美容展的新纪录，为业界延伸拓展产业发展和商贸的优质平台（来源：中国美容博览会）	社会	文化环境	大事
5月13日	爱茉莉太平洋发现皮肤屏障调控因子EGR3	爱茉莉太平洋在世界皮肤病研究学会线上研讨会上研讨会发表其通过生物大数据分析发现EGR3的研究成果，明确了调控皮肤屏障形成的EGR3基因的作用及其表观遗传学机制。爱茉莉太平洋进行的这项研究，再加之鉴定了可选择性调控所述遗传因子表达的物质，对为奠定减轻皮肤损伤和帮助人们保持皮肤健康的科学基础具有重要意义（来源：美通社）	技术	科技发展	大事

时间	事件标题	事件内容	一级分类	二级分类	事件类型
5月14日	进口化妆品注册备案手续可通过单一窗口在线申领	为了方便跨境贸易主体一站式办理业务，进一步提升贸易便利化水平，海关总署同国家口岸管理办公室会同国家药品监督管理局推动相关服务对接。即日起，中国国际贸易单一窗口登录用户可以通过单一窗口许可证件功能，直接进入国家药品监督管理局系统在线申领进口普通化妆品备案凭证和进口特殊化妆品注册证书（来源：中国国际贸易网站）	政治	行政监管	新事
5月17日	国家药品监督管理局公布首批18家化妆品抽样检验复检机构名录	依据《化妆品监督管理条例》规定，国家药品监督管理局公布了18家首批化妆品抽样检验复检机构名录，包括：中国食品药品检定研究院，以及北京、天津、河北、黑龙江、上海、浙江、江西、湖北、湖南、广东、重庆、四川、甘肃等省级药品监管部门设置的药品检验机构，还有山西省药品检验检测中心和深圳市药品检验研究院。复检机构出具的复检结论为最终检验结论（来源：国家药品监督管理局）	技术	技术监督	新事
5月24日	2021年全国化妆品安全科普宣传周在山东济南启动	本届宣传周在5月24-30日举行，启动仪式主会场活动由国家药品监督管理局主办，山东省药品监督管理局承办，国家药品监督管理局副局长雷江璇、山东省人民政府副省长孙继业出席启动仪式。宣传周是"学史力行，我为群众办实事"实践活动的重要举措，主题为"安全用妆，美丽有法"，主要目的是进一步加强化妆品安全使用的认知水平，落实企业质量安全主体责任，提升公众对儿童化妆品安全使用的认知水平，引导消费者科学合理地使用化妆品。同时湖北、浙江、陕西、广东省药监局分别在杭州、武汉、西安、广州4个分会场同步启动宣传周活动（来源：国家药品监督管理局）	社会	文化环境	大事
5月26日	2021年化妆品安全科普宣传周网络公益培训成功举办	由国家药品监督管理局化妆品监管司指导，国家药品监督管理局高级研修学院组织承办的"2021年化妆品安全科普宣传周公益培训"正式开课，采取线上直播方式进行，化妆品相关专业知识讲解三个课程主要包括法规政策解读、质量安全管理经验分享、社会监督，企业从业人员、网络销售平台和研发机构相关人员，以及部分媒体和消费者，是近年来化妆品培训中参训人员范围最广、人数最多的一次，最高在线学习人数达538438人（来源：国家药品监督管理局）	社会	文化环境	特事

续表

时间	事件标题	事件内容	一级分类	二级分类	事件类型
5 月 28 日	国家药品监督管理局公布《化妆品禁用原料目录》《化妆品禁用植（动）物原料目录》	新修订《化妆品禁用原料目录》中共有 1284 个禁用原料，较《化妆品禁用组分》原有的 1290 种禁用原料，减少了 6 种。新修订《化妆品禁用植（动）物原料目录》中有 109 种禁用原料，较《化妆品禁用组分》的 98 种，增加了 11 种。此次修订后，大麻二酚（CBD）、大麻仁果、大麻籽油和大麻叶叶被禁用。自公布之日起，化妆品注册人、备案人不得生产、进口产品配方中使用目录规定的禁用原料的化妆品（来源：国家药品监督管理局）	政治	行政监管	大事
6 月 1 日	伽蓝集团林芝自然堂喜马拉雅科研中心正式启动	该科研中心是第一所美妆企业在西藏建设的科研中心，建筑面积 3048 ㎡，设有先进的研发实验室、生产车间、质检实验室和展厅，具备科学研究、原料加工、环保项目管理和牌展示四项主要功能，负责统筹管理自然堂整个喜马拉雅山脉，包括中国、印度、尼泊尔、不丹区域的科研、生产、经营事务，以及种草喜马拉雅环保、喜马拉雅国际科技论坛等喜马拉雅 100 公里极限越野跑三大项目（来源：澎湃新闻）	技术	研发投入	新事
6 月 3 日	国家药品监督管理局发布《化妆品标签管理办法》	该办法自 2022 年 5 月 1 日起实施。该办法明确了化妆品标签定义，规定了化妆品注册人、备案人使用化妆品标签应当标注的内容以及各项内容和形式的原则要求，提出了化妆品标签标注的主体责任，细化了化妆品标签标注的具体内容要求，按规定进行标签标识的化妆品，未按规定完成产品标签的更新，须在 2023 年 5 月 1 日前完成，使其符合规定和要求（来源：国家药品监督管理局）	政治	行政监管	大事

续表

时间	事件标题	事件内容	一级分类	二级分类	事件类型
6月4日	北京市昌平区出台"美丽经济十条"政策	北京市昌平区人民政府办公室印发《北京市昌平区支持美丽健康产业高质量发展若干措施》，该措施为深入贯彻北京市"十四五"规划，充分发挥未来科学城作为北京国际科技创新中心主平台优势，大力发展美丽健康产业，培育经济发展新动能，将昌平区建设成为具有国际影响力的美丽健康产业高地而制定。主要从产业生态构建、技术创新、专业化平台发展、创业孵化和成果转化、产业集群发展、人才培养和引进、数字新业态新模式新消费、产业空间供给等方面给予支持（来源：昌平区人民政府）	政治	行业政策	大事
6月9日	广州市白云区全力推动"白云美湾"发展	广州市白云区印发《广州市白云区推动"白云美湾"化妆品产业高质量发展第二个三年行动方案（2021—2023年）》，提出将全力推动"白云美湾"在2023年产业规模达到500亿元，2025年超千亿元；在完善产业配套、强化全产业链上给予更多政策支持，并在未来三年将化妆品企业供应发展用地1300亩以上，逐步完善化妆品产业布局，日益健全产业生态，稳步提升品牌效应（来源：白云区人民政府）	政治	行业政策	大事
6月11日	中国、印尼签署《关于药品和化妆品监管合作谅解备忘录》	国家药品监督管理局局长焦红与印尼食品药品管理局局长佩妮·卢基托签署、路卡·路卡署，是中国印尼高级别对话合作机制首次会议的成果文件之一。双方一致同意加强在药品监管领域的合作，将在《谅解备忘录》框架下，开展在药品和化妆品监管领域的信息交流与技术合作，共同保护和促进两国国公众健康（来源：国家药品监督管理局）	国际	国际合作	大事
6月15日	国家药品监督管理局公布第二批化妆品风险监测工作组成员单位	为贯彻落实《化妆品监督管理条例》，进一步增强化妆品安全风险监测能力，国家药品监督管理局组织国家药品审评专家审评和现场核查后遴选山东省食品药品检验研究院等7家机构作为第二批国家药品监督管理局化妆品风险监测工作组成员单位（来源：国家药品监督管理局）	技术	技术监督	大事

续表

时间	事件标题	事件内容	一级分类	二级分类	事件类型
6月25日	雅诗兰黛因虚假宣传被罚	上海市静安区市场监管局发布一则行政处罚决定显示，雅诗兰黛（上海）商贸有限公司销售一款精华液的页面中，宣称"4weeks 改善痘印""12weeks 提升肌肤自愈力"的功效但无法提供相关依据；在销售一款塑颜霜的页面中，宣称一款产品配方中光清果榆绿木树皮提取物的部分医疗功效，宣称"去皱纹"属于夸大产品功效，上述行为构成对商品作引人误解的商业宣传虚假宣传行为，被罚款人民币40万元，这是雅诗兰黛第三次因虚假宣传被罚（来源：腾讯网）	政治	行政监管	特事
6月25日	国家药品监督管理局综合司公布第二批国家化妆品检查员名单	为规范开展化妆品监督检查工作，强化化妆品检查员管理，经系统培训、综合考评，实习检查等程序，聘任刘泽龙等70人为第二批国家化妆品检查员，充实国家化妆品检查国家队（来源：国家药品监督管理局）	技术	技术监督	大事
6月25日	国家药品监督管理局发布《关于进一步明确普通化妆品备案管理工作有关事项的通知》	通知明确普通化妆品备案人提交备案资料即完成备案，产品可上市销售。各省级局必须在5个工作日内向社会公开产品备案有关信息。该通知重申了有关规定，其出台的背景是，普通化妆品新备案系统上线运行后，有媒体报道，化妆品备案数量出现断崖式下跌。同时，美妆行业对于新平台、系统漏洞、细节不完善等"反馈声"亦自不绝于耳。6月25日，一份出自广州开发区黄埔化妆品产业协会反映化妆品备案积压情况的红头文件在网上流传。国家药品监督管理局因此作出回应（来源：国家药品监督管理局）	政治	行政监管	特事
6月25日	N-乙酰神经氨酸成国内首个新备案原料	据国家药品监督管理局官网信息显示，首个新备案原料001号的备案日期为2021年6月25日，中文名称为"N-乙酰神经氨酸"（国妆原备字20210001），原料备案人为武汉中科光谷绿色生物技术有限公司。原料的使用目的为保湿剂，可以用于全身的皮肤保养护理，当前原料还处于监测状态（来源：国家药品监督管理局）	技术	科技发展	特事

续表

时间	事件标题	事件内容	一级分类	二级分类	事件类型
6月25日	京津冀三地签署化妆品区域联动合作协议	北京市与天津市、河北省三地药监局签署《京津冀化妆品产业高质量发展区域联动合作框架协议》，致力于在协同提升管理监管能力和促进产业发展方面开展区域协作，包括共同促进京津冀三地化妆品生产企业规范发展、新原料等产业创新领域的交流合作，鼓励三地行业组织协作促进化妆品产业链条、协同优化营商环境，精简审批时限、提升审批工作效率和质量水平，实现"美丽经济"协同发展（来源：国家药品监督管理局）	政治	行业政策	大事
6月26日	中国香料香精化妆品工业协会成立化妆品功效评价专业委员会	协会成立功效评价专业委员会，旨在落实《化妆品监督管理条例》，促进行业内相互学习交流、有效整合社会资源，加强化妆品功效评价基础和应用所研究，提出化妆品功效评价方面相关共识或专家指导意见，为化妆品官称提供科学支持，引导我国化妆品功效评价向规范化发展（来源：中国香料香精化妆品工业协会）	社会	社会组织	特事
6月28日	平潭综合试验区规划打造福建省内美妆产业集聚地	平潭综合实验区管委会印发《平潭综合实验区促进美妆产业发展的实施意见》《平潭综合实验区促进美妆产业发展的若干措施》，提出将美妆跨境电商、生产、会展，总部经济等纳入实验区重点培育业态，对外重点引进日本、韩国等地区美妆产品，对内吸引省内外美妆产业落地，联动"长三角""珠三角"两大美妆产业区，全力打造福建省内美妆产业集聚地。符合要求的企业所得税按15%税率征收企业所得税，对内美妆产业落地奖补最高可达40万元/家，生产企业落地奖补最高可达100万元/家（来源：平潭综合实验区管委会办公室）	政治	行业政策	大事

续表

时间	事件标题	事件内容	一级分类	二级分类	事件类型
6月28日	国家药品监督管理局发布中国药品监管科学行动计划第二批重点项目	国家药品监督管理局在全面总结中国药品监管科学行动计划首批重点项目实施情况的基础上，确定并发布了包括"化妆品新原料技术指南研究和化妆品安全监测与分析预警方法研究"在内的第二批10个重点项目。要求研究单位抓紧研究制定项目实施方案，明确研究计划、细化研究目标和任务，落实合作单位，加快创新监管工具、标准和方法（来源：国家药品监督管理局）	技术	技术监管	大事
7月5日	国家药品监督管理局综合司发布《2021年下半年国家化妆品安全风险监测计划》	该计划安全风险监测重点品种主要包括儿童化妆品、祛斑美白类、宣称抗皱祛痘类、宣称止痒类、宣称促进毛发生长类、眼部护肤类、儿童牙膏等18类产品。监测项目主要包括：重金属、激素、抗生素、微生物、防腐剂等，为影响化妆品质量安全的风险因素进行监测和评价，为制定化妆品质量安全风险控制措施提供依据，开展化妆品抽样检验提供科学依据（来源：国家药品监督管理局）	政治	行政监管	大事
7月7日	含塑料微珠的日化产品将于2022年底禁止销售	国家发改委改委印发《"十四五"循环经济发展规划》。其中提到"科学合理推进塑料源头减量，严格禁止生产超薄农用地膜，含塑料微珠产品等危害环境和人体健康的产品，鼓励公众超少使用一次性塑料制品"。早在2020年1月份，国家发展改革委和生态环境部发布《关于进一步加强塑料污染治理的意见》，当中也提到"禁止生产含塑料微珠的日化产品，到2022年底，禁止销售含塑料微珠的日化产品。"这是"限塑令"政策的又一里程碑，标志着我国化妆品市场含塑料微珠更加规范化、国际化（来源：国际化伙伴网）	政治	行政监管	大事

续表

时间	事件标题	事件内容	一级分类	二级分类	事件类型
7月14日	强生公司召回部分防晒产品	强生在一份声明中称，在检测出部分样品中含有较低的苯含量后，由于担心产品可能被致癌化学物质污染，强生公司主动从市场上召回露得清（Neutrogena）和艾维诺（Aveeno）旗下的五款喷雾产品。有两款喷雾型的防晒产品在中国市场有售，分别是露得清轻透沁凉防晒喷雾 SPF50+ PA++++，露得清轻透防晒隔离喷雾 SPF35。强生中国表示，按照测试中检测出的水平，每天使用这些防晒喷雾所接触到的苯含量，不会对健康带来不利影响，这是强生回决定并停止销售，出于谨慎考虑，不步在中国市场发布召回信息。（来源：红星新闻）	经济	市场主体	特事
7月16日	成都市武侯区推动化妆品产业高质量发展及"五链融合"	成都市武侯区人民政府办公室印发《成都市武侯区促进化妆品产业发展十条政策（试行）》。该政策旨在促进武侯区化妆品产业高质量发展，推动产业链、要素链、供应链、价值链、创新链"五链融合"，构建具有区域竞争力的产业生态体系，服务"双循环"新发展格局。扶持内容主要针对开办与经济贡献奖励、房租及装修补贴、开店奖励、运营补贴、人才补贴、科技研发奖励、品牌创新奖励、扩大销售奖励、私募资金奖励、渠道拓展奖励（来源：武侯区人民政府）	政治	行业政策	大事
7月24日	第一届化妆品监管科学大会在京召开	大会由北京工商大学化妆品监管科学研究基地主办，是化妆品行业首个聚焦监管科学的全国性活动。会议以"践行科学发展理念 推动行业稳步提升"为基调，旨在响应国家药品监督管理局对"中国药品监管科学行动计划"的总体要求，助力"美丽经济"实现高水平发展。国家药品监督管理局颜江瑛副局长、中国科学院士等化妆品监管部门领导和权威行业专家、科研机构、行业协会、相关企业和新闻媒体的500余名代表参会（来源：人民网）	政治	行政监管	新事

续表

时间	事件标题	事件内容	一级分类	二级分类	事件类型
7月30日	上海规划打造聚合全球化妆品产业高端要素资源的高能级总部集聚地	上海市经济信息化委、市药品监管局印发《上海市化妆品产业高质量发展行动计划》（2021—2023年），要求把上海打造成为聚合全球化妆品产业高端要素资源的高能级总部集聚地，提出到2023年，全市化妆品市场规模人超过3000亿元，化妆品产业主营业务收入超过千亿元，形成年营业收入超过50亿元的领军企业10家，20亿元的优质企业10家以上；拥有20个走向国际的领军品牌，培育20个国内一流经典品牌，孵化一批潮流新锐品牌，上海自主品牌市场占有率逐年提升（来源：上海市药品监管局）	政治	行业政策	大事
7月31日	护肤品市场规模在中国化妆品行业占比保持第一	前瞻产业研究院披露2021年中国护肤品市场现状，数据显示护肤品市场规模在中国化妆品行业占比一直保持在第一位，虽然2020年新冠肺炎疫情冲击导致大规模线下护肤品店铺关门，但是中国护肤品市场规模仍然保持10%以上的增长速度，证明中国护肤品市场具有较高的抗风险能力（来源：前瞻产业研究院）	经济	经济水平	特事
8月6日	国家市场监督管理总局发布《化妆品生产经营监督管理办法》	该办法是落实《化妆品监督管理条例》的重要配套文件之一，也是我国首部专门针对化妆品生产经营管理的部门规章，自2022年1月1日起施行。办法共7章66条，对化妆品生产许可、生产管理、经营管理、监督管理、法律责任等方面作出明确规定，进一步加强化妆品生产经营监督管理，保障消费者健康权益，规范和促进化妆品行业健康发展（来源：国家药品监督管理局）	政治	法律法规	大事
8月11日	国家药品监督管理局发布《科学认识"刷酸"美容》科普文章	文章详细列举了"刷酸治疗"与刷酸化妆品的不同之处，并明确了刷酸化妆品中"酸"的管理要求和产品首称禁忌，对备受追捧的高浓度酸化妆品敲响警钟。文章指出化妆品是以清洁、保护、美化、修饰为目的的日用化学工业产品，不具有医疗作用。部分化妆品能够实现一定的清洁、去角质等功效，但与"刷酸治疗"有着本质区别。化妆品禁止明示或者暗示具有医疗作用，避免使用"换肤"等不当宣称，防止误导消费者（来源：央广网）	社会	文化环境	特事

续表

时间	事件标题	事件内容	一级分类	二级分类	事件类型
8月24日	韩国MISSHA与天猫签署战略合作协议并全面进军中国电商市场	韩国化妆品品牌谜尚与韩联社致电表示，将与阿里巴巴旗下电商平台天猫签署战略合作协议，并计划基于天猫的大数据研发专门针对中国市场的新产品，通过与天猫开展合作对公司品牌进行重组后，全面进军中国电商市场（来源：韩联社）	经济	经营活动	特事
8月30日	护肤品牌「林清轩」完成数亿元B轮融资	本轮融资由未来资产领投、老股东海纳亚洲创投基金SIG、碧桂园创投继续加码，杭州源珠等跟投。林清轩成立于2003年，以中国传统草本作为原材料，瞄准中高端市场的年轻用户，主打强修护和抗初老功效，山茶花润肤油已成为爆款单品。2021年，林清轩打通线上线下，以线上作为流量入口，线下以服务和体验承接流量，再通过私域运营、CRM管理激活粉丝，形成一套"OMO模式"的销售闭环（来源：36氪）	经济	经营活动	特事
8月30日	国家药品监督管理局成立化妆品补充检验方法专家组	国家药品监督管理局2021年7月1日印发出推荐化妆品补充检验方法专家组专家的函。经过各省、自治区、直辖市药品监督管理局，经国家药品监督管理局化妆品监管司批准，聘任83名专家组成化妆品补充检验方法专家组的推荐，新疆生产建设兵团药品监督管理局的推荐专家。专家组立项审查和方法审查的公平、公正起到重要作用（来源：中国食品品检定研究院）	技术	技术监督	新事
9月2日	国家药品监督管理局发布《化妆品中本维莫司的测定》化妆品补充检验方法	该方法根据《化妆品监督管理条例》而制定，规定了膏霜乳类化妆品中本维莫司的测定方法，适用于膏霜乳类化妆品中本维莫司的定性和定量测定（来源：国家药品监督管理局）	技术	技术监督	新事

续表

时间	事件标题	事件内容	一级分类	二级分类	事件类型
9 月 13 日	国家药品监督管理局发布《化妆品中比马前列素等 5 种组分的测定》化妆品补充检验方法	该方法根据《化妆品监督管理条例》而制定，规定了化妆品中比马前列素、他氟前列素、拉坦前列素、曲伏前列素、他氟前列素的测定方法，适用于膏霜乳类、液体类、凝胶类、蜡基类、粉剂类化妆品中比马前列素等 5 种组分的定性和定量测定（来源：国家药品监督管理局）	技术	技术监督	新事
9 月 14 日	中国药品监督管理研究会成立化妆品专业委员会	中国药品监督管理研究会化妆品专业委员会成立大会暨中山美妆产业高质量发展研讨会在中山市召开。国家药品监督管理局化妆品监督司司长李金菊通过视频连线做讲话，中国药品监督管理研究会会长张伟、副会长时立强、广东省药监局副局长朱永朝、中山市副市长雷岳嘉参加相关活动。广东省药监局二级巡视员谢志洁当选为化妆品监督管理研究专业委员会主任委员（来源：人民网）	社会	社会组织	新事
9 月 16 日	第十四届中国化妆品大会暨"美妆新国货成长计划"主题展在上海举办	大会由观点 APP 和《化妆品观察》主办，为期 2 天。会上以"中国时间"为主题的主论坛及六大分论坛——新营销论坛、新渠道论坛、新国货论坛、设计创新论坛、新品开发论坛和功效护肤论坛，精彩纷呈。70 余位来自美妆全产业链的重磅嘉宾及主流平台的专家登台演讲，把脉美妆产业的最新发展趋势（来源：品观官网）	社会	文化环境	特事
9 月 19 日	厦门作出全国首例化妆品终身禁业资格处罚	厦门香尔普化工有限公司因无证生产儿童化妆品、生产标签不符合规定化妆品、生产伪造厂名厂址的产品等违法行为，被罚没约 409 万元，公司法定代表人谭立被处以 15.84 万元罚款及终身禁业。该案是《化妆品监督管理条例》正式实施以来，全国首例化妆品行业终身禁业处罚案件（来源：厦门市市场监管局）	政治	行政监管	特事

续表

时间	事件标题	事件内容	一级分类	二级分类	事件类型
9月27日	2021第七届中国化妆品百强连锁会议在上海召开	大会由化妆品财经在线举办，中国百货商业协会、化妆品以及唯美工匠协办，为期2天。会议分设一个主论坛和三个分论坛，50+品牌参展，现场对接需求。30多位大咖分享商业新方法论。会上启动"CS渠道美妆人才公益培养计划"，揭晓了中国CS超级店铺榜单，2021中国化妆品百货零售十强企业、2021中国化妆品新锐品牌奖等六大榜单（来源：化妆品财经在线）	社会	文化环境	特事
9月27日	2021年第五届中国（黄埔·南方美谷）化妆品国际高峰论坛在穗举办	论坛由广东省化妆品学会主办，中国美妆网、大美湾（横琴）化妆品创新研究院承办，以"科技创新助力化妆品高质量发展"为主题，设1个主论坛与12个分论坛，80多场报告，论坛与报告的数量创下历史新高。来自知名高校、科研院所、企事业单位，以及化妆品领域的研究专家和企业精英共聚一堂，共同探讨如何快速推进我国化妆品行业高质量发展（来源：中国科学报）	国际	技术交流	大事
10月4日	2020年化妆品进口商品总额增长近三成	国家统计局发布《中国统计年鉴-2021》，数据显示，2020年化妆品出口商品总额359.53亿元，同比减少12%；2020年化妆品进口商品总额1416.31亿元，同比增长27%（来源：国家统计局）	经济	经济水平	特事
10月8日	国家药品监督管理局发布《儿童化妆品监督管理规定》	该规定是根据《化妆品监督管理条例》制定的首个专门针对儿童化妆品监管的规范性文件，目的是加强儿童化妆品监督管理，规范儿童化妆品生产经营活动，保障儿童使用化妆品安全。规定共22条，内容涉及儿童化妆品的定义、标签要求、配方设计原则、安全评估、生产经营、上市后监管等全链条监管要求，指导注册人备案的规定自2022年1月1日起施行。除标签要求以外，其他关于儿童化妆品生产经营活动。国家药品监督管理局	政治	行政监管	新事

续表

时间	事件标题	事件内容	一级分类	二级分类	事件类型
10 月 11 日	国家药品监督管理局开展化妆品"线上净网线下清源"专项行动	该专项行动是在化妆品"线上净网线下清源"专项行动第一阶段的工作基础上，加强网络销售化妆品监督管理，严厉打击利用网络销售违法化妆品行为，自 2021 年 10 月至 2022 年 10 月，重点清理整治未经注册或者未备案的化妆品、标签违法宣称的化妆品、存在质量安全风险的化妆品（来源：国家药品监督管理局）	政治	行政监管	大事
10 月 18 日	IFSCC 第 26 届国际化妆品科学会议在墨西哥坎昆召开	IFSCC 世界大会是国际最高水平的学术会议，被称为化妆品行业的奥林匹克。本次大会于 10 月 18—28 日以线上召开，共有来自全球各地 673 家企业代表与了研究成果发布。其中，罗丽芬控股旗下章文嘉（福建）化妆品有限公司萧自智博士樱花专利研究主题获得十佳海报奖，百雀羚的左锦辉，其论文"护肤品的抗衰老新途径，从皮肤生理到皮肤'心理'获得纳瓦尔斯青年科学家奖（来源：新华网）	国际	技术交流	大事
10 月 20 日	丝芙兰、欧丽缇发布虚假广告被罚	丝芙兰（上海）化妆品销售有限公司为推销由欧缇娜丽（上海）化妆品有限公司进口的特殊用途化妆品——"欧缇丽尊贵滢璨的光精华"，在化妆品宣传页面中，没有真实性依据的情况下，虚构"红人亲测"及来某网红使用几天效果就很明显。下额线 up 的感觉是最明显的"广告语"的行为违反了《广告法》的有关规定，上海市市场监管部门依法责令停止发布违法广告，两个当事人的行为构成虚假广告，构成虚假内容，在相应范围内消除影响，各处罚款 40 万元（来源：上海市市场监管局）	政治	行政监管	特事
10 月 21 日	毛戈平化妆品股份有限公司 IPO 成功过会	在 2016 年，毛戈平公司就向上交所所已提交过招股书，谋求 A 股 IPO，时隔五年，毛戈平终于过会成功，意味着我国将迎来 A 股国潮彩妆第一股。毛戈平化妆品公司其旗下创立了"MGPIN"和"至爱终生"两大品牌，其中"MGPIN"是该公司的核心品牌，主要定位于低端品牌，将其定位于低端品牌，另一个是"至爱终生"品牌，主要是以百货专柜模式发展，是以经销模式为主的消费群体提供，是以经销模式为主、三线城市的消费群体提供，主要经营模式为主（来源：化妆品观察）	经济	经营活动	特事

续表

时间	事件标题	事件内容	一级分类	二级分类	事件类型
10月29日	全国儿童化妆品专项检查工作总结交流会在北京召开	会议全面总结儿童化妆品专项检查工作成效，深入分析儿童化妆品监管形势，研究部署下一阶段儿童化妆品监管，指出强化儿童化妆品监管，保护儿童安全用妆是国家药品监督管理局党史学习教育"我为群众办实事"的重点工作。会议还表扬了儿童化妆品专项检查中典型案件查办工作有功的单位和个人以及专项检查工作成效突出的单位，并深入剖析典型案件查办启示（来源：国家药品监督管理局）	政治	行政监管	大事
11月3日	中国成为韩国化妆品出口最多的国家	韩国保健产业振兴院3日表示，2021年前9个月，韩国卫生产业出口额为186.9亿美元，较去年同期增长23.7%。其中化妆品出口68.4亿美元，增长26.2%。韩国化妆品出口最多的国家为中国，出口额达36.1亿美元，美国和日本以6.3亿美元和5.9亿美元位列其后（来源：韩联社）	经济	经营活动	特事
11月5日	第四届中国国际进口博览会在上海举办	博览会由商务部和上海市人民政府主办，为世界上第一个以进口为主题的国家级展会，国家主席习近平通过视频发表主旨演讲。展区分设美妆及日化用品专区。会上，欧莱雅去年展示的"口红打印机"已经从概念机变成商品；爱茉莉太平洋集团五大代表品牌雪花秀、兰芝、梦妆、悦诗风吟、吕的年度明星产品；主打高端护肤品的日本株式会社ARTISTIC&CO为亚洲男性专研了一款护肤科技护肤家用仪器，该仪器也作为品牌重磅新品于进博会期间同首次展出（来源：新华网）	国际	技术交流	大事

续表

时间	事件标题	事件内容	一级分类	二级分类	事件类型
11月6日	中国药品医疗器械化妆品监管政策交流会在上海举办	本次交流会是第四届进口博览会配套活动之一，由国家药品监督管理局、中国国际进口博览局主办。国家药品监督管理局副局长徐景和、商务部副部长兼驻出席会议并致辞。来自国家药品监督管理局、商务部、国家医保局、相关省市药监局，以及海内外药妆业企业、新闻媒体150余位代表参加了本次交流会。会议解读了加速药品监管先审评审批、医疗器械注册自检管理要求及化妆品监管相关政策，还介绍了药品监管科学化与国际化进展，药品目录监管工作等，帮助广大海内外企业进一步了解中国市场和监管导向（来源：国家药品监督管理局）	国际	技术交流	大事
11月8日	第四届东方美谷中法化妆品产业发展峰会论坛在上海举办	峰会由东方美谷企业集团股份有限公司、欧莱雅（中国）有限公司，WWD BeautyInc三方共同主办，峰会论坛为美妆产业带来了一次知识与经验的交流盛会，更以"上海国际化妆品牌可持续发展联盟"的创建，为联合国内、国际美妆产业力量的成立，共同促进可持续美妆的发展揭开新篇章。"上海国际化妆品牌可持续发展联盟"的成立，是中国美妆产业力量荟聚同业，开时代风气之先，领潮流发展方向，助力产业创新融合发展的历史性创举（来源：新华网）	国际	技术交流	特事
11月8日	东方美谷联合第一财经商业数据中心（CBNData）发布《2021东方美谷蓝皮书（化妆品行业）》	蓝皮书数据显示，新冠肺炎疫情影响下，2020年全球化妆品市场受到冲击，市场总额规模小幅下降。2020年全球化妆品市场规模5033亿美元，中国化妆品市场零售总额3400亿元。亚太地区重要性逐渐凸显，市场份额占比提升至43%。北美、西欧地区的市场份额有所下滑。中国化妆品市场目前仍以线下渠道销售为主，但线上渠道的销售占比逐年稳步提升，其中线上渠道的销售占比41%（来源：搜狐网）	经济	经济水平	特事

续表

时间	事件标题	事件内容	一级分类	二级分类	事件类型
11月11日	观研报告网发布《2021年中国本土美妆行业分析报告》	报告对行业政策、消费群体、市场结构以及投融资情况等方面进行深入研究。报告显示2020年本土美妆有逐步向男性群体渗透的趋势。2020年中本土美妆中男性占比为87.2%，女性占比12.8%，但本土美妆中国美妆市场规模达3759亿元，其中本土美妆市场规模达1576亿元，预计到2023年约达到2527亿元；本土大众美妆市场规模为1168亿元，占本土美妆市场的75.2%；中高端美妆市场为408亿元，占本土美妆市场的24.8%（来源：观研报告网）	经济	经济水平	特事
11月19日	中国食品药品网报告2021年双十一化妆品消费新趋势	数据显示，2021年双十一期间，全网美妆产品销售总额达547亿元，同比增长35.5%，其中护肤产品和彩妆产品全网销售额分别为392亿元和155亿元。薇诺娜、珂拉琪、花西子、完美日记等表现亮眼；兼具功效与颜值的国货美妆更受青睐；男士护理产品成为天猫平台独立运营的一级美妆类目，销售火爆（来源：中国食品药品网）	经济	经济水平	特事
11月24日	广州市黄埔区出台"美谷10条"政策	广州市黄埔区人民政府、广州开发区管委会印发《广州市黄埔区、广州开发区促进美妆产业高质量发展办法》，是全国首个对化妆品新原料注册（备案）费用、新功效美妆产业高质量发展用费用给予扶持的地区产业政策，为鼓励入驻化妆品能做大做强，培育世界一流标杆企业，支持美妆产业突破科研攻关难题，提升产品核心竞争力，推动创新营销模式，助力创新美妆高质量发展，搭建美妆产业平台，利好政策扶持美妆产业基地，强化土地支撑、质检服务保障等方面给予极大程度的奖励与支持（来源：黄埔区人民政府）	政治	行业政策	大事

续表

时间	事件标题	事件内容	一级分类	二级分类	事件类型
11月25日	国家药品监督管理局公布第二批国家化妆品不良反应监测评价基地	国家化妆品不良反应监测评价基地是为贯彻执行《化妆品监督管理条例》，进一步加强化妆品不良反应监测工作，完善化妆品不良反应监督管理部门推荐、国家药品监督管理局组织专家审评，遴选天津市中医药研究院附属医院、江苏省人民医院、苏州市立医院等17家机构作为第二批国家化妆品不良反应监测评价基地（来源：国家药品监督管理局）	技术	技术监督	特事
11月25日	第二届黄埔·南方美谷国际化妆品科技创新大会暨南方美谷集团揭牌仪式在广州黄埔举行	大会由南方美谷集团主办，以"化妆品新原料应用与功效的科技发展"为主题。会上，除重磅发布"南方美妆十条"外，还举行了南方美谷集团揭牌和多个重点项目集中签约。南方美谷总占地面积约172万平方米，依托黄埔区，用好大数据、健康大数据等前沿科技，融合新零售新业态，形成覆盖原料配方、研发生产、检验检测、展示交易等完整的千亿产业链的千亿产业集群（来源：中国美妆网）	经济	产业集群	大事
11月30日	美白成分苯乙基间苯二酚禁止用于生产普通化妆品	国家药品监督管理局发布《国家药监局综合司关于进一步加强普通化妆品备案管理工作的通知》，提出在普通化妆品备案质量抽查中发现，部分备案产品配方中添加了仅具有美白功效的苯乙基间苯二酚原料，涉嫌违反《化妆品监督管理条例》以及《化妆品注册备案管理办法》的相关规定，将由各省级药监局予以查处，并在12月20日前将备案情况报送国家药品监督管理局。12月2日，广州市市场监督管理局又发布了《普通化妆品备案问答》，表示"普通化妆品配方中若含用目的的添加苯乙基间苯二酚（俗称'377'），应当按照新原料注册、备案要求完成注册或者备案"（来源：聚美丽）	政治	行政监督	大事

续表

时间	事件标题	事件内容	一级分类	二级分类	事件类型
12月1日	宝洁与屈臣氏共创新护肤品牌	宝洁集团与屈臣氏集团联合宣布推出全新护肤品牌AiO，在屈臣氏中国的线上平台及线下门店独家发售。AiO是以精简生活作为定位的护肤品牌，奉行精致而简约的生活概念及护肤方案。这是宝洁首次与零售商共研共创护肤品牌，也是屈臣氏创新「O+O」零售新模式（即Online + Offline）的例证之一（来源：化妆品财经在线）	经济	经营活动	特事
12月1日	国家药品监督管理局发布儿童化妆品标识"小金盾"	要求自2022年5月1日起，申请注册或者备案进行备案的儿童化妆品，必须标识该标志。标志要求比例标注在销售包装容易被观察到的展示面（主要展示版面）的左上方，清晰易识别。此前申请注册或者进行备案的儿童化妆品，未进行标签标识的，化妆品注册人、备案人应当在2023年5月1日前完成产品标签更新。该标识的发布进一步提升了儿童化妆品辨识度，保障消费者知情权（来源：国家药品监督管理局）	政治	行政监管	新事
12月2日	四氟丙烯成外贸企业首个新备案原料	国家药品监督管理局官网信息显示，005号新原料的备案日期为2021年12月2日，中文名称为"四氟丙烯"（国妆原备字20210005），原料备案人为霍尼韦尔东国际公司，境内责任人为霍尼韦尔东贸易（上海）有限公司（Honeywell International Inc.）。原料的使用目的为推进剂，适用于驻留类/淋洗类的肤用化妆品、发用化妆品，当前原料还处于监测状态（来源：国家药品监督管理局）	技术	科技发展	特事
12月3日	广州作出全国首例因化妆品抽检不合格列入严重违法失信名单	经广州市白云区市场监管局查明，采洁未按照化妆品注册的技术要求生产化妆品，同时在2019年2月24日至10月28日期间，屡次违法被处罚、1次顶格处罚、1次从重处罚、1次一般处罚），主观恶意明显，依据新修订的《市场监督管理严重违法失信名单管理办法》，将采洁列入严重违法失信名单（来源：白云区市场监管局）	政治	行政监管	特事

续表

时间	事件标题	事件内容	一级分类	二级分类	事件类型
12月7日	中国香化协会发布《中国化妆品行业"十四五"发展规划》	中国香料精化妆品工业协会第八届理事会第七次会议审议并表决通过了《中国化妆品行业"十四五"发展规划》，该规划总结了我国化妆品行业发展成绩，存在的问题，明确了发展的指导思想，主要目标和工作重点，旨在引导相关市场主体行为，站在"十四五"的更高起点上，借助《化妆品监督管理条例》提供的制度保障迎接挑战（来源：中国香料精化妆品工业协会）	社会	社会组织	大事
12月7日	日本"药妆"连锁巨头可开嘉来或将全面退出中国市场	可开嘉来（CocokaraFine）发布公函称，由于受新冠肺炎疫情影响，其在日本和中国的业务受重创，入店客人锐减，业绩呈现亏损，或将全面退出中国市场。日本人气"药妆"连锁CocokaraFine可开嘉来于2008年4月开业清收购，并于2020年4月被日本土零售巨头松本清收购；在本土日本拥有1300+家门店，其中有200+家免税店铺，其于2012年进军中国市场，成立可开嘉来（上海）商贸有限公司，并在上海徐家汇美罗城B1五层街开出大陆首家线下门店（来源：36氪）	经济	经营活动	特事
12月17日	海关总署取消进口化妆品境内收货人备案事项	为进一步深化"放管服"改革，持续优化口岸营商环境，减轻企业负担，海关总署决定取消进口肉类收货人备案事项，自2022年1月1日起执行。在此之前，依据《进口化妆品境内收货人备案，进口记录和销售记录管理规定》，进口化妆品境内收货人需向工商注册登记地海关申请备案。境内收货人需取得营业执照，且营业范围包含所经营化妆品，或将改变化妆品市场的竞争格局（来源：i美妆头条）	政治	行政监管	特事

续表

时间	事件标题	事件内容	一级分类	二级分类	事件类型
12月30日	乐购前沿首创"一般贸易+保税+海外直邮"模式	乐购前沿是一个主营美妆个护、家居日用、母婴用品等日化产品的进口商品集采保税备货平台，美妆品类的份额占到1/3~1/2的比例。乐购前沿打造了自己的微信商城、小程序和APP，以及线下门店，同时，线下以一般贸易进口商品的销售，以及保税商品、直邮商品的展示为主。其中，保税商品和直邮商品因受国家政策管控，只能在线上商城购买；而线下门店则起到了展示、引流的作用（来源：品观网）	经济	经营活动	新事
12月30日	化妆品原料安全信息登记平台上线	自12月30日上午9时起，化妆品原料生产商或其授权企业可以登陆该平台报送原料安全相关信息。化妆品原料安全信息登记平台是为贯彻落实《化妆品注册备案资料管理规定》等法规文件而组建、对于从源头上确保化妆品安全的监督溯源具有重要的作用。平台上线后，化妆品注册人、备案人、境内责任人仍可以通过化妆品注册备案信息服务平台填报原料生产商出具的原料安全信息文件，也可以填写化妆品原料安全信息登记平台生成的原料报送码关联原料安全信息文件（来源：国家药品监督管理局）	技术	技术监督	新事
12月30日	国家八部委联合发布《"十四五"国家药品安全及促进高质量发展规划》	国家药品监督管理局等八部委发布《"十四五"国家药品安全及促进高质量发展规划》。这是国家药品安全首次将化妆品安全与高质量发展两大主题进行联合规划。该规划提出要开展化妆品安全风险排查、化妆品标准提高行动计划、鼓励化妆品生产经营者采用先进技术和先进管理规范、提升化妆品风险监测能力、健全化妆品基础数据库、实现化妆品审评独立内审、加强与国际化妆品监管联盟交流合作、提高化妆品质量安全水平（来源：国家药品监督管理局）	政治	行业政策	大事

续表

时间	事件标题	事件内容	一级分类	二级分类	事件类型
12 月 30 日	化妆品电子注册证试行	自 2022 年 1 月 1 日起，试行化妆品电子注册证。化妆品电子注册证电子证照具有即时送达、短信提醒、证书授权、扫码验证、在线验真、扫码鉴真，全网共享等功能，是深化"放管服"改革的重要决策部署，让数据多跑路、企业少跑腿，群众得实惠（来源：国家药品监督管理局）	政治	行政监管	新事
12 月 31 日	国务院降低部分国家进口化妆品关税	根据《2022 年关税调整方案》，我国与有关国家或地区已签署并生效的自贸协定和优惠贸易安排、与新西兰、秘鲁、哥斯达黎加、瑞士、冰岛、韩国、澳大利亚、巴基斯坦、格鲁吉亚、毛里求斯自贸协定进一步降税。根据《2022 年自贸协定和优惠贸易安排实施税率表》，我国进一步降低了从瑞士、韩国、澳大利亚、日本等国家进口的化妆品关税（来源：财政部网站）	国际	关税政策	大事

执笔：广东药科大学：黄浩婷；广东省药品监督管理局：钟雪锋；广东省药品监督管理研究会：何婉莹、黄镇枫；广东省医药合规促进会：陈淑琳、吴迪、韦彦伊；广东省药品监督管理局：杨雨曼、刘佐仁；广州市美易搜网络科技有限公司；陈坚生；中国药品监督管理局审评认证中心：陈坚生；广东省药品监督管理局二级巡视员：谢志洁。

2021年化妆品热点事件分析

中国健康传媒集团舆情监测中心

1. 婴儿抑菌霜激素严重超标事件

★ 事件概述

2021年1月7日，一则自媒体测评视频爆料称，江苏省连云港市一名5个月大的婴儿疑似因涂抹福建欧艾婴童健康护理用品有限公司生产的婴儿抑菌霜后，出现发育迟缓、多毛、脸肿大等情况，变成"大头娃娃"。经送检，涉事产品激素严重超标。同时，多个母婴店都在货架显眼位置售卖该产品。视频一发布便迅速点燃舆情。根据公开信息，涉事企业取得的生产企业卫生许可证号为"消字号"，即该产品属于消毒用品范畴，不能用于皮肤病等疾病的治疗。1月17日，福建省漳州市卫生健康委发布通告确认，涉事产品含有氯倍他索丙酸酯，企业涉嫌生产、销售伪劣产品。公安机关已立案侦查，并对相关嫌疑人采取刑事强制措施；卫生健康部门依法吊销涉案企业《消毒产品生产企业卫生许可证》；市场监管部门依法吊销涉案企业营业执照。

1月30日，又有媒体报道山东省青岛市再现"大头娃娃"，一名3个月大的男婴出现发胖、毛发增多的情况，家属怀疑与使用江西真润健康产业有限公司生产的治疗湿疹的抑菌膏有关。山东省青岛市、涉事产品生产地江西省樟树市相关部门介入调查。江西省樟树市卫生健康、药监、市场监管等部门成立联合督查组进驻涉事企业。并对樟树市消杀产品生产企业及相关行业开展专项整治排查行动。2月9日，联合督查组通报确认，涉事产品含有丙酸氯倍他索，企业涉嫌生产、销售伪劣产品。当地依法对其处没收违法所得，处货值10倍罚款，并由卫生健康部门依法吊销涉案企业《消毒产品生产企业卫生许可证》。

★ 事件影响

"消字号"产品"打擦边球"乱象屡禁不止，引发舆论强烈不满。就母婴店而言，随着我国人口政策的变化，母婴市场前景巨大，母婴店大量出现，但是与专业知识相匹配的人员却并不多，因此，销售人员虚假宣传或按照厂家的"话术"来导购的情况频频发生。对近乎没有"门槛"的母婴店如何加强监管，还需要从资质、人员等方面进行系统的制度设计。

就"消字号"而言，乱象已久。且不仅是消字号打擦边球，消字号蹭药字号、妆字号，械字号蹭妆字号，妆字号、健字号蹭药字号，药字号蹭健字号等现象不一而足，由此也出现了诸如消字号宝宝霜和鼻喷剂、械字号面膜和牙膏、药酒宣传保健作用等乱象。这就要求相应的主管部门不能"自扫门前雪"，不能留下监管空白，从源头上把好审批关，除质量外，重点对产品名称、说明、宣称等进行严格把关，同时联手共同打击"蹭"字号的行为，不让消费者为各种字号而伤透脑筋。

2.《化妆品注册备案管理办法》及其配套文件发布实施

★事件概述

2021 年 1 月 12 日，国家市场监督管理总局发布《化妆品注册备案管理办法》，是我国首部专门针对化妆品注册备案管理的部门规章。随后，国家药品监督管理局接连发布《化妆品注册备案资料管理规定》《化妆品新原料注册备案资料管理规定》《化妆品注册备案资料提交技术指南（试行）》等配套政策文件。期间，多次开展相关政策文件宣贯工作，进行亮点解读。

★事件影响

随着化妆品注册备案系列政策法规正式出台实施，让业内的一些疑问"靴子落地"。其中更加严格的新要求，也让不少化妆品企业对未来的不确定性增加。在此期间，新规对化妆品行业的影响将逐步显现，在实际操作过程中存在的一些问题也将浮出水面。化妆品监管趋严是大势所趋，正确理解、适用相关规定仍将是化妆品企业以及监管执法部门需要学习和关注的重点。随着化妆品注册备案相关政策、细则等的进一步完善和明确，化妆品行业将被重构。需要注意的是，相关政策还需及时宣贯、科普，让业内更好地理解和支持。

3. 我国首个儿童化妆品监管法规落地

★事件概述

近年来，我国儿童化妆品市场规模持续增长。为规范儿童化妆品生产经营活动、加强儿童化妆品监督管理，10月8日，国家药品监督管理局发布《儿童化妆品监督管理规定》（以下简称《规定》）。这是我国专门针对儿童化妆品监管制定的规范性文件。《规定》共22条，明确了立法目的、适用范围、儿童化妆品定义、儿童化妆品注册人备案人主体责任，规定了覆盖注册备案管理、标签标识、安全评估、生产经营、上市后监管等全链条监管要求，指导注册人备案人开展儿童化妆品生产经营活动。除标签要求以外，其他关于儿童化妆品的规定自2022年1月1日起施行。

★ 事件影响

我国首部专门针对儿童化妆品监管制定的规范性文件发布，进一步筑牢儿童化妆品监管法治基础，为监管部门开展儿童化妆品治理工作提供法律遵循。近年来，儿童化妆品监管趋严，监管部门的工作举措与行业发展、公众获得感密切相关。目前，化妆品监管方面，无论是政策文件发布后的解读、宣贯，还是热点事件发生后的及时、主动科普，都发挥出真招时效，为引导公众理解、形成行业共识打下了很好的基础。未来，还需持续加强对涉及儿童化妆品"灰色地带"可能产生的热点事件的关注，进一步压实企业主体责任，加强科学引导，促进儿童化妆品生产安全、使用安全。

4. 化妆品原料新规公布

★ 事件概述

化妆品原料监管趋严，禁用问题等受到业内关注。2021年3月至5月，国家药品监督管理局接连公布《化妆品新原料注册备案资料管理规定》《关于化妆品新原料过渡期处理细则的公告》《关于更新化妆品禁用原料目录的公告（2021年第74号）》等配套政策文件。期间，"大麻""377（苯乙基间苯二酚，商品名SymWhite®377，被广泛用于各种美白、祛斑剂抗衰老产品，业内俗称'377'）"等成分被禁用，引发行业热议。国家药品监督管理局均及时回应了业内关切，给争议事件"定了性"，并发布相关科普文章进行解读说明，获得业内认可。

★ 事件影响

近年来，随着化妆品产业细分，"大麻""377"等原料禁用的消息引起业内的高度关注。部分舆论场认为，"一刀切"令大麻化妆品从此"凉凉"，"377"被禁可能会延伸到红没药醇，但是在专业人士、监管部门权威引导之下，消除了误读,引导了走向。

化妆品成分使用的风波一定程度上反映出化妆品相关政策在《化妆品监督管理条例》正式实施之后,还存在一些不确定、不明朗的模糊的地带,企业有一定的困扰,甚至有时候相关企业会感觉措手不及。相关政策还需及时宣贯、科普,避免造成误读和恐慌。

5.《化妆品生产经营监督管理办法》发布

★事件概述

2021年8月6日,国家市场监督管理总局发布《化妆品生产经营监督管理办法》(以下简称《办法》),这是我国首部专门针对化妆品生产经营管理的部门规章,主要从化妆品企业相关的生产许可程序、生产管理、经营管理、监管制度4个方面进行细致化规范,自2022年1月1日起施行。

★事件影响

对化妆品生产者、经营者来说,新规出台或是一道"紧箍咒"。业内人士表示,未来,化妆品产业链的上下游的每一个环节都有相应的监管法规,将进一步提升行业的进入门槛,一方面利好有一定生产和原料创新能力的化妆品公司和代工企业,另一方面也有利于既有功能性品牌优势的进一步稳固,总体将促进化妆品品牌和上游代工企业格局的优化。

6.雅诗兰黛、林清轩等国内外化妆品品牌频频"吃罚单"

★事件概述

随着《化妆品监督管理条例》《化妆品标签管理办法》《化妆品分类规则和分类目录》及《化妆品功效宣称评价规范》等一系列化妆品相关法规政策的陆续出台,监管部门对化妆品行业的监管趋紧。2021年下半年,雅诗兰黛、丝芙兰、科蒂、DHC、林清轩等国内外化妆品品牌频频"吃罚单",企业虚假宣传、违规宣传的问题再次成为舆论关注的焦点。

★事件影响

舆论普遍认为化妆品领域一系列法规的颁布实施,释放了监管愈加严格、行业愈加规范的信号,频繁的处罚也是对行业的一次次警示。从雅诗兰黛等国际知名品牌到林清轩等国内新兴品牌,涉及护肤精华、防晒霜、面膜等各个品类的产品,包括相关产品无法提供功效相关依据、夸大产品功效、产品宣传中的成分与产品实物标签不符、商品功能表述不准确等众多违法违规行为。而新政策实施后的老问题依然存在，游走在灰色地带的问题也被明确。有企业反映不知如何在包装上标注产品宣传语，也有业内人士表示对新规尚未完全了解。这也将影响产品的发布和企业的发展。针对企业的新规宣贯工作仍然紧迫，政策上的细节问题仍亟待完善和明确，政企沟通的渠道仍需进一步畅通。除了让企业知道"不能做"的红线，也要让企业明白"可以做"的方法。新规让企业在面临挑战的同时，也将迎来全新的发展，因为新规在约束行业发展的同时，也保护着更多踏踏实实做产品的企业。

7. 化妆品的功效宣称评价等新规出台

★事件概述

2021年4月9日，国家药品监督管理局发布《化妆品功效宣称评价规范》《化妆品分类规则和分类目录》（以下简称《目录》)、《化妆品安全评估技术导则（2021年版）》3则公告。作为新《化妆品监督管理条例》的配套法案，这3则通告就化妆品的功效宣称评价、分类规则及安全评估技术标准作了详细具体的规范，并规定于5月1日起正式施行。

★事件影响

新规就化妆品的功效宣称评价、分类规则及安全评估技术标准作了详细具体的规范。业内人士认为，对于一些原本就注重功效评价的企业来说，此举无疑是加大了企业的竞争优势，而对于那些之前轻视功效评价的企业来说，在越来越严格的监管市场，会规范行业健康发展。但也有声音指出，由于化妆品的功效有不同的类别、作用原理和功效强度区分，对某一特定功效宣称的依据的充分性和有效性判断有一定难度。这时候企业往往需要增加或配置相关的专业人员、场地和设备，会加重中小企业的负担。此外，虽然《目录》中有提及"滋养""修护"的定义并做出相关释义，但行业对其实际功效呈现仍存困惑。对此，监管部门应密切关注，及时进行多渠道、多形式的消费提示、科普工作，让业内、公众更好地理解和支持。

8. 国家药品监督管理局发布《科学认识"刷酸"美容》

★事件概述

"刷酸"是目前很流行的美容词汇。在某视频社交平台，关于刷酸的视频有10.9亿次的播放，许多视频宣称刷酸可以祛黑头、缩毛孔、祛痘、美白等，许多视频博主都以"手把手教你刷酸""在家刷酸"等标题发布视频。2021年

8月11日，国家药品监督管理局发布了《科学认识"刷酸"美容》的科普文章，详细列举了"刷酸治疗"与刷酸化妆品的不同之处，并明确了刷酸化妆品中"酸"的管理要求和产品宣称禁忌。文章一经发出，引发广泛关注。随着"刷酸"化妆品市场乱象走进公众视野，在国家药品监督管理局开展的化妆品"线上净网线下清源"专项行动中，剑指违法宣称药妆、干细胞、刷酸等标签违法宣称的化妆品。

★事件影响

近年来，随着颜值经济迅速崛起，化妆品行业得到空前发展，随着新理念、新原料、新技术的引入，一些化妆品开始"玩噱头"，打造"网红"化妆品，利用这些新概念进行虚假或夸大宣传，且存在诸多隐患。国家药品监督管理局发布的权威科普信息对当下火热的刷酸热进行了正本清源，同时也对备受追捧的高浓度酸化妆品敲响警钟。此前，国家药品监督管理局还曾经对"药妆""械字号面膜"等进行过科普，亦引起了社会舆论和业内的高度关注，让相关化妆品宣称乱象得到了遏制。然而，从网民反馈来看，不少人对此仍不以为意，小红书、抖音等平台上仍然有大量的相关文章和视频受到追捧，刷酸导致的不良影响仍然没有得到足够的重视。因此，在加大打击违规销售、宣称刷酸产品力度的同时，科普的力度亦需加强，要以多种形式去占领失实信息的舆论阵地。

9. 网曝化妆品备案积压引热议　监管部门及时回应

★事件概述

2021年1月12日，国家市场监督管理总局发布《化妆品注册备案管理办法》（以下简称《办法》），这是我国首部专门针对化妆品注册备案管理的部门规章。5月1日起，《办法》开始实施，新备案系统上线，但据媒体报道，化妆品备案数量出现断崖式下跌。同时，美妆行业对于新平台、系统漏洞、细节不完善等"反馈声"亦是不断。6月25日，一份出自广州开发区黄埔化妆品产业协会反馈化妆品备案积压情况的红头文件在网上流传，同日，国家药品监督管理局发布《关于进一步明确普通化妆品备案管理工作有关事项的通知》，明确普通化妆品备案人提交备案资料即完成备案，产品可上市销售。各省级局必须在5个工作日内向社会公开产品备案有关信息。30日，国家药品监督管理局官网正式公布 N-乙酰神经氨酸和月桂酰丙氨酸2个国产化妆品新原料的备案信息。

★事件影响

一份反映化妆品备案积压的内部文件引发行业对于新备案系统操作、备案资料、备案程序等问题的集中讨论，尽管后来该协会声明相关的诉求与数据等均有待核实，但其中反映的问题却不能忽视。

政策的过渡期一定会有或大或小的问题出现，多数企业对于技术原因产生的系统问题也表示理解，监管部门也在倾听企业诉求，积极解决问题。当然，愈发趋严的新规也让部分企业"叫苦不迭"，如质量安全负责人、法律法规方面的专业人才短缺，高标准的备案资料准备难度大等。这些都是化妆品产业在提档升级过程中必然经历的阵痛。相信通过新规的洗礼，化妆品行业将会焕然一新，监管等流程更加规范，企业主体责任落实更加到位，研发创新更加受到重视，人才素质进一步提升，从而推动整个化妆品行业高质量发展。

10.露得清艾维诺防晒喷雾检出致癌物事件

★事件概述

当地时间 2021 年 7 月 14 日，美国强生公司发布消息称，因在内部测试时发现样品中含有致癌物苯，公司正召回露得清和艾维诺旗下的 5 个系列所有批次的防晒喷雾产品。随后，强生（中国）有限公司消费品部门与国家药品监督管理局取得联系，准备从中国市场上主动召回相关产品。

7 月 16 日，强生（中国）有限公司在露得清中国官网上主动发布一则"关于主动召回两款露得清防晒喷雾产品的情况说明"，说明显示，露得清旗下的清轻透沁凉防晒喷雾 SPF50 PA++++ 和露得清轻透防晒隔离喷雾 SPF35 在此次被召回和停止销售的产品之列。除了被召回的两款产品外，强生消费品中国运营的其他露得清系列产品及其他品牌均不受影响。强生中国表示，按照测试中检测出的水平，每天使用这些防晒品所接触到的苯含量，不会对健康带来不利影响。出于谨慎考虑，作出召回决定并停止销售。不希望让消费者产生一些不必要的误解。当日，媒体报道指出，除了强生（中国）有限公司回应中提到的两款，另外一款在美国召回的露得清喷雾 Beach Defense，目前也能在电商平台的非官方渠道买到。某头部电商平台的一位卖家表示，暂时还没接到露得清官方关于产品致癌和召回的消息。

当地时间 7 月 16 日，美国食品药品管理局（FDA）表示，正在调查强生召回的防晒产品中发现致癌化学物质的根本原因。

★事件影响

强生产品致癌相关新闻并不是第一次曝出，但此前强生产品质量问题以及召回事件似乎只在美国发生，这是强生首次同步在中国市场发布召回信息。此事件由美国强生公司的主动召回，进而强生中国跟进召回。与此前一些国外品牌问题产品仅在国外召回不同的是，本次国内的企业也迅速跟进了相关的召回工作。其回应的态度以及召回发布的速度值得肯定，但是在实际执行中仍存在一些问题。从后续媒体调查发现，在露得清官网发布召回的信息后，在电商平台等分销渠道似乎并没有同步收到相关的信息，销售仍在正常进行。另外，从社交平台的互动量来看，该信息的知晓度并不高，也就是说仍有大量消费者并没有接收到相关的信息，因此安全隐患仍然较大。此后，后续的召回进展信息较少，问题产品处理究竟如何不得而知。产品召回是产品质量发现问题后的补救措施，防止伤害的扩大。企业主动召回之后，还需要监管部门监督其采取积极有效的手段和方式，真正让存在隐患的产品退出市场，并警示消费者不要继续使用，从而尽量降低对身体健康和生命安全带来的安全风险。